稀土资源综合利用项目
投资决策研究
——以白云鄂博矿产资源综合利用为例

RESEARCH ON INVESTMENT DECISIONS OF PROJECTS FOR
COMPREHENSIVE UTILIZATION OF RARE EARTH RESOURCES

罗宇洁◎著

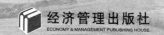
经济管理出版社
ECONOMY & MANAGEMENT PUBLISHING HOUSE

图书在版编目（CIP）数据

稀土资源综合利用项目投资决策研究——以白云鄂博矿产资源综合利用为例/罗宇洁著. —北京：经济管理出版社，2019.7

ISBN 978-7-5096-6848-1

I.①稀… II.①罗… III.①白云鄂博矿区—矿业投资—投资决策—研究 IV.①F426.1

中国版本图书馆 CIP 数据核字（2019）第 171666 号

组稿编辑：丁慧敏

责任编辑：丁慧敏　张莉琼　韩　峰　乔倩颖　张广花

责任印制：黄章平

责任校对：陈　颖

出版发行：经济管理出版社

　　　　　（北京市海淀区北蜂窝 8 号中雅大厦 A 座 11 层　　100038）

网　　　址：www. E-mp. com. cn

电　　　话：(010) 51915602

印　　　刷：三河市延风印装有限公司

经　　　销：新华书店

开　　　本：720mm×1000mm /16

印　　　张：16

字　　　数：245 千字

版　　　次：2019 年 9 月第 1 版　　2019 年 9 月第 1 次印刷

书　　　号：ISBN 978-7-5096-6848-1

定　　　价：58.00 元

目　录

稀土资源概述

第一节　稀土元素简介

一、稀土元素的主要物理化学性质

化学元素周期表中镧系元素——镧（La）、铈（Ce）、镨（Pr）、钕（Nd）、钷（Pm）、钐（Sm）、铕（Eu）、钆（Gd）、铽（Tb）、镝（Dy）、钬（Ho）、铒（Er）、铥（Tm）、镱（Yb）、镥（Lu），以及与镧系的15个元素密切相关的两个元素——钪（Sc）和钇（Y）共17种元素，称为稀土元素（Rare Earth），简称稀土（RE或R）。稀土元素最初是从瑞典产的比较稀少的矿物中发现的，"土"是按当时的习惯，称不溶于水的物质，故称稀土。

稀土元素是典型的金属元素。它们的金属活泼性仅次于碱金属和碱土金属元素，而比其他金属元素活泼。在17个稀土元素当中，按金属的活泼次序排列，由钪到钇、镧递增，由镧到镥递减，即镧元素最活泼。稀土元素能形成化学稳定的氧化物、卤化物、硫化物。稀土元素可以和氮、氢、碳、磷发生反应，易溶于盐酸、硫酸和硝酸中。

根据稀土元素原子电子层结构和物理化学性质，以及它们在矿物中共生情况和不同的离子半径可产生不同性质的特征，17种稀土元素通常分为二组：

第一组轻稀土（又称铈组）包括：镧、铈、镨、钕、钷、钐、铕、钆。

第二组重稀土（又称钇组）包括：铽、镝、钬、铒、铥、镱、镥、钪、钇。

称铈组或钇组，是因为矿物经分离得到的稀土混合物中，常以铈或钇占优势而得名。

二、稀土元素的赋存状态

（一）赋存状态

（1）作为矿物的基本组成元素，稀土以离子化合物形式赋存于矿物晶格中，构成矿物的必不可少的成分，这类矿物通常称为稀土矿物，如独居石、氟碳铈矿等。

（2）作为矿物的杂质元素，以类质同象置换的形式，分散于造岩矿物和稀有金属矿物中，这类矿物可称为含有稀土元素的矿物，如磷灰石、萤石等。

（3）呈离子状态被吸附于某些矿物的表面或颗粒间，这类矿物主要是各种黏土矿物、云母类矿物。这类状态的稀土元素很容易提取。

（二）用于工业提取稀土元素的矿物

已经发现的稀土矿物约有 250 种，但具有工业价值的稀土矿物只有 50~60 种，目前具有开采价值的只有 10 种左右，现在用于工业提取稀土元素的矿物主要有 4 种——氟碳铈矿、独居石矿、磷钇矿和风化壳淋积型稀土矿，前三种矿占西方稀土产量的 95% 以上。独居石矿和氟碳铈矿中，轻稀土含量较高，磷钇矿中，重稀土和钇含量较高，但矿源比独居石少。其中：

1. 氟碳铈矿（Bastnaesite）

晶体结构及形态：六方晶系，复三方双锥晶类，晶体呈六方柱状或板状，细粒状集合体。

物理性质：黄色、红褐色、浅绿或褐色。玻璃光泽、油脂光泽，条痕呈白色、黄色，透明至半透明。硬度 4~4.5，性脆，密度 4.72~5.12，具有弱磁性，有时具放射性，在薄片中透明，在透射光下无色或淡黄色，在阴极射线下不发光。

化学成分及性质：（Ce，La）[CO_3] F。机械混入物有 SiO_2、Al_2O_3、P_2O_5。氟碳铈矿易溶于稀 HCl、HNO_3、H_2SO_4、H_3PO_4。

生成状态：产于稀有金属碳酸岩、花岗岩、花岗伟晶岩以及与花岗正长岩有关的石英脉、石英—铁锰碳酸盐岩脉及砂矿中。

用途：它是提取铈族稀土元素的重要矿物原料。铈族元素可用于制造合金，提高金属的弹性、韧性和强度，用于制造喷气式飞机发动机、导弹及耐热机械的重要零件，亦可用作防辐射线的防护外壳等。此外，铈族元素还用于制作各种有色玻璃。

产地：目前已知最大的氟碳铈矿位于中国内蒙古的白云鄂博矿，作为开采铁矿的副产品，它和独居石一道被开采出来，其稀土氧化物平均含量为5%～6%。品位最高的工业氟碳铈矿矿床是美国加利福尼亚州的芒廷帕斯矿，它是世界上唯一以开采稀土为主的氟碳铈矿。

2. 独居石矿（Monazite）（又名磷铈镧矿）

晶体结构及形态：单斜晶系，斜方柱晶类。晶体成板状，晶面常有条纹，有时为柱、锥、粒状。

物理性质：呈黄褐色、棕色、红色，间或有绿色。半透明至透明，条痕白色或浅红黄色，具有强玻璃光泽。硬度5.0～5.5。性脆，比重4.9～5.5，电磁性中弱。在X射线下发绿光，在阴极射线下不发光。

化学成分及性质：（Ce，La，Y，Th）[PO_4]。成分变化很大，矿物成分中稀土氧化物含量可达50%～68%。类质同象混入物有Y、Th、Ca、[SiO_4]和[SO_4]。独居石溶于H_3PO_4、$HClO_4$、H_2SO_4中。

生成状态：产在花岗岩及花岗伟晶岩中，稀有金属碳酸岩中，云英岩与石英岩中，云霞正长岩、长霓岩与碱性正长伟晶岩中，阿尔卑斯型脉中，混合岩中，及风化壳与砂矿中。

用途：主要用来提取稀土元素。

产地：具有经济开采价值的独居石主要资源是冲积型或海滨砂矿床。最重要的海滨砂矿床是在澳大利亚沿海、巴西以及印度等沿海。此外，斯里兰卡、马达加斯加、南非、马来西亚、中国、泰国、韩国、朝鲜等地都含有独居石的重砂矿床。独居石的生产近几年呈下降趋势，主要原因是由于矿石中钍元素具有放射性，对环境有害。

3. 磷钇矿（Xenotime）

晶体结构及形态：四方晶系、复四方双锥晶类、呈粒状及块状。

物理性质：黄色、红褐色，有时呈黄绿色，亦呈棕色或淡褐色，条痕淡褐色，玻璃光泽，油脂光泽。硬度4~5，比重4.4~5.1，具有弱的多色性和放射性。

化学成分及性质：Y［PO$_4$］。成分中Y$_2$O$_3$占61.4%，P$_2$O$_5$占38.6%。有钇族稀土元素混入，其中以镝、铒、镱、钇为主。尚有锆、铀、钍等元素代替钇，同时伴随有硅代替磷。一般来说，磷钇矿中铀的含量大于钍。磷钇矿化学性质稳定。

生成状态：主要产于花岗岩、花岗伟晶岩中，亦产于碱性花岗岩以及有关的矿床中，在砂矿中亦有产出。

用途：大量富集时，用作提炼稀土元素的矿物原料，是提取钇的重要矿物原料。

产地：中国中南地区有磷钇矿风化壳矿床。

4. 风化壳淋积型稀土矿（Ion absorpt deposit）

淋积型稀土矿即离子吸附型稀土矿是我国特有的新型稀土矿物。所谓"离子吸附"系稀土元素不以化合物的形式存在，而是呈离子状态吸附于黏土矿物中。这些稀土易为强电解质交换而转入溶液，不需要破碎、选矿等工艺过程，而是直接浸取即可获得混合稀土氧化物。故这类矿的特点是：重稀土元素含量高，经济含量大，品位低，覆盖面大，多在丘陵地带，适于手工和半机械化开采，开采和浸取工艺简单。

风化壳淋积型稀土矿主要分布在我国江西、广东、湖南、广西、福建等地。

三、稀土元素的应用

稀土能与其他材料组成性能各异、品种繁多的新型材料，对改善产品性能、增加产品品种、提高生产效率起到了巨大的作用。同时，稀土作用大，用量少，已成为改进产品结构、提高科技含量、促进行业技术进步的重要元素，并在电子、石油化工、冶金、机械、能源、轻工、环境保护、农业、人类健康等领域展现出了丰富多彩的奇功异能，因此被誉为"工业维生素"。

稀土易和氧、硫、铅等元素化合生成熔点高的化合物，因此在钢水中加入稀土，可以起到净化钢的效果。由于稀土元素的金属原子半径比铁的原子半径大，很容易填补在其晶粒及缺陷中，并生成能阻碍晶粒继续生长的膜，从而使晶粒细化而提高钢的性能。

稀土元素具有未充满的 4f 电子层结构，并由此而产生多种多样的电子能级。因此，稀土可以作为优良的荧光、激光和电光源材料，以及彩色玻璃、陶瓷的釉料。

稀土离子与羟基、偶氮基或磺酸基等形成结合物，使稀土广泛用于印染行业。而某些稀土元素具有中子俘获截面积大的特性，如钐、铕、钆、镝和铒，可用作原子能反应堆的控制材料和减速剂。而铈、钇的中子俘获截面积小，则可作为反应堆燃料的稀释剂。

稀土具有类似微量元素的性质，可以促进农作物的种子萌发，促进根系生长，促进植物的光合作用。

稀土元素具有特殊的光、电、磁等物理性能和化学特性，利用这些性质特长，可以制造出各种稀土功能材料，如稀土永磁、发光、储氢、稀土转光膜和抗旱保水剂等，在工业、农业、国防等方面发挥了巨大作用。伴随着科学技术的发展，稀土的作用会越来越大。

第二节 稀土资源概况

一、全球稀土资源分布及储量

世界稀土资源储量巨大，除我国已探明资源量居世界之首外，澳大利亚、俄罗斯、美国、巴西、加拿大和印度等国稀土资源也很丰富，近年来在越南也发现了大型稀土矿床。另外，南非、马来西亚、印度尼西亚、斯里兰卡、蒙古、朝鲜、阿富汗、沙特阿拉伯、土耳其、挪威、格陵兰岛、尼日利亚、肯尼亚、坦桑尼亚、布隆迪、马达加斯加、莫桑比克、埃及等国家和地区也发现具有一定规模的稀土矿床。世界上主要稀土资源国中，一批大型、超大型稀土矿床的发现与开发是世界稀土资源的主要来源。中国内蒙古白云鄂博铁、铌、稀土矿床，中国四川冕宁"牦牛坪式"单一氟碳铈矿矿床，中国南方风化淋积型稀土矿床；澳大利亚韦尔德山碳酸岩风化壳稀土矿床，澳大亚利东、西海岸的独居石砂矿床；美国芒顿帕斯碳酸岩氟碳铈矿矿床；巴西阿腊夏、寨斯拉估什碳酸岩风化壳稀土矿床；俄罗斯托姆托尔碳酸岩风化壳稀土矿床，希宾磷霞岩稀土矿床；越南茂塞碳酸岩稀土矿床，等等；其稀土资源量均在100万吨以上，有的达到千万吨，个别超过1亿吨，构成世界稀土资源的主体。据有关资料统计，我国稀土资源在20世纪70年代占世界总量的74%，到80年代下降到69%，至90年代末下降到45%左右，这主要是澳大利亚、俄罗斯、加拿大、巴西、越南等国近20年来在稀土资源的勘查与研究方面取得了重大进展，先后发现了一批大型、超大型稀土矿床，如澳大利亚的韦尔德山、俄罗斯的托姆托尔、加拿大的圣霍诺雷、越南的茂塞等稀土矿床。但我国稀土资源仍占世界首位，且资源潜力很大，因此，有理由认为今后相当长的时间内不会改变中国稀土资源大国的地位。

二、中国稀土资源的分布及特点

中国是世界上稀土资源最丰富的国家，全国已有22个省（区）先后发现稀土矿床，主要分布在内蒙古、江西、广东、广西、四川、山东等地。

自1927年丁道衡教授发现白云鄂博铁矿，1934年何作霖教授发现白云鄂博铁矿中含有稀土元素矿物以来，中国地质科学工作者不断探索和总结中国地质构造演化、发展的特点，运用和创立新的成矿理论，在全国范围内发现并探明了一批重要稀土矿床。20世纪50年代初期发现并探明超大型白云鄂博铁、铌、稀土矿床，20世纪60年代中期发现江西、广东等地的风化淋积型（离子吸附型）稀土矿床，20世纪70年代初期发现山东微山稀土矿床，20世纪80年代中期发现四川凉山"牦牛坪式"大型稀土矿床等。这些发现和地质勘探成果为中国稀土工业的发展提供了最可靠的资源保证，同时还总结出中国稀土资源具有成矿条件好、分布面广、矿床成因类型多、资源潜力大、有价元素含量高、综合利用价值大等最基本的特点。

中国稀土矿床在地域分布上具有面广而又相对集中的特点。截至目前，地质工作者已在全国2/3以上的省（区）发现上千处矿床、矿点和矿化产地，除内蒙古白云鄂博、江西赣南、广东粤北、四川凉山为稀土资源集中分布区外，山东、湖南、广西、云南、贵州、福建、浙江、湖北、河南、山西、辽宁、陕西、新疆等省区亦发现有稀土矿床，但是资源量要比矿化集中富集区少得多。全国稀土资源总量的98%分布在内蒙古、江西、广东、四川、山东等地，形成北、南、东、西的分布格局，并具有北轻南重的分布特点。

我国不仅稀土资源丰富，而且还具有资源质量方面的许多优势，不同的稀土矿床具有不同的优势。

白云鄂博铁、铌、稀土共生矿床，不仅稀土储量为世界之最，而且稀土元素含量高，种类多，稀土矿物中轻稀土占79%，钐、铕比美国芒顿帕斯稀土矿高一倍，尤其是铈、钕等稀土元素含量丰富，具有重要的工业价值。稀土氧化物的构成明显反映出富铈贫钇，高富集钐、铕、钕等特点。其中镧、铈、镨、钕、钐占稀土氧化物总量的97%，以 CeO_2 为最高，达48.7%，Ce：La：Nd＝50：30：15。钐、铕多富集在易解石矿物中，其含量为氟碳铈矿的1.25倍，为独居石矿的3~4倍，这是国内外其他稀土矿床少有的稀土氧化物组成特征。白云鄂博稀土随铁矿大规模采选，成本低，同品级稀土精矿售价比国外低60%。

另外，四川凉山地区"牦牛坪式"单一氟碳铈矿矿床，矿物粒度粗，有害杂质含量低，易选冶，可直接入炉冶炼中间合金，工艺简单易行，成本低，拥有资源质量优势。我国山东微山稀土矿，为一个典型的氟碳铈镧矿床，稀土元素 La、Ce、Pr、Nd 之和占稀土总量的98%，稀土矿物粒度粗，有害杂质含量低，稀土精矿易于深加工分离成单一稀土元素，亦具有明显的资源质量优势。

我国南方的江西、广东、广西等七省（区）风化淋积型中重稀土资源十分丰富，且品位高，类型齐全，易于采选。江西寻乌等地风化淋积型稀土矿中 Sm_2O_3、Eu_2O_3、Gd_2O_3、Tb_4O_7 分别比美国芒顿帕斯氟碳铈矿中含量高10倍、5倍、12倍和20倍；世界上钇资源主要分布在中国，我国江西龙南等地的磷钇矿储量巨大（16万吨），是国外钇工业储量的4倍，是美国的47倍。因此，我国南方风化淋积型中重稀土资源不论其资源量还是元素种类与配分形式都是世界上任何国家无法比拟的。

我国稀土地质科学研究，在不断吸引国外科技新理论的同时，根据中国大陆地质构造演化发展的规律，总结并创立具有自己特点的稀土成矿新理论，建立成矿模式，预测资源远景，不断取得突破性进展。白云鄂博稀土矿床的发现，从特种高温热液成矿理论的提出，到海底喷流沉积成矿（或海相火山沉积稀有金属碳酸岩成矿）理论的建立，不但推动了稀土资源勘查的重大突破，同时丰富了世界稀土成矿新理论。我国南方风化淋积型（离子吸附型）稀土矿床的发现，不但丰富了世界稀土矿床的类型，也为世界中重稀土资源的开发利用提供了可靠的资源保证。四川凉山地区喜山期"牦牛坪式"单一氟碳铈矿矿床的发现，是迄今为止世界上发现的最新时代内生热液型稀土矿床，为世界稀土资源的研究与勘查开辟了新的思路。我国稀土资源地质科学研究一个重要的方面，是对稀土矿物的系统研究。到目前为止，全世界已发现稀土矿物 170 余种，可供利用的稀土矿物有 50 余种，而作为稀土开发利用主要来源的稀土矿物仅十余种，氟碳铈矿、独居石矿、磷钇矿等是最主要的来源。20 世纪八九十年代，我国地质科学工作者在对稀土矿床、矿物系统的研究工作中，先后发现了大青山矿、中华铈锶矿、β 褐钇铌矿、钕褐钇铌矿、兴安矿等一批新矿物，这些发现不但丰富了世界稀土矿物学宝库，同时揭示了不同类型稀土矿床的演化发展历史与特点，这对稀土资源的研究与勘查无疑是非常重要的。

综上所述，中国不仅是世界稀土资源大国，而且在稀土资源的质量、品种和可利用性等方面都具有明显的优势，这种优势为中国稀土工业的可持续发展提供了最基本的资源保证，也为中国稀土在国际市场上立于主导地位创造了条件，更为新世纪、新材料、新技术革命奠定了物质基础。

第三节　我国稀土资源投资特点分析

稀土资源是一种战略资源，稀土资源投资具有如下特点：

（1）我国重稀土资源和产品的主导地位仍不可动摇，而轻稀土资源和产品的开放竞争性不可避免。我国迄今为止仍然是稀土资源储量最丰富、品种最为齐全、品位较高的国家，同时也是主导全球稀土市场的国家。因此，国家把稀土资源定位为重要战略资源。但是，随着全球范围不断发现稀土资源，我国在全球的已探明稀土储量占比和产量逐步下降。加之国家鼓励国内稀土企业和资本"走出去"，开发境外稀土资源，导致稀土进口产品在国内稀土市场的占比也在逐年增加。稀土产品全球供应的多元化格局逐渐形成。据不完全统计：目前全球稀土资源的 81% 左右属于轻稀土资源，其中，中国占 22%。轻稀土产品的多元化格局已经形成。重稀土资源的全球资源量约占 17%，其中我国占 6% 左右，具备开采条件的重稀土资源占比超过 80%。

（2）投资周期长，资金投入高。从矿山的勘探、开发到最终的稀土产品生产阶段，大约需要 20 年以上；对于矿产资源投资项目而言，一般的矿产资源投资项目包括勘探、基建、开采、选冶加工等阶段，时间跨度一般可达十几年甚至几十年的时间，每个阶段都需大量资金投入，初始投资额巨大，而且这些初始投资往往全部或部分是不可逆的，形成沉没成本。

（3）稀土投资结构逐步优化，新材料新能源领域投资空间巨大。稀土是不可再生的重要战略资源，其投资结构正加快向以中高端材料和应用产品为主的方向转变。由于稀土具有特殊优良的物理化学性能，是改造石油、化工、玻璃、陶瓷等传统产业，发展新能源汽车、航空航天等新兴产业以及国防科技工业不可或缺的关键元素。稀土用量较大的磁性材料产业受新能源汽车、轨道交通等带动发展较快。同时，稀土元素的应用持续向新领域拓展，几乎每 3~5 年就可以发现稀土一种新用途，每 4 项高新技术发明就有一项与稀土有关。随着稀土的应用领域扩展，稀土产品价格整体向好，普遍上涨。

（4）稀土行业投资政策保障性提高，整体行情明显好转。为了提高稀土的出口价格、保护本国的自然环境以及主导稀土资源战略性地位，我国政府鼓励稀土产品在高新技术领域的应用，特别是在信息环保的能源领域的应用，发展稀土循环经济。产业政策方面，政府通过企业重组、补偿关闭和淘汰关停等手段，提高稀土产业的行业集中度；出口管理政策方面，主要使用出口限制手段，通过配额和出口关税政策，限制稀土的出口。相关文件规定从 2015 年 5 月 1 日起开始实施稀土资源税从价计征改革。自此，稀土资源税进入实质的改革阶段。

通过上述分析可以发现稀土资源投资空间广阔，产业链价值高，政策重点扶持。投资过程中，企业可以根据掌握的信息发挥管理灵活性，决定何时投资，优化投资时机的选择。

（注释：本章参考及引用了中国稀土网，http：//www. cre. net. 上的内容。）

参考文献

［1］郭加朋 . 工业维生素稀土 ［M］. 济南：山东科学技术出版社，2016.

［2］罗宇洁，王静，郑慧芳 . 我国稀土资源投资决策研究——基于稀土资源价格波动率的分析［J］. 价格理论与实践，2018（10）：133-136.

投资决策相关理论

企业投资是指对所持资金的一种运用，如投入经营资产或购买金融资产，或是取得这些资产的权利，其目的是在未来一定时期内获得与风险相匹配的报酬。企业能否实现这一目标，关键在于能否在风云变幻的市场环境下，抓住有利的时机，做出合理的投资决策。

所谓投资决策，是指投资者为了实现其预期的投资目标，运用一定的科学理论、方法和手段，通过一定的程序，对若干个可行性的投资方案进行研究论证，从中选出最满意的投资方案的过程。投资决策是企业所有决策中最为关键、最为重要的决策，因此投资决策失误是企业最大的失误，一个重要的投资决策失误往往会使企业陷入困境，甚至破产。

投资决策决定着企业的未来，正确的投资决策能够使企业降低风险、取得收益，而错误的投资决策则会置企业于死地，所以，企业决策者应经过深思熟虑并在正确的理论指导下做出正确的投资决策。

第一节　投资决策的基本理论

一、投资的分类

科学合理地按一定标准对企业投资进行分类，有利于认清投资性质，加强投资管理，提高投资效益。

1. 直接投资与间接投资

按投资与企业生产经营的关系，投资可以分为直接投资与间接投资。直接投资也称为实体投资，是指把资金直接投放于本企业或外单位的形成生产能力的实体性资产，直接谋取经营利润的企业投资。通过直接投资，购买并配置劳动力、劳动资料和劳动对象等具体生产要素，便于企业开展生产经营活动。直接投资所面临的风险主要是商品市场风险。间接投资又称为证券投资或金融投资，是指把资金投放于股票、债券等金融性资产的企业投资。投资方不直接介入被投资企业的具体生产经营过程，而是通过股票、债券上所约定的收益分配权利，以取得投资利润和资本利得。进行金融投资，不仅面临实体投资中的商品市场风险，更为重要的是还存在金融市场的风险。

2. 确定性投资与风险性投资

按投资面临风险的大小，投资可分为确定性投资与风险性投资。确定性投资是指在可以比较准确预测未来相关因素时所进行的投资。这样的投资，其现金流量稳定，投资收益可以准确确定，决策过程相对比较简单，如在市场、币值、利率稳定的条件下，企业增加固定资产所进行的投资。风险性投资是指在不能准确预计未来相关因素时所进行的投资。这样的投资，其现金流量不稳定，未来的投资效益处于不确定状态，企业只能根据现有的信息估计其各种结果的概率。对此类投资，除了评价它的期望收益以外，还要对其进行详细的风险分析和评价。

3. 对内投资与对外投资

按资金投放的方向，投资可分为对内投资与对外投资。对内投资是指把资金投放到企业自身的生产经营中，形成企业的固定资产、无形资产等的投资，其目的是保证企业生产经营活动的连续和生产经营规模的扩大。在企业的投资活动中，内部投资是主要方式。它不仅数额大、投资面广，而且对企业的稳定发展、未来盈利能力、长期偿债能力等都有着重大影响。

对外投资是指企业把所拥有的资金投放于本企业以外的其他单位的投资。对外投资以现金、有形资产、无形资产等资产形式，通过联合投资、合作经营、购买金融资产等投资方式，向企业外部其他单位投放资金。对内投资都是直接投资，对外投资主要是间接投资，也可以是直接投资。

4. 短期投资与长期投资

按投资期限的长短，投资可以分为短期投资和长期投资。短期投资又称为流动资产投资，是指能够随时变现并且持有时间不准备超过一年的投资，主要指对货币资金、应收款项、存货、短期有价证券等的投资。长期投资如能随时变现，也可以作为短期投资。长期投资则是指一年以上才能收回的投资，主要指对厂房、机器设备等各类固定资产的投资，也包括对无形资产和长期有价证券的投资。由于长期投资中固定资产所占的比重最大，所以长期投资有时专指固定资产投资。长期投资回收期长、耗资多、变现能力差，所以其投放是否合理，不仅影响到企业当期的财务状况，而且对以后各期损益及经营状况都会有重要影响。

二、投资决策的特点

1. 投资决策具有针对性

投资决策要有明确的目标，如果没有明确的投资目标就无所谓投资决策，而达不到投资目标的决策就是失策。

2. 投资决策具有现实性

投资决策是投资行动的基础，投资决策是现代化投资经营管理的核心。投资经营管理过程就是"决策—执行—再决策—再执行"反复循环的过程。因此企业的投资经营活动是在投资决策基础上进行的，没有正确的投资决策，也就没有合理的投资行动。

3. 投资决策具有择优性

投资决策与优选概念是并存的，投资决策中必须提供实现投资目标的几个可行方案，因为投资决策过程就是对诸多投资方案进行评判选择的过程。合理的选择就是优选。

4. 投资决策具有风险性

风险就是未来可能发生的危险，投资决策应顾及实践中将出现的各种可预测或不可预测的变化。因为投资环境是瞬息万变的，风险的发生具有偶然性和客观性，是无法避免的，但人们可依据以往历史资料并通过概率统计的方法，估算风险大小，从而控制并降低风险。

三、投资决策分析的基本原则

企业的投资活动是一项复杂的、多层次的经济活动，为了进行合理的投资决策，保证投资目标的实现，企业在投资决策时要遵循以下原则：

1. 可行性分析原则

当一个企业决定对某些项目进行投资时，必须对这些项目进行可行性分析。项目的可行性分析是决定投资成败的第二步，其主要任务是对投资项目实施的可行性进行科学的论证，主要包括技术上的可行性和经济上的效益性。项目可行性分析是对项目实施以后其未来的运行和发展前景进行预测，通过定性与定量分析，比较项目的优劣，为投资决策提供依据。

财务可行性分析是投资项目可行性分析的主要内容，项目实施后的业绩主要表现在价值化的财务指标上。财务可行性分析的主要内容包括：资产、负债、所有者权益等财务状况指标的预测；收入、费用和利润等经营成果指标的预测；项目现金流量、净现值、内含报酬率等项目效益指标的预测和分析。

2. 内部投资与外部投资结构平衡原则

企业内部投资和外部投资不仅投资方式不同，投资目的也有较大差异。内部投资为企业开展正常的经营活动提供必要的物质基础，外部投资可以满足企业的盈利需求，或者试图取得相关企业的控制权。正确处理两者关系对合理配置资源，使有限的资金发挥最大的效用是非常重要的。

内部投资是企业投资的主要内容，决定着企业的生存和发展，也是外部投资赖以存在的基础。企业内部投资项目的选择是否合理，直接影响到企业的整体效益。而外部投资对企业内部投资也有着重要影响，外部投资不仅可以提高企业的收益水平，还可以为企业内部投资创造更好的条件。从总体上看，企业外部投资和内部投资的根本目的是一致的，但就具体目标来说，又有一定差异。因此，企业在投资时，必须认真协调两者的关系。

3. 投资组合与筹资组合相适应的原则

投资与筹资是企业财务管理的两项活动，两者之间存在着相互制约、密切相关的内在联系。一般而言，是先有筹资再进行投资，因为企业确定的投资项目所需要的资金是通过各种筹资方式取得的，但两者的关系并不一定是截然可分的先后关系，在实际中，企业也可以先确定投资，再进行筹资。企业在进行投资项目的可行性分析时，需要一并考虑筹资方式和筹资数额。在筹集资金时，应该考虑通过不同的筹资渠道和筹资方式取得资金，以使其在风险、成本、使用时间及使用方向等各方面达到最佳组合。因此，企业在决定采取何种方式筹集资金时，应该考虑投资组合对筹资提出的要求和条件。

4. 投资收益与投资风险均衡的原则

在市场经济条件下，企业的投资会面临一定的风险。一般而言，企业取得的投资收益越多，所承担的风险就越大。也就是说，收益的增加是以风险的增大为代价的。而风险的增大又会引起企业价值的下降，不利于企业财务目标的实现。因此，企业在进行投资时，应尽可能地避免或减少风险，做到投资收益与投资风险相协调。

5. 结构平衡原则

结构平衡涉及使生产能力和生产条件正常发挥作用所需要的流动资产的配置。同时，受资金来源的限制，投资也常常会遇到资金需求超过资金供应的矛盾。如何合理配置资源，使有限的资金发挥最大的效用，是资本预算管理中资金投放所面临的重要问题。

可以说，一个投资项目就是一个生产经营综合体。资金既要投放于主要生产设备，又要投放于辅助设备；既要满足长期资产的需要，又要满足流动资产的需要。投资项目在资金投放时要遵循结构平衡的原则合理分布资金，包括固定资金与流动资金的配套关系、生产能力与经营规模的平衡关系、资金来源与资金运用的匹配关系、投资进度和资金供应的协调关系、流动资产内部的资产结构关系、发展性投资与维持性投资的配合关系、对内投资与对外投资的顺序关系、直接投资与间接投资的分布关系等。投资项目在实施后，资金就较长期地固化在具体项目上，退出和转向不太容易。只有遵循结构平衡的原则，投资项目实施后才能正常顺利地运行，才能避免资源的闲置和浪费。

6. 动态监控原则

资本预算的动态监控，是指对投资项目实施的进程进行控制。特别是对于那些工程量大、工期长的建造项目来说，有一个具体的投资过程，需要按工程预算实施有效的动态投资控制。

投资项目的工程预算，是对总投资中各工程项目以及所包含的分步工程和单位工程造价规划的财务计划。建设性投资项目应当按工程进度，对分项工程、分步工程、单位工程的完成情况，逐步进行资金拨付和资金结算，控制工程的资金耗费，防止资金浪费。在项目建设完工后，通过工程决算，全面清点所建造的资产数额和种类，分析工程造价的合理性，合理确定工程资产的账面价值。

对于间接投资或金融投资而言，投资前首先要认真分析投资对象的投资价值，根据风险与收益均衡的原则合理选择投资对象。在持有金融资产的过程中，要广泛收集投资对象和资本市场的相关信息，全面了解被投资单位的财务状况和经营成果，保护自身的投资权益。有价证券类的金融资产投资，其投资价值不仅由被投资对象的经营业绩决定，还要受资本市场的制约。这就需要分析资本市场上资本的供求关系状况，预计市场利率的波动和变化趋势，动态地估算投资价值，寻找转让证券资产和收回投资的最佳时机。

四、投资决策的一般程序

投资决策阶段是整个投资过程的开始阶段，也是最重要的阶段，此阶段决定了投资项目的性质、资金的流向和投资项目未来获得报酬的能力。其包含三个步骤：投资项目的提出；投资项目的评价；投资项目的决策。投资项目经过评价后，要由公司的决策层做出最后决策。决策一般分为以下三种情况：①接受这个项目；②拒绝这个项目，不进行投资；③发还给提出项目的部门，由其重新调查和修改后再做处理。

从前面的分析我们知道，投资是有风险的，而风险与收益通常是成正比的关系。企业财务管理的目标是不断提高企业的价值，为此，就要采取各种措施增加收益，降低风险。要想保证投资的效果，必须建立一套合理的投资决策程序。一般而言，企业的投资决策程序如图2-1所示。

1. 选择投资机会，确定投资类型

选择投资机会，确定投资类型，是投资决策的第一步。这一阶段主要是以自然资源和市场状况为基础，以国家产业政策为导向，以财政、金融、税收政策为依据，寻找最有利的投资机会，确定进入哪些业务领域，采用何种方式进行（自己建设、合资、战略联合）。根据投资项目对企业的影响，可

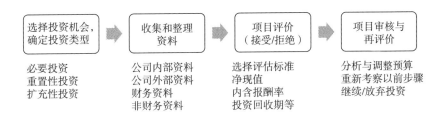

图 2-1 投资决策程序

分为必要投资，即企业为适应生存、发展所必需的投资；重置性投资，一般是指用新设备取代旧设备的投资，也称为成本节约型投资；扩充性投资，即为满足公司集中化、一体化、多元化发展战略需要而进行的投资。

2. 收集和整理资料

收集和整理资料是进行投资项目评价的前提。一般来说，项目评价所需要的资料主要包括：①公司内部资料，如资源状况、设备配置、员工素质等；②公司外部资料，如国民经济所处的经济周期、产品市场状况、政府法规制度、金融市场状况、通货膨胀、劳动力供应技术进步等；③财务资料，如各项投入物和产出物的市场价格及其变动趋势、项目资本来源与使用、项目评价的主要参数等，财务资料是项目评价资料中最重要的资料；④非财务资料，如劳动力的质量和数量、政府行为、竞争因素等。

在收集和整理资料时，应简要说明资料或数据的来源及整理方法，以确保资料的真实、可靠和实用。凡是通过测算得到的资料，应解释所使用的计算方法并说明应用这些方法的理由。

3. 项目评价

项目评价是投资决策的关键环节。一个投资项目从筹建到生产经营再到终结往往要经历相当长的时间，为了计算由该项投资活动引起的不同时点的现金流量，通常是采用时间价值法，将不同时点的现金流量调整到同一时点上进行比较分析，以此权衡项目的风险和收益，考察项目对公司价值的潜在影响。

影响项目评价的两个关键因素：一是项目预期现金流量；二是投资项目的必要收益率或资本成本（贴现率）。

在项目评价的基础上，进行项目选择。一般来说，企业通常选用的投资评估方法有净现值法、内含报酬率法和投资回收期法等，这些方法各有利弊，在使用时应结合项目具体情况进行全面认真的分析，以便选择最佳投资方案。财务主管的工作职责是进行项目财务评估，并预测选定的投资方案分年度的用款额度和项目各年所需投资的资金总量，以便据此筹措相应的资金。

4. 项目审核与再评价

投资项目一经批准成立，即应付诸实施，进入投资预算的执行过程。在这一过程中，首先，应建立预算执行情况的跟踪系统，及时、准确地反映预算执行中的各种信息，将实际指标与预算指标进行对比，据以找出差异，分析原因，并将分析结果及时反馈给各有关部门或单位，以便调整偏离预算的差异，实现预期的目标。其次，应根据出现的新情况，修正或调整资本预算，确保资本预算的先进性和可行性。最后，再根据调整后的情况决定是继续执行项目还是放弃项目。

第二节　传统投资决策方法

投资决策理论、方法的变化与发展可以分为四个阶段：第一阶段是非贴现法，即不考虑时间价值，认为各时点上的现金流量价值相同，不予贴现的非贴现法；第二阶段是以 NPV（Net Present Value）为代表的现金流贴现 DCF（Discounted Cash Flow）方法，我们称之为传统的投资决策法；第三阶段是随着 Black 和 Scholes（1973）的期权定价理论的出现，并由 Myers（1977）首次将其用于实物投资决策而形成的实物期权方法；第四阶段为期权博弈理论与方法，这一方法是实物期权方法与博弈论的结合。

企业在投资决策时选择合适的理论做指导对企业的发展至关重要。大多数投资在不同程度上具有三个基本特征：①投资是部分或完全不可逆的，投资的初始成本至少部分是沉没的。②来自投资的未来回报是不确定的。只能评估投资中较高或较低收益的不同结果的概率。③在投资时机选择上有一定的回旋余地。可以推迟行动以获得有关未来的更多信息。当决策者考虑了这三个特征时，往往能够做出最优的决策。按照投资者在做投资决策时是否考虑到这三个特征的相互作用，本书将投资决策方法分为传统投资决策方法和现代投资决策方法。

投资方案评价时使用的指标分为贴现指标和非贴现指标。贴现指标是指考虑了资金的时间价值因素的指标，主要包括净现值、现值指数、内含报酬率等。非贴现指标是指没有考虑时间价值因素的指标，主要包括回收期、会计收益等。相应的将传统投资决策方法分为非贴现的方法和贴现的方法。

一、非贴现指标法

非贴现指标法不考虑时间价值，而把不同时间的货币收支看成是等效的，也称非时间价值法。实务中这种方法在选择方案时起辅助作用。

1. 回收期法（Payback Period，PP）

回收期法指的是企业按照投资计划投入成本，预期可以回收此成本额所需要的年数，即当此计划进行到特定时点所累积的现金净流入量等于期初投入成本所历经的时间。

假设投资后各年产生的现金流量是相等的，则回收期间（T）可表示为：

$$回收期间(T) = \frac{初始投资额}{每年现金净流入量} \qquad (2-1)$$

假设投资后各年产生的现金流量是不相等的，我们可用另一个公式计算得出：

$$回收期间(T) = 投资成本足额回收前的年数 + \frac{年末未收回的成本}{本年的现金净流量} \qquad (2-2)$$

在决策时，通常决策者会设定一个标准回收期间（即成本必须在特定的时间内完全回收），当投资计划的回收期间少于标准时，则视为可行的投资计划；反之，则视为不可行的投资计划。对于互斥项目，则应选择回收期最短的项目。非贴现法投资决策方法简单易行，是在投资决策分析方法不完善时期经常采用的资本预算方法。

2. 投资报酬率法

投资报酬率法也称平均报酬率法，是通过计算和比较投资项目的年均报酬与初始投资额投资项目的年均报酬，可用年平均净收益和年均现金净流量指标表示，因而投资报酬率的计算公式为：

$$会计收益率 = \frac{年平均净收益}{投资额} \tag{2-3}$$

由式（2-3）可知，在投资额一定的情况下，年平均净收益越高，会计收益率越高，投资效益与投资决策越好；反之，则投资收益与投资决策越差。在其他条件不变的情况下，追求年平均净收益最大化，是实现会计收益率最大化的关键。

在决策中，投资者会设定一个标准的会计收益率，它通常由企业自行确定或根据行业标准参考确定。对于独立项目，如果会计收益率大于标准收益率，则应接受该项目；反之，则应放弃该项目。对于互斥项目，则应选择会计收益率最高的项目。

对会计收益率法的评价，其优点如下：

（1）会计收益率法使用已有的会计信息，计算简单，容易理解，在某种程度上能反映投资方案的盈利能力。

（2）会计收益率法使用非现金基础的会计数字来进行资本决策，虽然不符合财务学的基本要求，但由于在实务中有不少企业管理层的工作绩效是靠会计数字来评估，因此也颇受欢迎。

会计收益率法的缺陷也是明显的，具体如下：

（1）它没有考虑货币的时间价值，是非现金基础的指标，因此无法与资本成本进行合理的比较。

（2）由于它并无确切的定义，不同决策者可能用不同方式来决定会计收益率（如用税前利润）。

（3）此外，会计方法不同也将影响会计利润的计算结果（如使用直线法或加速折旧对会计利润的冲击），影响会计收益率法的客观性。

非贴现法未考虑资金的时间价值，未将资金的机会成本作为资本预算决策的影响因素，容易误导决策，放弃高投资回报率的项目。

二、贴现指标法

贴现法（Discounted Cash Flow，DCF）适用于所投资项目提供的产品或服务具有相对成熟的市场，不确定性小，能够根据现有市场和企业的投资规模预测未来现金流量的大小和分布，并且可以选择合适的贴现率。贴现法具体包括净现值法、内含报酬率法、可获利指数法等。这些方法都建立在对现金流进行贴现的基础上。贴现法由于考虑了资金的时间价值，全面地分析了项目寿命期内所有可能的现金流入与流出，并且对风险做了一定的分析，所以相对于非贴现的静态分析法而言，无疑更具科学性和合理性。

1. 净现值法

净现值法是根据净现值来评价投资方案的一种决策方法。所谓净现值（Net Present Value，NPV），是指投资项目未来现金净流量，按企业预定贴现率折算成现值，减去初始投资额后的余额。其计算公式为：

$$净现值（NPV）= 未来现金净流量的总现值 - 初始投资额 \qquad (2-4)$$

或

$$净现值（NPV）= \frac{CF_1}{(1+K)^1} + \frac{CF_2}{(1+K)^2} + \cdots + \frac{CF_n}{(1+K)^n} - CF_0$$

$$= \sum_{t=1}^{n} \frac{CF_t}{(1+K)^t} - CF_0 \qquad (2-5)$$

其中，NPV 为净现值；CF_t 为项目实施第 t 年的现金净流量；n 为项目预计使用年限；k 为预定贴现率；CF_0 为初始投资额；t 为年数。

如果投资不是一次性投入，净现值则需用另外一种方法来计算。它等于从投资开始至项目寿命终结时所有一切现金流量（包括现金流出和流入）的现值之和。

净现值法是根据项目的净现值是正数还是负数来判定项目是否可行的，其决策规则是：如果计算所得的净现值为正数，则表明项目贴现后的现金流入大于现金流出，项目的投资报酬率大于预定的贴现率，项目可行。如果计算所得的净现值为负数，则表明项目贴现后的现金流入小于现金流出，项目的投资报酬率小于预定的贴现率，项目不可行。而如果是多个项目的互斥决策，则选择净现值最大的项目，因为净现值越大，投资的现值报酬越多。

2. 现值指数法

现值指数法简称 PVI 法，是指某一投资方案未来现金流入的现值同其现金流出的现值之比。具体来说，就是把某投资项目投产后的现金流量，按照预定的投资报酬率折算到该项目开始建设的当年，以确定折现后的现金流入和现金流出的数值，然后相除。

现值指数是一个相对指标，反映投资效率，而净现值指标是绝对指标，反映投资效益。净现值法和现值指数法虽然考虑了货币的时间价值，但没有揭示方案自身可以达到的具体的报酬率是多少。内含报酬率是根据方案的现金流量计算的，是方案本身的投资报酬率。如果两个方案是相互排斥的，那么应根据净现值法来决定取舍；如果两个方案是相互独立的，则应采用现值指数或内含报酬率作为决策指标。计算公式：

现值指数 PVI = 未来现金流入量的总现值 ÷ 原始投资额

$$= \frac{\left[A_1(1+i)^{-1} + A_2(1+i)^{-2} + \cdots + A_n(1+i)^{-n} \right]}{PV}$$

$$= \frac{\sum_{t=1}^{n} A_t (1+i)^{-t}}{PV} \tag{2-6}$$

由式(2-6)可知，若现金流入的现值对现金流出的现值之比大于1，表明投资在取得预定报酬率所要求的期望利益之外，还要获得超额的现值利益，这在经济上是有利的。与此相反，若二者之间的比值小于1，则意味着投资回收水平低于预定报酬率，投资者将无利可图。

现值指数法的优缺点：①现值指数法的优点是通过现值指数指标的计算，能够知道投资方案的报酬率是高于或低于所用的折现率；②现值指数法的缺点是无法确定各方案本身能达到多大的报酬率，因而使管理人员不能明确肯定地指出各个方案的投资利润率可达到多少，以便选取以最小的投资能获得最大的投资报酬的方案。

3. 内涵报酬率法

内涵报酬率又称内含报酬率、内部报酬率，是指能够使未来现金流入量现值等于未来现金流出量现值的折现率，或者说是使投资方案净现值为零的折现率。

内涵报酬率是一个相对数指标，和现值指数在一定程度上反映一个投资项目投资效率的高低，所以这类评价指标通常用于独立方案决策，也就是备选方案之间是相互独立的。

内涵报酬率指标的特点：

（1）IRR 是由特定的现金流量确定的。无论实际再投资多少，内涵报酬率都是确定的。

（2）IRR 的计算与基期无关。

$$\sum_{i=1}^{n} \frac{NCF_t}{(1 + IRR)^{t-i}} - NII(1 + IRR)^i = 0 \qquad (2-7)$$

其中，n 为项目经济寿命期；NCF_t 为第 t 年的净现金流量；NII 为项目的净增量投资额。IRR 同时折算至第 i 年末时仍相等。

（3）IRR 假定各方案的所有中间投入可按各自的内涵报酬率进行再投资而进行增值。

内涵报酬率的计算，主要有两种方法：

一种方法是"逐步测试法"，它适用于各期现金流入量不相等的非年金形式。计算方法是，先估计一个贴现率，用它来计算方案的净现值；如果净现值为正数，说明方案本身的报酬率超过估计的贴现率，应提高贴现率后进一步测试；如果净现值为负数，说明方案本身的报酬率低于估计的贴现率，应降低贴现率后进一步测试。经过多次测试，找出使净现值接近于零的贴现率，即为方案本身的内涵报酬率。

另一种方法是"年金法"，它适用于各期现金流入量相等，符合年金形式，内涵报酬率可直接查年金现值系数表来确定，不需要进行逐步测试。

内涵报酬率可按下述步骤进行计算：

第一步：计算年金现值系数。

年金现值系数＝初始投资额÷每年净现金流量

第二步：计算出与上述年金现值系数相邻近的两个折现率（a%和b%）。

第三步：根据上述两个邻近的折现率和已求得的年金现值系数，采用内插法计算出该投资方案的内涵报酬率。

内涵报酬率是一个折现的相对量正指标，是投资项目的预期报酬率，而资本成本则可以看作是投资者对投资项目所要求达到的最低报酬率。如果投资项目的内涵报酬低于资本成本，那么，该项目的报酬率就达不到投资者所要求的最低标准。只有当项目的内涵报酬率超过资本成本时，投资者才能赚到更高的收益率。因此，其决策规则是：当内涵报酬率大于资本成本时，方案可行；否则，方案不可行。

内涵报酬率有以下几个特点：①充分考虑了货币的时间价值，能反映投资项目的真实报酬率。②内涵报酬率的概念易于理解，容易被人接受。③不受行业基准收益率高低的影响，比较客观。④计算过程比较复杂，通常需要一次或多次测算。⑤当现金流量出现不规则变动，即未来年份既有现金流入又有现金流出时，项目可能出现一个以上内涵报酬率，其计算结果难以确定。

综上，贴现法虽然考虑了货币时间价值，但贴现法在不确定性较强的资本预算决策中有很大的局限性。其一，以固定贴现率对不确定性较强的资本预算项目进行决策分析是不合理的；其二，对于不确定性强的投资项目，往往很难准确估计其自由现金流量。另外，贴现法隐含着两个重要假定：一是投资是可逆的；二是投资是不可延迟的。而在现实中，由于资产的专有性，投资项目往往具有不可逆性；投资决策者可以根据实际情况提前或延迟投资。正是这些现实与 DCF 法隐含假设的矛盾，使得以 NPV 法为代表的传统投资决策方法受到前所未有的质疑和挑战。现实迫切需要新的理论的诞生。

第三节　现代投资决策方法——实物期权法

1977 年，Mayer 提出实物期权（Real Option）的思想，将金融期权理论扩展到实物资产领域。将金融市场规则引入企业投资决策，是一种思维方式创新。投资项目的价值不仅来源于项目本身所带来的现金流量，而且还来源于未来的成长机会可能带来的价值。

实物期权（Real Option）是与金融期权相对的概念，是金融期权在实物（非金融）资产选择权上的扩展。金融买方期权给期权拥有者在一定时间内以预先确定的价格（执行价格）购买具有一定价值的某种资产（如股票）的权利（而不是义务）。拥有投资机会的公司相当于拥有在现在或将来某一时刻以初始投资（执行价格）获得具有一定价值的某种资产（即项目）的期权。像金融买方期权一样，这种投资期权之所以有价值，是因为资产（项目）的未来价值具有不确定性。当资产价值增加时，投资的净回报增加；如果价值下降，公司不必投资，损失的只是获得投资机会的支出。

一、期权理论

期权（Option）是指买入期权的一方支付给卖出方一些费用后，就能够获得一项行使权力，也就是说，在未来一段时间内，按当初约定的价格买入或者卖出股票或者某商品的权利，却不用承担必须买入或者卖出的义务。若要行使这一期权需提前支付一定的费用称为期权费用（Option Premium）；合约中确定的行使期权的最后期限叫作到期日期（Expiration Date）。1973 年芝加哥期权交易部门（CBOE）成立，期权市场自此在投资者中变得越来越流行。

（一）期权的种类

按照不同的分类准则，可将期权分成下述几种：

（1）按购买期权所赋予权利的高低不一，将其划分为看涨期权（Call Option）和看跌期权（Put Option）。购入期权者按照合同确定的行权价格在约定的期限内买入一定量的标的资产的权利称为看涨期权，也称为买权；若是在合同确定的期限内期权的购买者按照行权价格卖出一定量的标的资产的权利称为看跌期权，也称为卖权。

（2）按行使期权的时间不同，将其划分为欧洲式期权（European Option）和美国式期权（American Option）。欧洲式期权只可以在合约规定的日期履约，不允许提前；而美国式期权则被允许在合约确定日期中的任意营业日使用权利。

（3）按交易对象的种类不同，将其划分为期货期权（利率期货期权、股票指数期货期权、货币期货期权等）和现货期权（利率期权、股票期权、货币期权、实物期权等）。其中标的资产为股票即为股票期权；标的资产为期货则为期货期权；标的资产为实物投资类的即为实物期权。

（二）期权的基本交易策略

期权的核心原理是使期权所有人支付少量的金钱，或将发生的损失压制在可接受的最低水平内，而使利润空间增大。包括买入买权（Long a Call）、卖出买权（Short a Call）、买入卖权（Long a Put）、卖出卖权（Short a Put），其交易损益和标的资产价格的关系如图 2-2 所示，其中 S 代表标的资产价格，K 代表执行价格，C 代表买入或者卖出期权的价值。

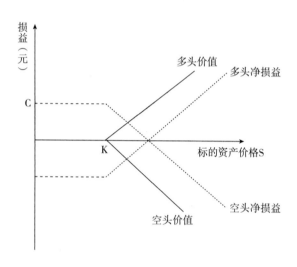

图 2-2 买入或卖出看涨期权价值

对于买入看涨期权的一方来说，当标的物价格比执行价格高时，则应当行权，获得现货价格与执行价格的价差，当价差大于当初买方支付的期权费时，买方处于获利的状态。反之，如果标的物价格比执行价格低，则买方应放弃行权，损失期权费的价格。对于卖出看涨期权的一方来说，其盈亏状况与买进看涨期权的一方是相对应的。

对于买入看跌期权的一方来说，当标的物价格低于执行价格时，则应当行权，获得执行价格与现货价格的价差，当价差高于当初买方支付的期权费时，买方处于获利的状态。反之，若标的物价格高于执行价，则买方应放弃行权，可以直接在市场上以标的物现货价格卖出，获取较高的收入。对于卖出看跌期权的一方来说，其盈亏状况与买进看跌期权的一方是相对应的（见图 2-3）。

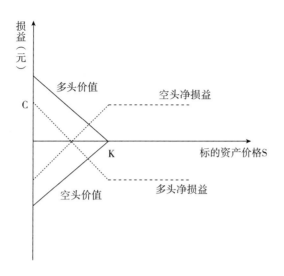

图 2-3 买入或卖出看跌期权价值

（三）期权的内在价值和时间价值

期权价值包括内在价值和时间溢价。

1. 期权的内在价值

这里用 S_t 表示期权标的资产的当前价格，X 为期权执行价格，那么期权的内在价值为：

$$内在价值 = \begin{cases} \max\ (S_t - X,\ 0) & 看涨期权 \\ \max\ (X - S_t,\ 0) & 看跌期权 \end{cases}$$

2. 期权的时间溢价

期权的时间溢价是指期权价值超过内在价值的部分。时间溢价是"波动的价值"，时间越长，价值波动的可能性越大，时间溢价也就越大。

3. 影响期权价值的因素

期权价值是指期权的现值，期权到期日价值是指到期日执行期权净收入。

$$期权到期日价值 = \begin{cases} \max\ (S_T - X,\ 0) & 看涨期权 \\ \max\ (X - S_T,\ 0) & 看跌期权 \end{cases}$$

其中，S_T 为期权标的资产的到期日价格，X 为期权执行价格。

影响期权价值的主要因素有股票价格 S、执行价格 X、到期期限 t、股价波动率 σ、无风险利率 r 和预期红利。

股价波动率 σ，是指股票价格的波动性，通常用标准差衡量。股票价格的波动率越大，股票上升或下降的机会越大。股价的波动率增加会使看涨（看跌）期权价值增加。股价波动率是影响期权价值最主要的因素。以上变量对期权价格的影响如表 2-1 所示。

表 2-1　期权价格的影响因素

变量	欧式看涨期权	欧式看跌期权	美式看涨期权	美式看跌期权
股票价格	+	−	+	−
执行价格	−	+	−	+
到期期限	不一定	不一定	+	+
股价波动率	+	+	+	+
无风险利率	+	−	+	−
预期红利	−	+	−	+

二、实物期权理论

（一）实物期权的内涵

随着期权在金融领域的使用越来越广泛成熟，研究者逐渐开始了期权在实物资产投资领域的利用研究。而实物期权属于期权理论从金融区域到项目投资区域的拓展，其标的物通常为某个实物投资。这些投资大多具有不可逆、可延迟以及不确定的特性，期权的持有者可以根据标的物的价值变动以及项目运行中面临的风险特征，灵活地调整管理策略和投资方案，相当于企业拥有了在未来某一时间以特定的价格买入或者卖出某实物投资的权利，因此将这类标的物叫作实物资产的期权。实物期权从金融期权发展而来，但是也不仅只是类似于金融期权的处理管理灵活性的法则，更是在总体应用中改善思维的有效价值工具，所以实物期权与金融期权具有许多相通相异之处，两者的关系如表 2-2 所示。

表 2-2　实物期权和金融期权的参数对比

类别	金融期权	实物期权
标的资产	金融产品	实物资产或投资项目
标的资产价格 S	股票当前价格	实物资产当前价格或投资项目未来现金流量现值
执行价格 K	期权执行价格	项目投资成本现值
有效期限 T	期权期限	项目投资机会存续期间
无风险利率 r	无风险利率	货币的时间价值
波动率 σ	股票收益波动率	标的资产价格波动率

资料来源：笔者整理。

应用实物期权的理论对投资决策项目进行分析，既考虑了标的物的净现值，又揭示了项目中隐含的不确定性价值，不管是从定性还是定量的研究方面都能全面传达对于资产价值不确定性的影响，管理者可以在投资决策的过程中，灵活规避项目运营的不利因素，充分利用有利因素，这样，管理柔性结合项目投资中存在的不确定性将会转化成积极因素反映项目的隐含价值。图 2-4 能够清楚地刻画管理柔性以及项目投资中的不确定性所产生的隐含价值。

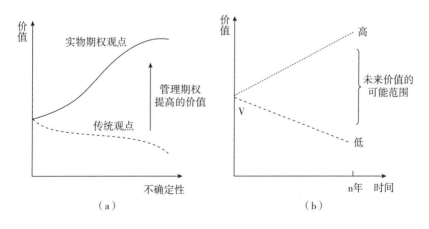

图 2-4　不确定性与时间和价值的关系

对于一个投资项目来说，时间跨度一般比较长，在项目之初，管理者并不能很好地把控项目运营中所面临的风险项，随着时间的推移，投资决策中所面对的偶然性会越来越明朗，管理者对项目的管理柔性、灵巧性便体现了出来，从而间接地增大了项目的价值。因此，实物期权更能客观地评估项目在较长时间跨度下所包含的不确定性以及管理灵活性的期权价值，比传统的评估方法更合理、更科学、更全面。

（二）实物期权的特性

实物期权与金融期权有相当的共有特性，比如权利与义务的不对称，这也是实物期权可以借鉴金融期权定价法的基本依据。但是实物期权标的物是实物资产或者投资项目，并且不像金融期权那样有公开的交易空间，难以被标准化，所以实物期权要复杂得多，主要有以下几个特征：

1. 隐蔽性

项目的期权价值往往隐藏在投资机会里，而对于不同种类的实物期权又具有不同的投资特点，管理者要仔细分辨项目中所包含的实物期权类型，结合其不同的特点做出相应的管理决策，其中管理的灵活性隐藏着的价值也是项目价值的一部分，需要管理者在做相应的管理决策之前能够有清晰的辨认。

2. 非交易性

实物期权的标的资产一般是实物资产或者投资项目，并不像金融期权有公开可以进行交易的市场，对于投资项目来说，标的资产的价格是很难直接确定的，资产的拥有者可以通过管理以及加大投资来增加其价值，因此实物期权本身并不能直接进行市场交易。

3. 竞争性

实物期权里的标的资产不像金融期权那样由期权所有者独有，其资产价值由许多利益相关方共同拥有，他们相互竞争又彼此牵连，实物期权的价值也会受到他们相互竞争以及其他投资者管理决策的影响，除了一些专利期权，大部分的期权特性都是竞争性的，此时项目的期权价值，不仅仅受相关参数的影响，更多的是战略性的，即更深层次的博弈相关的策略影响，这也是实物期权的非独占性的特点。

4. 先占性

实物期权具有竞争性的特征，这就表明它也具有先占性，即在战略性的竞争中能先发制人。对于一个具有共享价值的项目来说，最先进行投资，可能会限制对手的投资机会和时机，取得主动权，防止其他竞争者抢得先机，实现期权价值的最大化。

5. 复合性

一个项目可能包含多种期权，是由两种或者两种以上的期权相互关联形成的，此时实物期权的价值可能不仅与自身的特征有关，也受其他的未执行期权的影响，特别是对于有一系列的投资机会来说，项目拥有的实物期权价值就是多个期权复合而成，而且并不是简单地加和的价值。

6. 复杂性

项目投资所面临的风险是多方面的，这就说明其含有的实物期权也是多重不确定性的，金融期权里常用复制孪生证券的方式来为期权定价，而实物期权所面临的市场分完全市场、半完全市场、不完全市场的情况，对于所处的不同市场和环境，就很难找到类似的证券组合来复制实物期权。另外，项目的发展一般要经历种子期、发展期、成熟期、衰落期，项目处在不同的阶段，研究其实物期权的特性就要视情况而定，但是项目所处的阶段是很难确切知道的，也不是固定不变的，这样也增加了实物期权研究的难度。实物期权中一个重要的参数波动率的值也是非常难以确定的，虽然评估波动率的方法多种多样，但是不同的方法都有其利弊，而且对于矿产资源来说，其历史价格不容易在市场上直接得到，这也相对增加了实物期权研究的难度。

清楚地分辨实物期权所具有的特征，可以在进行相关投资决策时，根据具体情况分析项目所具有的期权特性，以便更好地进行评估预测。

（三）实物期权的种类

虽然实物期权是从金融期权发展而来，但是在实际应用中其内容和形式却比金融期权要更为复杂，在解决具体问题的时候实物期权所面临的选择决策是基于资产的价值的，同时又受到宏观政策、运营风险等各种不确定性因素的影响，因此需要对实物期权进行相应的分类，以期更好地为投资决策服务。根据经营管理中所面临的不同的决策目标，学者们将实物期权分为以下几类：

1. 延迟期权

对于某些项目不用立即实施，以等待更多的信息资源的选择权称为延迟期权。对于这类期权，相当于投资者拥有一个以项目未来现金流量现值为标的物的看涨期权，这时推迟投资并不会丧失投资机会，而是在前期进行全面的分析，解决面临的不确定性，避免因为不利情况的出现所引起的损失，这时的等待就是有价值的，弥补了传统评估方法由于对不确定性的消极认识而忽略的价值。延迟期权主要应用在新技术开发、自然资源开采等领域。

2. 改变运营规模期权

项目的投资一般都是阶段性、连续性的，上一阶段公司运营的情况以及市场环境的变化直接影响后期项目的运营规模。如果前期项目的运营效果较好，市场需求增加，则可以在下一阶段增加投资的力度，以使项目在未来拥有更大的价值，这类期权称为扩张期权。如果项目运营一个阶段结束以后，效果不甚理想，市场需求没有预期的效果乐观，这时需要减少投资支出、缩减规模，以降低不利因素造成的损失，这类期权称为收缩期权。扩张期权和收缩期权主要应用于采矿业、房地产、消费品投资等领域。

3. 转换期权

由于企业所处的环境是复杂多变的，受到周围各种市场环境、宏观政策的影响，如果企业用某种生产要素只生产某一种产品，就不能灵活地应对复杂的环境变化，而使公司陷入运营的困境。如果企业可以根据市场原料价格和需求的变化灵活改变经营策略，利用较低成本的原料生产所需产品或者利用原有的生产要素产出目前市场需求较高的产品，也就是企业可根据市场未来的需求变化灵活地制定最优的投入和产出，这类选择权称为转换期权。主要应用在医药、汽车、发电产业等领域。

4. 放弃期权

在完成了一阶段投资以后，若是出现研发产品失败或者评估后期项目运营的收益并不能弥补项目继续运营所消耗的成本，此时管理者可以考虑结束投资得到项目残值，降低项目损失，此时管理者拥有放弃继续投资的权利，称为放弃期权。这类期权主要应用于资本密集型产业。

5. 增长期权

企业早期进行相关的投入以后，可以获得新的学习经验和投资机会，这些也可以被看作是对未来投资的基础投入，使投资就具有了战略意义，投资项目的价值往往不只表现在其自身所发生的净现金流量的多少上，更体现在为项目所提供的成长机会上，因此增长期权多用于高科技研发项目中。

除了以上几种分类，随着实物期权的发展及应用的广泛性，还可将实物期权分为多阶段期权、复合实物期权、奇异期权等。

（四）实物期权的定价方法

实物期权定价以金融期权定价为基础，主要的定价方法有 Black-Scholes 方法、二叉树方法和动态规划法等。

1. Black-Scholes 方法

Black-Scholes 定价方法是计算连续时间上欧式期权价值的重要方法之一。该方法的基本假设：

（1）无相关交易成本。

（2）无风险利率是已知的，且在期权期限内保持不变。

（3）投资者能以无风险利率借得任何数量的资金。

（4）允许卖空，卖空者将立即得到卖空资金。

（5）期权只能在到期日执行。

（6）所有证券交易都是连续发生的，股票价格随机游走。

模型假设股票价格 V 服从几何布朗运动的随机过程：

$$\frac{dV}{V} = \alpha dt + \sigma dz$$

其中，α 表示股票价格的预期瞬时报酬，σ 表示股票价格的瞬时波动率，dz 为标准 Weiner 过程增量，并假设 α、σ 和 dz 在期权有效期内不随时间变动。构建一个无风险套利的证券组合，通过卖空一个买方期权，并以现行价格 V 购买 $N = \partial C / \partial V$ 份标的股票。其中，C 表示依赖于 V 的衍生证券价格，运用 Ito 辅助定理可知以下偏微分方程：

$$\frac{\partial C}{\partial t} = rC - (r-\delta) V \frac{\partial C}{\partial V} - \frac{1}{2}\sigma^2 V^2 \frac{\partial^2 C}{\partial V^2}$$

其中，r 为无风险收益率；δ 为股息率，可理解为资产贬值速率；I 表示期权执行价格。

Black 和 Scholes 推导了该偏微分方程的确定解，如下式：

$$C(V, t, I; r, \delta, \sigma^2) = Ve^{-\delta t}N(d1) - e^{-rt}N(d2)$$

其中，N（ · ）表示累积性标准正态分布函数，$d1 = \dfrac{\ln\left(\dfrac{V}{I}\right) + [(r-\delta) + (1/2)\sigma^2]t}{\sigma\sqrt{t}}$，$d2 = d1 - \sigma\sqrt{t}$。

2. 二叉树方法

期权定价的二叉树方法的关键是通过对冲原理，把人们引入风险中性世界，从而给出风险中性的定价公式。

下面建立对冲：对于给定的期权 V，在相反方向交易 Δ 份额的原生资产 S，使得构成的投资组合 $\prod = V - \Delta S$，是无风险的。根据无风险债券的定义，$\prod$ 的投资增长率是无风险利率 r，$\prod_T = \rho\prod_0$，其中 $\rho = (1+rT)$，u 为原生资产 S 价格上升乘数，d 为下跌乘数。通过方程

$$\begin{cases} V_u - \Delta S_0 u = \rho(V_0 - \Delta S_0) \\ V_d - \Delta S_0 d = \rho(V_0 - \Delta S_0) \end{cases}$$

可以求出

$$V_0 = \frac{\prod T}{\rho} + \Delta S_0$$

$$= \frac{1}{\rho}\left(\frac{\rho-d}{u-d}Vu + \frac{u-\rho}{u-d}Vd\right)$$

多时段模型把期权的生存区间 [0, T] 细分为 N 个子区间：

$$0 = t_0 < t_1 < t_2 < \cdots < t_N = T$$

在每个区间上，假设原生资产的价格 S 的演化适合单时段—双状态模型，那么 S 作为一个随机变量，它在时段 [0, T] 中的演化构成一个二叉树。

利用单时段—双状态模型，通过反向归纳过程，逐步求出 0 时刻的看涨期权价值

$$V(S_0, 0) = S_0\Phi(\alpha', N, q') - K\Phi(\alpha', N, q')/\rho^N$$

其中，$\alpha' = \max \{\alpha \mid S_0 u^{N-\alpha} d^\alpha - K \geq 0, \ 0 \leq \alpha \leq N\}$，$q' = \dfrac{uq}{\rho}$，$q = \dfrac{\rho - d}{u - d}$。

3. 动态规划法

麦克唐纳和西格尔最先提出该模型，该模型中，企业必须决定何时投资于单一项目。投资成本 I 是已知且固定的，但项目价值 V 服从几何布朗运动。简单的净现值规则是只要 V>I 就投资，但正如麦克唐纳和西格尔所证明的，这是不正确的。因为 V 的未来值是未知的，现在就投资有机会成本。最优投资是当 V 至少与超过 I 的某一临界值 V^* 一样大时才投资。通过动态规划找到最优投资临界值 V^*。

我们将整个决策过程分为两部分：即刻阶段以及后续阶段。假设当前时刻为 t，状态为 x_t。我们用 $F_t(x_t)$ 表示企业从这一点开始最优地做出全部决策的结果，即企业的全部现金流的预期净现值。那么，在下一阶段（t+1），最优决策产生的结果为 $F_{t+1}(x_{t+1})$，在时刻 t 看来，这一结果为随机变量，对它取期望值 $E[F_{t+1}(x_{t+1})]$，也就是我们所说的连续价值。

企业将选择 u_t 使上式最大化，并且结果刚好为 $F_t(x_t)$，因此有：

$$F_t(x_t) = \max_{u_t} \{\pi_t(x_t, \ u_t) + E[F_{t+1}(x_{t+1})]/(1+\rho)\}$$

其中，ρ 为贴现率。

上述方程称为贝尔曼方程。式中，右边第一项为即期收益，第二项为连续价值，该阶段的最优化决策是使得这两项之和最大化的决策。

假设投资项目价值 V 满足几何布朗运动：

$$dV = \alpha V dt + \sigma V dz$$

其中，dz 为维纳过程增量；αV 和 σV 分别为漂移参数和方差参数，两者都是已知的（非随机的）函数。

假设每个阶段的时间长度为 Δt，当 $\Delta t \to 0$ 时，即为时间连续状态。记 $\pi(V, \ u, \ t)$ 为单位时间的利润率，ρ 为单位时间的贴现率。

贝尔曼方程变为

$$F(V, \ t) = \max\{\pi(V, \ u, \ t)\Delta t + (1+\rho\Delta t)^{-1} E[F(V', \ t+\Delta t)]\}$$

假设时间期界是无穷的，根据伊藤引理将上式展开并化简，得到关于价值函数的偏微分方程：

$$1/2\sigma^2 V^2 F''(V) + \alpha V F'(V) - \rho F(V) + \pi(\dot{V}) = 0$$

通过对方程求解，可以得到期权价值 $F(V)$ 和项目价值的临界值 V^*。

参考文献

［1］梁莱歆. 公司理财 ［M］. 北京：清华大学出版社，2009.

［2］阿维纳什·迪克西特，罗伯特·平迪克. 不确定条件下的投资 ［M］. 朱勇等译. 北京：中国人民大学出版社，2013.

［3］马莎·阿姆拉姆·纳林，库拉蒂拉卡. 实物期权——不确定环境下的战略投资管理企业并购管理 ［M］. 张维等译. 北京：机械工业出版社，2001.

［4］郁洪良. 金融期权与实物期权——比较和应用 ［M］. 上海：上海财经大学出版社，2003.

稀土资源投资决策研究综述

第一节　矿产资源价值评估方法研究综述

矿产资源价值是指对如煤、石油、天然气、金属及非金属矿产等进行勘探、开采的过程中，所赋予矿产资源的无差别人类劳动的价值。当其作为一种特殊的商品可以进行交易的时候，就赋予了矿产资源现实的经济价值。

一、矿产资源价值评估研究综述

1. 国外研究综述

市场经济比较健全、发达的国家一般将矿产资源看作是一种固有资产。英国的 HanFaillace 认为矿产资源应该以"纯流动收入的折现形式来估价"，因此将其看作是固定资产的一种。加拿大的 Hamilton 认为每一种自然资源都是有形资产，类似于矿产资源这种可耗竭性资源的价值应该是其在开发过程中预估的期末收益的净现值。

Pindyck、Sundaresan 和 Oeshmukh 通过分析影响矿产资源价格和储量的相关因素，参考了这些因素随机变动的情况，结合最优动态理论，为不可再生资源提供了最优化的评估模型，利用这个模型可以得出不可再生资源的价格随着时间的推移而产生的运动轨迹方程，并且可以根据方程推断资源开采的最佳时机和策略。Gaudet 等通过构造一种跨期资产定价模型来分析矿产品价格随机的变化对投资机会的影响。Landefeld 和 Hines 等对已经探明产量与产地的不可再生矿产品的估值进行了分析探讨，提出了三种针对不可再生资源进行估值的方法：收益现值法、土地价格法和现价法，这也是后来进行矿产资源价值评估较为常用的方法。Vonamsberg 以可持续发展的观念为基础，结合收益现值法的原理，在充分考虑了矿产资源收益并且将其作为资源替代品所消耗的边际成本的基础上，提出了矿产资源价值评估的"可持续性价格法"，但由于边际代替成本的不确定性，该方法暂时还未得到充分的应用。Brerman 等提出一种针对实物期权定价的矿业投资评估理论，并在此基础上建立了矿业投资项目的价值评估模型，该模型充分显示了矿业投资中的行为方式以及在项目的运营过程中所体现的管理柔性的价值，评估结果相对全面准确，但由于模型的推导及构成过于复杂，对该模型中的偏微分方程和边界条件的求解过程特别复杂困难，因此通常只用在理论分析方面。

2. 国内研究综述

从 20 世纪 80 年代，国内开始了对矿产资源进行价值评估问题的研究。刘朝马融合了现代资产定价技术，对矿山资产价值的估价理论和方法进行了充分研究，提出一种包含矿业开采以及投资开发阶段的估值模型；刘金平等提出由于矿产资源原始价值的可变性，因此可以使用相关生产、科学发展和价值理念等因素代表的函数所表示，且资产的价值通常可用绝对价值以及相对价值来表示；杨泓清等通过深入研究分析矿业投资评价收益现值法以及地质勘探的无形资产重置法，提出并构建了一种基于资源储量的矿山资源资产估值法，并将该方法建成相关的方法评估系统。

20 世纪 80 年代以后，孙家平、夏青等对自然资源的矿业资产价值的来源与构成进行了充分分析，综合分析评述国内外关于矿产资源价值计量的方法，分析各个模型的实用性以及对国家政府部门的适用性，这些总结性的方法比较为我国不可再生资源价值评估方法的应用奠定了坚实的基础。任海兵、姬长生、李乃梁等提出了基于自然资源资产的边际成本法，该方法首次出现在与挪威、菲律宾、美国等国学者共同协作出版的印度尼西亚资源评估报告以及国内矿产资源价值评估核算报告中，报告指出矿产资源的价格应该与它的边际成本大致相当，而边际成本相当于边际生产成本、边际外部成本以及边际使用成本的加和，可是在应用中，边际成本的计算难度太大，该方法的使用范围有限。高殿军、王志宏等从分析矿产资源的价值理论着手，阐述了资源天然属性所赋予它的有价性，认为矿产资源的价值受到其收益的直接影响，并以此为基础建立了评估矿产资源价值的模型，该模型在实际应用中具有指导性意义。赵淑芹、葛振华、王国岩等提出了影子价格法，该方法通过确定资源的开采量以及人类在劳动中给资源聚集的边际贡献来评估它的影子价格，之后用所得的影子价格乘以一个确定的系数，从而得到该矿产品的实际价格，此方法虽然原理翔实精确，但是计算较为复杂，涉及的数据以及材料都较为巨大，在实际应用中不易完成。田颖、赵翠薇等认为矿产品的稀缺性以及级差所产生的相应的租金构成了矿产资源的价值，以预估的矿产资源收益和最优化原理为依据，构建了与收益现值法相类似的资源资产的价值评估模型。

根据对矿产资源价值评估的文献梳理可以看出，矿产资源作为有潜在经济效益的产品渐渐地被认识到它是有价值的，并且其价值是可以被计算衡量的，而且评估资源的价值对于投资决策尤为重要，评估的方法主要有收益现值法、边际成本法、影子价格法、实物期权法，其中实物期权法是目前最有效、最精确的评估矿产资源价值的方法，也是目前研究的热点课题。

二、实物期权在矿产资源价值评估中的应用研究综述

在矿产资源的开发投资过程中面临很多变化的因素，投资者在项目的各个阶段拥有不同的选择权，这时传统的价值评估方法就受到了很大的限制。对于矿产资源的开发权类似于管理者获得了在以后随时开始或终止对该矿山投资的权利，所以，我们可以运用期权定价理论来评估矿产资源资产的价值。20 世纪80 年代中期，Brerman 基于资产定价体系，构建了矿业投资评估的价值评价模型，完善了对矿业资源投资管理风格的时变性，不过此模型的计算过程十分繁杂，并不能完全得到模型的解析解，而且该模型并不能很精确地评估矿业投资的价值，因此并不能被广泛应用。80 年代末，Moyen 和 Slade 等将实物期权的理论用在矿业投资项目中，评估项目中管理柔性以及风险的价值，虽然模型中研究了开启投资和放弃的选择性，但是没有涉及有关资源本身的价值评估问题。Henry C. A. 、Dyer B. 等考虑到几何布朗运动不足以描述资源价格变化，在传统的几何布朗运动假设基础上，引入"跳"过程，构建了基于"跳"过程的实物期权模型。

20 世纪 90 年代末期，国内学者开始研究有关实物期权的理论在矿产资源

投资中的应用。张金锁通过原始的 B-S 定价模型重新构建了针对矿业投资评估的定价模型，较好地解决了有关矿产资源开发投资中执行价格的确定。李龙清、秦国玉等指出拥有对某一煤矿的开发权可以看作类似于看涨期权的一种，其开采的价值相当于管理投资者拥有再售或者转让的权利，根据煤矿开采的条件推导出了延迟开发的价值评估方法。彭红枫和郭海健使用二叉树定价模型用来确定某矿山的开采时机，不过此分析只适用于离散时间的矿产资源价格的变动，在连续时间上是不适用的。张能福等通过设定矿产资源的价格符合布朗随机运动，而其收益与价格有相互的函数关系，建立了以实物期权为基础的矿业评估模型，指出该矿业投资的价值是其折现值与风险价值贴现的综合。2013年，张雪梅等在研究矿业投资项目时，认为传统净现值法忽略了项目特有的不确定性及管理灵活性的价值，提出用实物期权修正项目净现值的方法，认为净现值与其延迟期权的价值之和为项目的价值，并对其进行了实例研究。2013年，张高勋等结合实物期权理论，采用鞅定价法，构建了基于 GARCH (1, 1) 的资源投资评价模型，并用锌、锡、铜、镍等矿产品进行了模型验证分析，证实了该模型能够更灵活地评估资源各开采阶段的价值。

通过对国内外相关文献的梳理可以看出，有关实物期权理论在矿产资源价值评估方面的应用主要在铜矿、铁矿、煤炭、石油等资源领域的研究，主要体现在单一因素的变化对评估结果的影响方面，比如矿产资源价格连续变化或者利率不变的情况下利用实物期权定价模型对开发项目价值进行评估。稀土资源作为矿产资源的一种，是一种稀缺性、具有极大经济实用性的资源，但是目前还没有对稀土的开采进行有关价值评估方面的研究。

第二节　矿产资源投资决策方法研究综述

矿产资源投资价值指的是矿产资源在勘测、开采以及生产过程中，所赋予其无差别人类劳动的价值。矿产资源的经济价值指的是在矿产资源生产的过程当中产生的精矿产品在其进行交易的过程中所产生的价值，即其生产出的精矿产品可以进行交易的时候就赋予了矿产资源经济价值。

1. 基于传统的投资决策方法研究现状

折现现金流法（DCF）是目前应用最为广泛的项目投资决策方法，其具体包括净现值法（NPV）、净年值法（NAV）和内部收益法。Trigeorgis 在研究中发现折现现金流法（DCF）往往会忽略由于各种不确定因素产生的价值，从而导致投资者低估项目的真实价值。Farrukh、Dissel 和 Probert 通过确定未来现金流及其概率分布（根据历史数据和专家意见），从而确定矿产资源具有的价值，同时也指出了在概率分布确定的过程中主观性太强这一缺点。

在随后的研究中，许多学者在前人研究的基础上又进行了深入的探讨，也做了大量的总结工作，对学术的发展起到了很大的推动作用，同时在研究中慢慢地注意到投资的灵活性和投资决策中的机会成本，从而有些学者尝试着将实物期权方法引入投资决策领域。

2. 基于实物期权的投资决策方法研究现状

实物期权概念是受到金融期权的启发而提出的，Black 和 Scholes 在进行金融期权定价方法的研究时，就已经注意到了期权定价方法对于金融问题和其他问题的定价都能够很好地解决。但实物期权比金融期权更加复杂，它是以实物资产（Real Assets）作为标的物的一类期权，即投资者在投资过程中获得未来开发、利用特定资产的权利。

美国麻省理工学院的 Steward Myers 教授是第一个在实物期权投资领域引入金融期权定价理论的学者，并提出可以把潜在的投资机会看作是"增长期权"的观念，认为管理柔性和金融期权两者之间具有一些相同的特点，从此以后，对实物期权理论的研究引起了学者的广泛关注。国外早期的实物期权理论主要是对矿产资源开发方面的应用，Brenna 和 Shcwartz 利用现代金融资产定价理论建立了一种矿山开采项目投资价值评估模型，分别评估了暂时停止和放弃矿产资源开采的期权价值。Cortazar、Gravet 等在 Brennan 和 Schwartz 所提模型的基础上，建立了在矿产品价格、长期价格期望和便利收益均随机变动条件下的矿产资源项目投资决策模型，但没有考虑利率和开采成本等随机变化因素对投资决策的影响。Almansour 和 Insley 建立了在石油价格和开采成本都是随机变量的条件下的石油开采项目投资决策模型，研究结果表明石油项目的开采成本波动率增大随之而来的是项目投资价值的提高，同时，随着开采成本波动率的提高，石油价格和开采成本之间的相关系数对项目价值的影响更为显著。Kuangyuan Zhang 等研究评估了一座矿山的复合实物期权价值，突出解决了采矿过程的灵活性和不确定性等因素对项目投资决策的影响。Xiping Wang 等考虑了煤炭价格、化石燃料价格、投资成本和政府补贴等不确定性因素对投资价值的影响，结合实例证明实物期权方法在处理具有高度不确定性的投资项目时，比应用传统的净现值（NPV）方法更有优势。

我国在 20 世纪 90 年代末期才开始意识到将期权定价理论应用于矿产开采工程价值研究中的重要性。彭红枫等将二叉树期权定价应用于分析企业矿山开采中时机的选择问题，但只是针对矿产品的价格处于离散情况下开采时机的选择，忽略了其价格连续发生变化的情况下开采时机的选择问题。张雪梅等提出了矿产资源投资决策的实物期权模型，认为矿产资源的总价值等于矿产资源未来现金流量折现值和矿产资源期权价值之和。张高勋等提出了基于变动波动率的矿产资源价值评估模型，并把优化的模型与传统折现现金流法和传统实物期权的方法相对比，指出优化的模型更能体现项目的价值。何沐文等将不确定条件下的自然资源开发项目的投资问题作为其研究的对象，将现金流、运营成本和开发投资的不确定性作为影响投资价值的切入点，以目前所研究的实物期权投资决策模型做铺垫，并且考虑项目投资者在投资阶段和生产阶段的延迟投资以及暂停运营的管理柔性，建立了多随机变量实物期权的自然资源开发项目的投资决策模型。王玲等通过数值算例，得出实物期权方法能够充分捕捉石油勘探项目投资各阶段不确定条件的动态变化，帮助决策者分阶段做出最优决策。

随着对实物期权理论研究的逐步深入，一些学者发现目前基于实物期权的投资决策模型都假设投资项目的标的资产价值和投资成本等为确定值，而实际中由于投资项目运行过程中具有高度不确定性，这种假设往往不成立，因此开始探究如何将模糊数学方法应用于实物期权理论。Shin-yun Wang 认为概率可以描述模糊事件，现金流量信息可以被模糊化，并举例说明了在有限资本预算的情况下，利用模糊实物期权方法如何对投资项目做出最优决策。Chew-jian You 等把实物期权理论和模糊数学理论相结合，把项目预期收益这一不宜用准确数值表达的参数进行了模糊化处理，提出了基于模糊实物期权的小型企业 ERP 项目的投资决策模型。

3. 复合实物期权在矿产资源投资决策中的应用

随着对实物期权投资决策方法的深入研究，复合实物期权投资决策方法日益受到矿产资源项目投资领域学者们的关注。矿产资源投资项目一般具有投资额大、回收期长、产品（如煤炭、稀土、贵金属等）价格不确定性高的特点，导致对其投资价值的评估尤为困难。针对矿产资源项目投资的这些特点，把复合实物期权投资决策模型应用到该领域是接下来研究的一种趋势。Luo Hua 等采用了基于多阶段实物期权投资决策方法矿产投资模型，并以公司为例，介绍了在不同阶段成功进行敏感性分析的可能性，在勘探阶段选择较低的成功概率，选择较高的成功概率，说明该模型的可用性和稳定性，帮助投资者做出正确的选择。Yoon 等考虑到勘探阶段和其他阶段具有不同的不确定性，应用复合实物期权方法对煤层气开发项目进行投资决策，并评估了延期和放弃选择权的价值，说明通过这种方法能为能源项目的决策者提供丰富的信息。何沐文等通过分析自然资源开发项目具有周期长、不确定性高和项目分阶段投资的期权特性，在 Geske 复合实物期权投资决策方法的基础上，通过进一步分析各阶段期权之间的相关性，构建出适用于买方期权与卖方期权混合状态下的多重复合实物期权投资评价模型，并结合实例进行了具体计算、分析，证明该模型在自然资源开发项目投资决策过程中存在的优势。王华强等在常数波动率的条件下，假定矿产品的价格服从几何布朗运动，建立了基于复合期权的矿产资源采矿权定价模型，为矿产企业进行采矿权的投资提供了决策依据。张自伟等将复合实物期权理论引入矿产资源投资决策中并构建了基于复合实物期权的矿产资源投资决策模型，并举例验证，该模型更符合矿产资源项目的投资决策实际，同时也保证了投资决策过程的科学性。

第三节　稀土资源投资决策概述

稀土资源的共伴生状态是其主要特点，例如，白云鄂博矿产资源是我国最重要的以稀土、铁和铌为主的多金属共生矿，作为我国三大共生矿中最重要的一个共生矿，除了稀土、铁、铌以外，还伴有钍、萤石、磷灰石、重晶石等其他有用金属和非金属矿物，矿石中有用矿物占 70%~80%。白云鄂博现已形成了以铁为主、稀土综合回收的采选原则，铁和稀土得到了部分回收应用，但是极有经济价值的有用元素如铌、钍、钪、钾、萤石、磷等一直未得到有效回收利用，不仅浪费流失了大量的宝贵资源，而且带来了生态环境的破坏和污染。综合利用是稀土资源可持续开发和利用的必由之路，科学合理地进行项目投资决策，可以在实现综合利用的同时，为企业带来更高的经济效益和环境效益。

一、基于实物期权的投资决策

稀土资源共伴生的特点决定了其综合利用投资项目是一个多标的资产的投资决策问题，另外，由于受综合利用技术、价格、政策、成本、利率等不确定因素的影响，在投资决策中需要全面而客观地分析项目规模、投资形式、投资时机。这些不确定性影响因素的变化影响项目的投资价值，给项目投资带来了风险。在矿产资源投资过程中，决策者需根据不确定性影响因素的变化做出灵活的战略决策，获取最大的项目价值。

传统投资决策的净现值法建立在"参数固定、投资可逆、刚性决策"的基础上，无法评估在不确定性条件下决策者采取"灵活"或"柔性"经营策略时所蕴含的项目价值，从而导致其评估结果偏离了项目的真正价值。实物期权是从金融领域衍生而成的投资决策评估方法，运用这种方法，可以充分考虑投资者在新信息不断出现时所采取的决策柔性，从而体现了在不确定性条件下矿产资源投资中的风险价值。

但目前的实物期权研究并没有考虑到多标的资产这一决策目标的特殊性，多标的资产的实物期权并非单个资产实物期权的简单相加，而应充分考虑其耦合作用。有鉴于此，本书提出基于共伴生矿的实物期权投资决策方法，一方面可以为稀土资源综合利用投资项目提供科学合理的投资决策方法，另一方面也探索了实物期权理论，有利于推进实物期权方法在矿产资源投资领域的应用。基于实物期权的稀土资源投资决策主要包含以下内容：

（1）辨识多标的资产的决策问题并建立基于多标的资产的动态投资决策流程。

白云鄂博矿产资源共伴生的特点决定了其综合利用投资项目是一个多标的资产的投资决策问题。但受综合利用技术等诸多不确定因素的影响，多标的资产的组合是变化的。在投资过程中，决策者需根据不确定性影响因素的变化做出灵活的战略决策。

（2）划分投资决策阶段，确定各阶段的不确定因素及实物期权类型，分析投资价值形成机理。

稀土资源投资决策是一个时序的跨期决策过程，前期投资的顺利实施是后续阶段投资的必要条件，每一阶段投资完成后都应根据情况变化重新收集数据来确定实物期权类型和价值。

（3）建立多重实物复合期权投资决策模型，结合实际投资项目的各阶段情况给出适合的投资策略。

二、考虑环境因素的稀土企业投资决策分析

在经济高速发展中起到重要作用的企业所造成的环境污染是环境保护所面临的一个较大问题，尤其是资源型企业，应当对目前存在的环境问题负有很大的责任，同时也应该承担起环境保护的责任。作为一个稀土资源丰富的国家，中国稀土储量和销量都位居世界前列，而稀土资源在开发和利用过程中产生的各种污染对环境也产生了重大影响，因此，稀土企业的各项投资决策都应将环境因素纳入其中。

1. 环境成本的核算

环境成本核算的目的在于促使企业节约相关成本，提高企业经济效益，最终达到保护环境方面的意义。但是，在传统的成本核算中只是将环境成本涉及的成本内容记录在制造费用或管理费用等账户中，没有把环境成本作为一个会计科目单独核算，而且有些对环境造成的污染也并没有承担相应的责任，因而虚高了企业的利润收益。本书采用物质流成本会计（MFCA）核算环境成本的方法，能够使企业明确企业生产过程中由负制品（资源损失）造成的环境成本，这部分环境成本数量上的比重占企业的总的环境成本的绝大

部分。核算结果的关键是帮助企业管理人员找到企业资源损失的改善环节，从而提高资源的利用率，最小化企业所承担的环境成本，在企业的经济效益提高的同时，也达到了保护环境的目的。这种方法在日本、德国等发达国家的企业中得到试点和推广，并取得了一定的成功。但在我国的企业中，实务方面几乎没有展开。因此，在研究物质流成本会计（MFCA）核算环境成本的理论成熟基础上，还应研究展开 MFCA 在我国企业中核算环境成本的应用。

在对环境成本的成熟理论充分研究的基础上，结合近年来这种新兴起的环境成本核算方法物质流成本会计（MFCA），进而探讨了企业环境成本核算方面在企业中的实务操作问题。

本书基于环境成本的稀土资源投资决策主要包含以下内容：

（1）构建基于物质流成本会计（MFCA）方法下的环境成本核算的模型。MFCA 以物质平衡理论为核算基础，实质是核算企业生产过程中物质流的损失情况，通过对损失数据的分析，使企业清楚找到资源损失的关键点，更新企业生产工艺，进而达到提高企业经济效益、保护环境的目的。

（2）将 MFCA 法应用于 JM 稀土企业，用案例企业的调研数据，运用 MFCA 核算其环境成本，并对案例企业核算结果进行分析。

2. 生态效率的测度

世界可持续发展委员会主席 Bjorn Stigson 提出，公司持续发展是一种价值观念，要求公司实施生态效率政策，肩负社会责任。换句话说，企业应树立可持续经济、生态和社会发展的综合理念，使全社会能够可持续发展，更好地创造经济价值。

"生态效率"概念出现于 20 世纪 80 年代末期。1989 年，德国学者 Schaltegger 和 Sturm 在一份科学出版物的背面提出"投资者日益要求公司贯彻减少环境破坏的生态效率战略，这些战略将会增加（至少不会减少）股东价值。恰当的环境管理目标在增加企业价值的同时，通过降低环境影响来提高生态效率"。

世界可持续发展商业理事会（WBCSD）于 1999 年定义的生态效率的基本概念如下："生态效率是通过提供能满足人类需要和提高生活质量的竞争

性定价商品与服务，同时使整个生命周期的生态影响和资源强度逐渐降低到一个至少与地球的估计承载力一致的水平来实现的，并同时达到环境与社会发展目标。"

投资项目决策是投资者为实现未来目标，依据客观条件，依靠一定方法，从提出的若干个备选的方案中做出抉择并付诸实施的过程。传统的投资项目决策分析方法没有重视项目活动的外部影响效果，以财务指标为核心，忽视项目对生态环境的影响，从而使得一些严重破坏环境的项目得以存在，不利于可持续发展战略的有效实施。

对于投资者而言，投资项目如果仍按照以往的"高开采、高消耗、高污染"模式来实现投资者的经济目标，会使项目承担各种法律成本和污染治理成本，从而损害了投资者的利益。这使得项目投资者关注与项目环境支出相关的一切信息。生态效率是一种评估概念，可以同时改善经济和环境绩效，使制造企业在保证经济利润一定的同时，又能兼顾到对环境的保护。企业通过不断地减少物质资源的损耗和污染物的随意投放，生产和供应更低成本、更环保的产品来提高产业的竞争力，以此来增加产品的附加值。生态效率的出现，使得制造企业既能考虑到企业的经济利润，又能兼顾到企业对环境产生的污染问题。

本书基于生态效率的稀土资源投资决策主要包含以下内容：

（1）以生命周期核心理念为基础，利用 LCA 专业软件 GaBi8.0 中的 CML2001 模型，从生命周期的角度对稀土产品进行 LCA 研究。

（2）计算稀土产品的生命周期成本（LCC）与环境损害成本（LCAC）。

（3）利用比值影响评价法对稀土产品制备工艺的生态效率进行定量评价，探究稀土抛光粉制备工艺生态效率模型的适用性，同时也为推动稀土企业的可持续发展提供了科学依据。

参考文献

［1］ Brennan, Schwarts. Evaluating Natural Resource Investments［J］. The Journal of Business, 1985, 58（2）：135-155.

［2］ Trigeorgis, Lenos, Mason S. P. Valuing Managerial Flexibility［J］.

Midland Corporate Finance Journal, 1987 (5): 14-21.

[3] Paddock J. L., Siegel D. R., Smith J. L. Option Valuation of Claims on Real Assets: The Case of Offshore Petroleum Leases [J]. The Quarterly Journal of Economics, 1988, 103 (3): 479-508.

[4] Trigeorgis L. The Nature of Option Interactions and the Valuation of Investments with Multiple Real Options [J]. Journal of Financial and Quantitative Analysis, 1993 (28): 1-20.

[5] Slade M. Valuing Managerial Flexibility: An Application of Real-option Theory to Mining Investment [J]. Journal of Environmental Economics and Management, 2001 (40): 193-233.

[6] Cortazar G., Gravet M., Urzua J. The Valuation of Multidimensional American Real Options Using the LSM Simulation Method [J]. Computers & Operations Research, 2008, 35 (1): 113-129.

[7] Almansour A., Insley M. The Impact of Stochastic Extraction Cost on the Value of an Exhaustible Resource: The Case of the Alberta Oil Sands [C]. Real Options 15th Annual International Conference, Turku, Finland, 2011.

[8] Scholes M. S., Black F. The Pricing of Options and Corporate Liabilities [J]. Journal of Political Economy, 1973, 81 (3): 637-654.

[9] 黄生权, 陈晓红. 基于实物期权的矿业投资最佳时机决策模型[J]. 系统工程, 2006, 4 (24): 65-67.

[10] 李松青, 刘异玲. 基于延迟实物期权的矿业投资决策模型[J]. 系统工程, 2008 (3): 124-126.

[11] 邹绍辉, 张金锁, 王涛. 多维嵌套期权的煤炭资源开发投资决策模型[J]. 西安科技大学学报, 2012 (1): 19-24.

[12] 朱磊, 范英, 魏一鸣等. 基于实物期权理论的矿产资源最优投资策略模型[J]. 中国管理科学, 2009, 17 (2): 36-41.

[13] 廖作鸿, 黄敬宝, 李晓昭. 矿业投资项目不确定性和实物期权分析[J]. 工业技术经济, 2005 (7): 104-106.

[14] 马义飞, 张瑞莲. 实物期权在油气储量价值评估中的应用[J]. 中

国矿业，2002（11）：16-21.

[15] 柳兴邦．油气勘探经济评价研究[D].大连理工大学，2002.

[16] 高世葵，董大忠．油气勘探经济评价的实物期权法与传统方法的综述分析与比较研究[J].中国矿业，2004（13）：27-31.

[17] 刘新风，王树丰，徐宏伟．实物期权中的二叉树模型在矿业权中的应用[J].中国矿业，2005（6）：85-86.

[18] 张永峰，贾承造，杨树锋．石油勘探项目放弃期权计算模型研究[J].中国石油大学学报（自然科学版），2006（6）：137-140.

[19] 王华强，刘黎明．实物复合期权模型在采矿权定价中的应用[J].中国矿业，2011，20（4）：36-39.

[20] 何沐文，刘金兰，高奇特．不确定环境下自然资源开发项目投资评价模型[J].管理科学学报，2013（6）：46-55.

[21] 何沐文，刘金兰．基于多重复合实物期权的自然资源开发投资评价模型[J].系统工程，2011（2）：44-49.

[22] 何沐文．基于实物期权理论的矿产资源开发项目投资评价方法研究[D].天津大学，2011.

[23] 梁朝晖，王巍，李树生．基于矩匹配的、多标的实物期权估值方法研究[J].数学的实践与认识，2012，16（16）：70-78.

[24] 王志强，梁朝晖．多标的和多重及复合实物期权的研究[J].天津大学学报（社会科学版），2010（6）：498-502.

[25] 扈文秀，甄世民，樊宏社．平行复合实物期权的定价研究[J].系统工程理论与实践，2006，26（11）：26-32.

[26] 柯开明．美式一篮子期权定价的蒙特卡罗模拟方法研究[D].武汉理工大学管理学院，2004.

[27] 马鹏起，高永生，徐来自．包头白云鄂博资源的综合利用与环境保护[J].决策咨询，2009（2）：88-91.

[28] 谷祺，刘淑莲．财务管理［M］.大连：东北财经大学出版社，2007.

[29] 邢小强．基于实物期权的新技术投资评估与决策研究［M］.北

京：中国人民大学出版社，2014．

　　［30］陈金龙．实物期权定价理论与应用研究［M］．北京：机械工业出版社，2007．

稀土资源价值评估

第一节 矿产资源价值评估相关理论

矿产资源作为一种不可再生的自然资源，不仅是人类生活原料的重大来源，也是非常重要的生产材料，属于人类生活与生产过程中不可或缺的物质基础。中华人民共和国成立以来，我国的矿业勘探工作取得了辉煌的成果，为我国的社会主义建设找到了巨量的矿业资源，基本保证了国民经济建设的需要。尽管我国矿业资源储量很丰富，但人均占有量很少，难选矿、贫矿和共伴生矿很多，中小型矿床比例大，部分矿种极其短缺。与此同时，我国的矿产资源开发企业，特别是众多的小型矿山，仍然存在着技术装备落后、劳动生产率低、集约化程度差、综合利用水平不高、造成了资源的很大浪费、环境污染等亟待解决的问题。

矿产资源价值理论属于矿业投资的基础，要科学严密地对矿产资源进行估价，首先要研究矿产资源的价值。

一、矿产资源的价值内涵

矿产资源其实质属于通过地质运动作用，让埋在地底或者露出地球表面且拥有开发使用能力的矿产物质或者可利用元素的质量，直达拥有工业使用能力的集体。矿产资源由于属于不可再生的物质，在全世界的储量非常有限。当前，全球已探明的资源种类就有 1600 多种，当中只有 80 多类应用范围很大。这些资源的种类将会跟随生产力的发展以及技术的革新改善而不断加大。

矿产资源作为一种现货类型的可交易商品，它是拥有具体价格的，矿产资源的实用能力及其稀有性质直接影响其价值的大小，属于矿业价格的基础。而矿产资源从勘探、开采到生产加工的整个过程，因为耗费的人力、物力及对周围环境的影响，又间接影响到矿产资源的价值，因此，需要深刻地认识矿产资源的稀缺问题并且对矿产资源的价值进行准确的测度，优化资源配置。

目前，对于矿产资源的价值有关的问题探讨，国内外还存在很大的分歧，其中劳动价值论、边际效用论、稀缺价值论是主要的代表性理论。从这些观点可以看出矿产资源的价值由其实用性、稀有性及生态因素和投入的人类劳动等因素共同决定。因此，矿产资源的价值包含绝对价值、相对价值、勘探价值以及环境补偿代价四个部分。其中，绝对价值是由其自身特有的属性以及人类对其的认知决定的；相对价值是由资源本身稀有性和实用性决定的；勘探价值即是人们识别并且进行勘察所垫付的劳动投入价值；环境补偿代价也就是在开发及生产的过程中对周围环境造成破坏而进行的补偿。这些统称为矿产物质的内含价值，换句话说就是矿产资源的内含价值 V = 勘探价值+绝对价值+相对价值+环境补偿代价。

二、矿产资源的期权特性

矿产资源在开发投资过程中受市场宏观环境、技术发展等多种不确定性因素的影响，其中包含矿产品价格的波动、资源的富集度、投资时间的不确定、新技术的产生、自然环境的不同、矿产资源开发政策的改变等，这些对矿产资源投资都会产生巨大的影响。由于矿产资源是可耗竭性稀缺资源，随着时间的推移，其开发程度加大，稀缺程度也会提高，其价格的波动性也会越来越大，对矿产资源的价值评估影响较大。从矿产资源的地理分布来看，其分布的富集程度差别较大，一般在比较偏远的地区，需要根据矿产资源的品位、运输情况、储量等做出不同的决策。而且，矿产资源组合使用水平不高，大多数的矿产属于共伴生矿，不仅仅含有一种可以使用的矿产资源，但由于受技术条件、生产水平的限制并没有得到有效利用，当经济技术条件、生产水平提高到一定水平就可以更大程度地对矿产资源进行开发利用。

综上，对于矿产资源的开发与投资具有风险高、周期长、灵活性大等特点，这些特点可以让管理者有足够大的空间规避项目失败带来的亏损，争取最大的利益，这些特性间接地影响着矿产资源的价值，使得矿产资源具有期权的特性。

三、传统矿产资源价值评估方法

通常来讲，常用的评估矿产资源价值的方法有净现值法、机会成本法和净价格法。

1. 净现值法

净现值法即将矿产资源勘探、开发、生产等阶段看作一个现金流的整体体系，这一过程中所产生的全部现金流入量（销售矿产资源所获得的全部收入）和现金流出量（包括投资成本、税费等）的差值为净现金流量，再用适当的折现率将所获得的净现金流量实行折现处理，最后获得的值即为净现值。用公式可以表示为：

$$NPV = \sum_{t=1}^{T} \frac{S(t) - I(t)}{(1 + R)^t} \tag{4-1}$$

其中，NPV 表示净现值；T 表示项目的有效期；S（t）表示项目在 t 时期的现金流入量；I（t）表示项目在 t 时期的现金流出量；R 为折现率。

此方法的基本原理是必须对矿产资源进行开发投资，才能使矿产资源具有相应的经济价值，而其价值的实现是在未来的时间里才能体现出来的，所以用适当的折现率对现金流量进行折现才能更为准确地反映资源的时间价值。

净现值法简单易懂、计算方便，是目前矿产资源价值评估最常用的方法，因为计算过程中涉及的参数比较容易获得，项目的现金流入和现金流出量预测准确度较高，还考虑到了现金流量的时间价值，也从另一方面显示出对风险因素的考量。然而矿产资源的开发过程不是处在静态的环境中，而是处在不断变化、相对复杂的宏观环境中，因此，该方法忽略了管理者根据政策、信息变化修正经营决策的灵活性和实施项目的可延迟性，使得项目投资绝对化，把不确定性以及存在的风险消极化，评估结果往往降低了矿产资源开采价值和战略价值，造成资源估价不准确。

2. 机会成本法

机会成本法（MOC）是指将某种资源用于能使其效益最大化的用途而放弃其他的用途，使投资者能够尽可能地得到有效利用资源所获得的利润。该方法的基本思想是，当市场处于自由竞争的状态时，矿产资源的价格能够将它的价值反映出来，边际机会成本（MOC）等于边际使用成本（MUC，指因为当前利用矿产资源而对将来利用者所导致的净利益丢失）、边际生产成本（MPC，指在资源的生产、开发中所发生的成本）和边缘外部成本（MEC，指资源在开发投资中对外部环境等造成的损害）的总集和，即：

$$MOC = MUC + MPC + MEC \qquad (4-2)$$

对于矿产资源来说，机会成本随着其产量和稀缺程度的变化而变化，随着时间的推移，矿产资源的单位机会成本会逐渐增加。但是，边际成本很难通过运算得到，利用此方法可能会受到很大的制约。

3. 净价格法

净价格法提出对于矿产资源来说，不论是已经开始开发的还是还没有开发的，都是有价值的。更不能因为技术条件的限制而忽略资源本身所具有的价值，因此，在计算时，不需要考虑资金的时间价值，即不需要对矿产资源的价值进行贴现。计算公式如下：

$$V_t = \left(\frac{S_t - C_t - R_t}{Q_t} \right) \times \sum Q_t \qquad (4-3)$$

其中，V_t 表示第 t 年矿产资源全部保有量的价值；S_t 表示第 t 年的销售收入；C_t 表示第 t 年的生产成本；R_t 表示第 t 年投资资本的正常利润；Q_t 表示第 t 年矿产资源的开采量。净价格法形式简单，便于计算，但是也没有考虑资金的时间价值，同时也低估了资源的耗竭价值及开采成本。

根据上述关于矿产资源价值评估原理能够得出，不一样的考虑视角所产生的不一样的评价模型存在很大的差异，此类差异也会导致矿产资源价值评估的结果千差万别。净现值法是目前应用最为广泛的一种方法，后两种方法在实际应用中可操作性不大，还停留在理论意义上，在应用方面受到很大的限制。

四、基于实物期权的定价模型

实物期权定价理论依赖于金融期权的基本原理，简单的定价方法与金融期权基本相似。随着实物期权理论的发展，其定价理论主要是在具体的应用中经过优化拓展而来的，以便让实物期权定价更好地应用于企业投资决策。虽然实物期权定价的核心思想是要将实物资产表现在金融市场中的情况与投资决策相结合，分析项目运行中面临的各种风险和机会，从而全面计算项目价值，但这也并不能说明它排斥传统的价值评估方法，有时它们也具有一定的兼容性。目前实物期权主要的定价方法有动态规划法、蒙特卡罗模拟、神经网络等，以二叉树模型和 Black-Scholes 定价模型应用最为广泛。

1. 二叉树模型

二叉树模型是一种离散条件下的期权定价方法。1979 年 Cox Ross 和 Rubinstein（CRR）最先在 *Journal of Financial Economics* 上提出来，1985 年 Cox Ross 和 Rubinstein 又将二叉树模型进一步地优化，使其在期权定价中得到广泛的应用。二叉树模型的基本原理是将项目的有效期分成很多小的时间间隔，并假设在每一个间隔的节点上标的资产价格只有上升或下降两种可能，在这种假设下构筑项目现金流或资产价格的波动模型，然后从期权有效期的末尾时间点往前倒推各节点位置上项目期权的价值，最后推出开始节点上项目所具有的期权当前的价值。二叉树模型具有传统 NPV 方法的形式，易于理解，适用范围较广，但是计算较为烦琐。

二叉树模型在应用中具有以下基本假设条件：①未来项目现金流或资产价格只有上涨或者下跌两种情况；②市场无摩擦性，即没有交易成本或税费等，证券可以无限分割；③可以在现货市场以及借贷市场建立和期权报酬变动相同的对冲资产组合，而且项目现金流或资产价格上涨或者下跌的报酬率是已知的；④无风险利率与借贷利率相等。

二叉树定价模型依据风险中性假设，即假定管理者对项目持风险中性的态度，其模型构造的核心就是确定风险中性概率。图 4-1 是两期二叉树模型示意图。

图 4-1 中 S 表示标的资产初始价值，f 表示初始节点上的期权价值，u

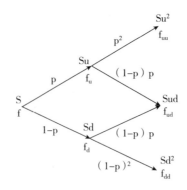

$$图4-1\quad 两期二叉树一般表现形式$$

和 d 分别表示上升和下降的倍数，p 和 1-p 分别表示上升和下降的概率，节点上对应的值分别表示在该节点上所对应的标的资产的价格和期权的价值，假设无风险利率为 r，买入的标的资产的数量为 Δ，两个节点之间的时间跨度为 Δt，则在风险中性的条件下，投资组合的价值应该相等，即：

$$S_u\Delta - f_u = S_d\Delta - f_d \Rightarrow \Delta = \frac{f_u - f_d}{S_u - S_d} \tag{4-4}$$

根据无风险套利原理，投资组合的现值为 $S\Delta - f = e^{-r\Delta t}(S_u\Delta - f_u)$，将式 (4-4) 的 Δ 推导代入二叉树模型表示的单期期权价值为：

$$f = e^{-r\Delta t}\left[pf_u + (1-p)f_d\right] \tag{4-5}$$

同理，推导得到两期二叉树模型为：

$$f = 2e^{-2r\Delta t}\left[p^2 f_{uu} + 2p(1-p)f_{ud} + (1-p)^2 f_{dd}\right] \tag{4-6}$$

n 期二叉树模型为：

$$f = e^{-nr\Delta t}\sum_{i=0}^{n}\left[\frac{n!}{i!\,(n-i)!}\right]p^i(1-p)^{1-i}\max\left[su^i d^{n-i} - x,\ 0\right] \tag{4-7}$$

其中，$u = e^{\sigma\sqrt{\frac{t}{u}}}$，$d = 1/u$，$p = \dfrac{e^{rt} - d}{u - d}(0 < p < 1)$。

二叉树模型不像 Black-Scholes 模型那样有很多的假设条件，推导过程相对于 B-S 模型也较简单易懂，但是涉及的数据量庞大繁复，计算较为烦琐。实证研究表明，当 n 足够大，且时间间隔 Δt 选取足够小的时候，二叉树模型逐渐收敛于 B-S 模型，此时的二叉树定价模型就是连续型的，其计算结果与 B-S 模型定价结果一致。

2. Black-Scholes 定价模型

早在 20 世纪 70 年代初期，Black 和 Scholes 就提出了著名的 B-S 模型，该模型是一种欧式股票期权的定价模型，是在假设市场不存在无风险套利的基础上提出来的，基本假设条件包括：①资本市场是完善的，不存在税负、保证金、手续费等，可以进行连续交易；②标的资产的价格是连续变动的，以及在极小的时间内，标的资产的价格变动是微小的，排除跳空上涨和下跌的可能性，价格的变动符合几何布朗运动；③在期权有效期内，存在不会变化的无风险利率，投资者可以无限制地借款和贷款；④期权是欧式的。

假设股票价格的波动符合几何布朗运动（GBM）或者标准维纳过程，则其符合下述随机微分方程：

$$dS = \mu S d_t + \sigma S d_z \qquad (4-8)$$

其中，S 为 t 时刻的股票价格；μ 为预期收益率；σ 为股票价格波动率；z 遵循标准维纳过程。

通过构建一个无风险套利证券组合，即卖空一个买方期权，并且以现行的价格 S 买入 $N = \partial C / \partial S$ 份的股票，结合伊藤定理可得到如下偏微分方程：

$$\frac{\partial C}{\partial t} = rC - (r-\delta) S \frac{\partial C}{\partial S} - \frac{1}{2} \sigma^2 S^2 \frac{\partial^2 C}{\partial S^2} \qquad (4-9)$$

并且衍生证券的价格 C 服从以下条件：

$$C = \max(S-K, 0) \qquad (4-10)$$

其中，r 为无风险利率；δ 为股息率；K 为期权的执行价格。

Black 和 Scholes 对上述微分方程进行推导计算，得出了该方程的确定解如下：

$$C = Se^{-\delta t} N(d_1) - Ke^{-rt} N(d_2) \qquad (4-11)$$

其中，N（·）表示累积标准正态分布函数。

$$d_1 = \frac{\ln(S/K) + \left(r - \delta + \frac{1}{2}\sigma^2\right)t}{\sigma\sqrt{t}} \qquad (4-12)$$

$$d_2 = d_1 - \sigma\sqrt{t} \qquad (4-13)$$

B-S 定价模型是典型的金融期权定价模型，由于其假设条件较多，在实物期权的估值应用中能否把其理论、模型和方法完全地套用上一直饱受质疑。

Copeland 和 Antikarov（2001）提出 MAD（Marketed Asset Disclaimer）假设，即"可交易资产放弃声明"，这个假设为实物期权的应用打下了坚实的理论基础。MAD 假设不含灵活性的项目价值即此项目在市场中的交易价值的最优无偏估计，也就是说，项目本身不包含初始投资的净现金流量即为项目的"孪生证券"价值。自此，金融期权理论运用于实物期权领域的障碍被清除了。

第二节　稀土资源价值评估模型的构建

一、稀土资源价值评估模型

对于稀土资源来说，考虑到其存在的期权特性时，资源的价值包含有两个部分：一是稀土资源和其他矿产资源一样所固有的内在价值；二是考虑到资源包含的期权特性时而包含的期权价值。因此稀土资源的总价值（V）应该是其净现值价值（V_T）和其实物期权的价值（C）的总和，即：

$$V = V_T + C \qquad\qquad (4-14)$$

引入实物期权的评估方法，并不是完全否定传统矿产资源价值评估方法，只是对其进行优化、补充，使模型更能适应于稀土资源的战略投资决策。

在对稀土资源在开发投资中所包含的实物期权特性作了全面的识别和探讨以后，就需要选择合适的价值评估模型对其进行定量的研究和分析计算。二叉树模型不像 B-S 定价模型那样有很多的假设条件，而且相对于 B-S 模型的推导过程也较简单易懂，但是涉及的数据量庞大繁复，计算较为烦琐，一般适用于复杂多变、多阶段复合的实物期权定价。B-S 模型运用的条件限制较多，推导过程相对复杂，但是应用在实际中相对灵活，适用于一些简单的期权估值，评估过程相对精确、快捷。实证研究表明，当 n 足够大，且时间间隔 Δt 选取足够小的时候，二叉树模型最终的结果几乎与 B-S 模型的计算结果一致。因此，本书使用 B-S 模型评估尾矿资源的实物期权价值。

实物期权定价模型从金融期权演化而来，但是它们所代表的参数又是完全不同的，因此建立稀土资源的实物期权价值评估模型如下：

$$C=Se^{-yt}N(d_1)-Ke^{-rt}N(d_2) \tag{4-15}$$

$$d_1=\frac{\ln(S/K)+\left(r-y+\frac{1}{2}\sigma^2\right)t}{\sigma\sqrt{t}} \tag{4-16}$$

$$d_2=d_1-\sigma\sqrt{t} \tag{4-17}$$

其中，S 表示稀土资源资产现值；K 为稀土资源经营成本；r 为无风险利率；y 为延迟开采所造成的损失；σ 为稀土资源价格的波动率；t 为项目运行时间。

二、稀土资源净现值

1. 净现值主要参数

评估稀土资源的价值是把资源在开发过程中所涉及的各种特征定量化，确定了评估对象和方法以后，选取合适的参数对于稀土资源价值评估尤为重要，参数值的大小对于价值评估结果起着决定性的作用。对于白云鄂博尾矿资源的价值评估还要具有时效性，所选择的参数的数值应该有一个评估基准日，所得的计算结果也是具有时效性的。

对于净现值法测定稀土资源内部价值时所涉及参数只包含项目在 t 时期的现金流入量 S（t）、项目在 t 时期的现金流出量 I（t）、项目的有效期 T 及折现率 r，其中的销售收入、投入成本、有效期等数据可以通过对项目进行调研获得，由于传统的净现值法对投资项目中的风险往往采取消极的态度，因此，折现率需要通过相应的评估方法计算得到。

2. 折现率 R 的评估方法选取

目前评估折现率主要有资本资产定价法、资本资产加权平均成本法、社会平均收益法、行业平均资金利润率法、风险累加法等。其中资本资产定价法与社会平均收益法的计算公式较为类似，只是其中个别参数的含义不尽相同，该类评估方法比较客观，但是其中的风险系数和变动系数不容易确定。行业平均资金利润法是把折现率看成行业企业在某一段时间内的平均资金利润率，可是这需要被评估企业的资金收入状况不能与行业的相差太大，否则评估误差较大，不能反映其真实值。风险累加法主要是认为折现率包含无风险报酬率与风险报酬率，具有一定的主观性。本书选取资本资产加权平均成本法（WACC）来计算折现率，其评估模型为：

$$R = r_d \times w_d + r_e \times w_e \qquad (4-18)$$

$$r_e = r_f + \beta_e \times (r_m - r_f) \qquad (4-19)$$

其中，R 为折现率；$w_d = \dfrac{D}{E+D}$ 为评估对象的长期债务比率；$w_e = \dfrac{E}{E+D}$ 为评估对象的权益资本比率；r_d 为所得税后的付息债务利率；r_e 为权益资本成本；r_f 为无风险报酬率；r_m 为市场预期报酬率；β_e 为评估对象权益资本的预期市场风险系数；$\dfrac{D}{E}$ 为行业加权平均资本结构。

三、实物期权价值

（一）实物期权主要参数

根据实物期权的推导公式可知，影响稀土资源的实物期权价值的参数主要有：①稀土资源资产现值（S）——依据 MAD 假设，在稀土资源开发项目运行中除去初始投资所产生的净现金流即为资产现值。②实物期权的执行价格（K）——可通过对项目的调研获得，即稀土资源开发所消耗的运营成本。③实物期权的有效期（t）——根据项目的运行时间确定。④无风险利率（r）——由于实物期权的评估方法对风险一般持中性的态度，因此，选用风险极低的国债利率作为无风险利率。⑤稀土资源价格波动率（σ）——用来描述资产价格的波动情况，是实物期权评估中一个非常重要的参数，一般不能直接观测到，需要选择相应的波动率评估方法进行估算。

（二）波动率（σ）评估模型选取

波动率（Volatility）是指标的物的价格变动的标准差，是对产品价格变动风险的计量。常用的波动率评估方法主要是历史波动率法。历史波动率是根据统计的历史价格数据计算其资产收益率的标准差，并默认波动率是一直不变的，因此过去资产的波动可以代替未来的波动率。历史波动率评估模型如下：

$$X_i = \ln(P_{i+1}/P_i) \tag{4-20}$$

$$\sigma = \sqrt{\frac{\sum (X_i - \overline{X})^2}{N-1}} \tag{4-21}$$

其中，$\overline{X} = (1/N) \times \sum X_i$；$X_i$ 是标的资产的对数收益率；P_i 是第 i 天资产的价格；P_{i+1} 是第 i+1 天资产的价格。

对于历史波动率，由于其计算过程简单，比较好理解，数据容易获取，因此应用较为广泛。但是，选取不同的时间段或者天数，对历史波动率的评估结果也会有很大的影响，使得评估结果相差较大，计算结果的精度较低。在实际的评估过程中发现，矿产品作为一种稀有的可耗竭性资源，其价格是不断变化的，传统的评估矿产资源的波动率一般默认其是不变的，不能很好地拟合资产的波动性。

随着对金融期权的探索研究越来越成熟，对影响期权定价的主要因素波动率的研究也更加深入。1982 年 Engle 首次提出了自回归条件异方差（ARCH）模型，为研究时变波动率提供了非常好的基础和前提。1986 年 Bollerslev 在 ARCH 模型的基础上，通过对模型更深入的研究建模，提出了一种非常适用于波动率预测分析的广义自回归条件异方差（GARCH）模型，该模型对期权估值起到了特别重要的作用，对于刻画历史波动率以及预测未来波动率走势效果较好。GARCH（P, Q）模型如下：

$$\text{收益率过程：} \quad r_t = \sum_{i=1}^{R} \beta_i \gamma_{t-i} + \sum_{j=1}^{A} \gamma_j \varepsilon_{t-j} + \sum_{z=1}^{B} \lambda_z X_z + \varepsilon_t \tag{4-22}$$

$$\text{条件方差过程：} \quad \sigma_t^2 = K + \sum_{i=1}^{P} \beta_i \sigma_{t-i}^2 + \sum_{i=1}^{Q} \alpha_i \varepsilon_{t-i}^2 \tag{4-23}$$

该模型具有"记忆性"，能够根据相关信息的变化而变化，可以很好地描述条件方差随时间不停变化的特点。该模型对期权估值起到了特别重要的作用，对于刻画历史波动率以及预测未来波动率走势效果较好，能够很好地描述资产波动率时变的特点，因此可以建立基于 GARCH 波动率的 B-S 模型的稀土资源价值评估模型。

1995 年 Duan 使用蒙特卡罗（Monte Carlo）模拟的方法提出了 GARCH（1，1）模型下波动率服从内部一致的期权定价模型。随后，很多学者研究了波动率在 GARCH 模型下的期权定价问题，如 Simonato、Barone-Adesi、Stentoft 等，但是并没有给出波动率在此模型下期权定价的解析解，只是通过模拟的方法进行了估值。建立波动率在 GARCH 模型下的期权定价模型比较困难，学者们常用的方法是结合蒙特卡罗（Monte Carlo）模拟进行期权的价值估算或者直接求出 GARCH 模型下波动率的值。如王健、何建敏（2006），吴恒煜、陈金贤（2009）和张高勋（2013）等通过建立 GARCH 模型结合模拟的方法对期权进行了估值分析。潘涛（2007）、汪来喜（2008）、王晓丽（2010）等将求出的 GARCH（1，1）模型下波动率的值直接代入期权估值模型，得出经过修正的期权的值。

GARCH 族模型具有种类繁多、模型复杂的特点，以其中的 GARCH（1，1）模型应用最为普遍。国外学者曾用 300 多个时间序列模型进行分析比较，都未发现其他模型能优于 GARCH（1，1）模型。因此本书以 GARCH（1，1）模型采用上述的第二种方法评估资源未来的波动率。GARCH（1，1）模型如下：

收益率过程： $$r_t = c + \varepsilon_t \tag{4-24}$$

条件方差过程： $$\sigma_t^2 = K + \beta\sigma_{t-1}^2 + \alpha\varepsilon_{t-1}^2 \tag{4-25}$$

其中，r_t 为稀土资源现货价格 t 时的变化率；c 为稀土资源现货价格变化率序列均值；ε_t 为 t 时的稀土资源现货价格变化率偏离均值的残差；σ_t^2 为稀土资源现货价格波动率。

本书通过使用上述模型波动率参数进行求解，并结合 B-S 定价模型评估白云鄂博尾矿资源价值。主要步骤为：

1. 对样本数据进行相关统计检验

（1）对样本的对数收益率进行 J-B 统计检验。Jarque-Bera 统计检验是对样本数据总体分布的正态性检验的一种，即根据统计数据，计算其对数收益率 $\mu_t = \ln(S_t / S_{t-1})$，其中 S_t 代表第 t 天的价格数据，S_{t-1} 代表第 t-1 天的数据。如果该收益率曲线的峰度 K>3（标准正态分布曲线的 K=3），高于正态分布曲线的峰度，则表现为明显的"尖峰"特征。变量方差的有偏估计 S=0 时，序列是对称分布的，如正态分布；当 S>0 时，序列分布为右偏；当 S<0 时，序列分布为左偏。在正态分布的原假设下，J-B 统计量是自由度为 2 的 χ^2 分布，如果该值很小，则拒绝其收益率服从正态分布的假设，该样本基本呈现"厚尾"的分布特征。

（2）检验收益序列的平稳性。使用 Eviews 软件对收集的样本数据绘制时序图并进行 ADF 检验，如果时序图呈现出波动的"集群性"，且一直环绕着某一数值上下波动，则认为此序列大致为平稳型的，存在 ARCH 效应。如果所得的 ADF 值远远小于 1%、5% 以及 10% 标准水平的临界值，则说明该样本在不同的显著条件下拒绝随机游走的假设，没有单位根，属于平稳时间序列。

（3）收益率序列相关性检验。确定收益率序列平稳以后，需要做 ACF 自相关以及 PACF 偏自相关检验。如果在某个时滞点以后，其自相关以及偏自相关函数都小于 0.1，而且同时 Q 统计量的相伴概率均显著大于置信度 0.05，就表示该收益序列在 5% 的显著性水平上没有显著的自相关性。

（4）收益率残差 ARCH 效应检验。若要使用 GARCH 模型预测波动率，还要检验数据是否具有 ARCH 效应，也就是条件异方差性检验。一般采用 ARCH-LM 检验法。如果 ARCH-LM 检验的结果是 P 值明显小于 0.05，拒绝原假设，则残差平方的序列具有条件异方差性，则可以考虑建立 GARCH 模型。

2. 建立波动率评估模型

通过对样本数据进行相关的统计检验以后，就需要对选择的 GARCH (1，1) 模型进行参数估计，并将所得的参数代入 GARCH (1，1) 模型中，利用 Matlab 软件结合预测模型，预估稀土资源价格未来的波动率。

最后，将所求得的预测值代入 B-S 模型，评估得到稀土资源的价值。

第三节　稀土资源价值评估模型的应用

一、项目背景

坐落在内蒙古自治区（以下简称内蒙古）包头的白云鄂博矿是一个典型的多金属共伴生矿，包含铁、稀土、萤石、铌等多种有用金属，属国家规划矿区。矿山中有用矿物占 70%~80%，如果能将这些有用矿物全部利用起来，则对包头的经济发展将产生巨大的作用。

白云鄂博矿一直作为铁矿开采，产生了大量的尾矿，堆积于尾矿坝，尾矿坝集聚了白云鄂博大量的有用矿物元素，资源浪费十分严重，开发利用较不合理，其中稀土、铌的有效利用率不足 10%，还有一些少量的钍、锰等直接排入尾矿，而没有得到利用，因此绝大多数的稀有可用矿物都堆积到了尾矿坝。并且，这些大量的尾矿又不能随意存放，需要花费一定的人力、物力对尾矿的堆存进行维护，即使这样，也不能避免从尾矿中渗出的污染物对周围土地、水资源和空气的污染。因此，应该更为高效地对尾矿中的有用资源进行回收再利用，在充分利用有效资源的同时也能更为合理地保护生态环境。

尾矿库作为二次可用资源，可开发利用价值已经远超白云鄂博主矿，保证这部分资源的有效利用，对包头资源循环利用以及建设资源节约型城市都特别地重要，从长远来看，也会对国家的经济建设以及稀土在世界工业的可持续利用产生不可比拟的影响。内蒙古包头白云鄂博矿属于多资源共伴生矿，但是一直作为铁矿开采，产生的尾矿中聚集了大量的有用矿产资源，其中的稀土品位在 7% 左右，略高于原矿，此外，含有的铌、氟化物、钪等资源量也相当可观。对白云鄂博尾矿资源的综合利用项目具有运行周期长、开发利用难度大、提取工艺复杂等特点，这就使白云鄂博尾矿资源具有期权的繁杂性、不确定性的特点。对于白云鄂博尾矿中的资源开发由于技术条件、研究工艺的限制，要分多阶段进行开发利用。

二、研究意义

对白云鄂博尾矿资源进行价值评估可以为尾矿资源的开发、投资以及以后的经营管理提供科学的管理依据，可以让投资管理者充分把握尾矿资源资产的价值，也可以让政府更全面地了解尾矿资源所蕴含的价值，使国家能更为科学地进行矿业的宏观管理，为统筹规划和统计奠定坚实的基础，为后期制定相关的矿产资源政策提供参考依据，这也有利于矿业的全面发展和规划。

矿产资源在勘探、开发等各个阶段都存在很多的选择权，使用实物期权的方法可以让投资者更有效地利用市场环境的变化调整投资决策，这也体现了实物期权在应用中的管理灵活性的特点，将其应用在尾矿资源的价值评估中，也可以提高投资管理的准确性，更好地利用宏观环境的变化对尾矿资源价值的影响，更准确地评估尾矿坝的价值。

目前，内蒙古自治区科技重大专项项目已经把"白云鄂博矿稀土、铌、钪矿物的全面开发价值评价与开发策略"作为白云鄂博矿高值综合利用的基础及关键技术研究课题的重要研究方向。目前，白云鄂博矿资源综合利用工程项目和尾矿库开发利用项目已经开始建设投产，尾矿中含有的稀土资源的开发技术已经成熟并且可以被全面地开发利用，因此研究基于实物期权的矿产资源价值评估方法能够为全面综合开发白云鄂博尾矿提供决策支持，对做好尾矿资源的综合利用，确保尾矿资源中稀土的可持续利用具有深远的现实意义。

三、项目资料

白云鄂博尾矿资源是包钢集团选矿厂经过精选铁矿石以后产生的矿浆，富含稀土、铌、氟化物、钪、钛等稀有元素［其中钪、钛、钍等伴生组分品位较低（分别为 0.02%、0.45%、0.14%），且在选矿技术或经济上尚不具备规模化生产条件］，是包钢集团进行尾矿收集、存放稀土以及保护环境的主要渠道，其中的稀土品位为 7.01%，储量高达 13818452.10 吨。目前尾矿库的再开发项目以及白云鄂博矿综合利用项目都开始着手生产，技术设备已经成熟，其中白云鄂博尾矿中的稀土资源已经具备可以进行大范围开采生产的条件。

由于可利用性高、工艺相对简单易行，根据矿石的特点，采用先进的技术设备，通过对尾矿研磨，然后将研磨得到的矿物质进行脱硫处理，再经过浮选工序得到稀土精矿、萤石和铌。经过浮选加工后可以从尾矿中获得稀土、萤石、铌以及硫。

根据内蒙古自治区第五地质矿产勘查开发院 2013 年 12 月编制的《白云鄂博铁矿尾矿库铁稀土多金属矿资源储量核实报告》，截至 2013 年 11 月 30 日，该尾矿库的尾矿资源储量为 19712.49 万吨，其中，控制的经济基础储量（122b）为 17534.03 万吨，推断的内蕴经济资源量（333）为 2051.22 万吨。

1. 评估可利用的矿产资源储量

依据《矿业权评估利用矿产资源储量指导意见》，确定可利用矿产资源储量按下列公式确定：

可利用矿产资源储量 = ∑（基础储量+资源量×相应类型可信度系数）

其中，可信度系数与多种矿山因素有关，包括矿山勘察、开采的工作难易程度、内蕴经济储量等，如果矿山勘探、开采的工作难度较高，或者该矿山周围有更高端的矿床，则其可信度系数的取值较高；反之，取低值。对于尾矿库来说，资源的储量及类型已经明朗，对于该类型的资源开采难度不大，因此可以取 0.8 为其可信度系数。评估可利用的矿产资源储量 =（122b）+（333）×0.8 = 17534.03+2051.22×0.8≈19175.01（万吨）。

2. 确定生产规模及服务年限

通过调研，企业预计年生产量为 360 万吨。按以下公式计算服务年限：T=Q/A。其中，T 表示服务年限；Q 表示资源储量；A 表示年生产能力。按上述计算公式，该项目正常生产服务年限 T = 19175.01/360 = 53.26（年）。

2016 年 10 月该项目正式投产，预计 2020 年以前每年的达产率分别为：40%、60%、80%，从 2020 年以后 100%达产；2020 年以前每年的选矿量分别为：36.00 万吨、144.00 万吨、216.00 万吨、288.00 万吨，以后每年的选矿量为 360.00 万吨，评估的有效期到 2071 年 5 月。

四、稀土精矿内在价值 V_r 评估

1. 评估参数的确定

（1）销售收入的计算。根据相关的计算公式，结合上文收集的数据，计算尾矿资源中稀土精矿的销售收入。年销售收入＝年产品产量×销售价格；产品产量＝矿产品入选量×稀土地质平均品位×稀土选矿回收率÷稀土精矿品位。假设产销一致，稀土精矿产量及收入估算如表4-1所示。

表4-1 稀土精矿产量及收入估算

项目名称	2016 年 10~12 月	2017 年	2018 年	2019 年	2020~ 2071 年
达产率（％）	40	40	60	80	100
入选矿产量（万吨）	36.00	144.00	216.00	288.00	360.00
地质品位（稀土）（％）	6.9965	6.9965	6.9965	6.9965	6.9965
稀土选矿回收率（％）	62	62	62	62	62
稀土精矿品位（％）	50	50	50	50	50
稀土精矿产量（万吨）	3.12	12.49	18.74	24.99	31.23
预期销售价格（元/吨）	19077.00	19077.00	19077.00	19077.00	19077.00
销售收入（万元）	59520.24	238271.73	357502.98	476734.23	595774.71

资料来源：笔者整理。

（2）投资估算。①固定资产投资。项目总投资为302947.25万元，其中：建筑、安装工程费分别为101396.94万元、18240.48万元，设备购置费88615.38万元，其他费用52130.42万元，预备费39057.48万元，铺底流动资金3506.56万元。另外，项目利用现有资产18000.00万元，包括土建资产8620.20万元，设备资产9379.80万元。根据投资进度安排，项目投资237133.22万元，于2014年至2016年9月投入，2014年、2015年、2016年1~9月投资分别为94853.29万元、94853.29万元、47426.64万元。②无形资产投资。该项目磨矿工业场地及厂区占用面积约为53.19万平方米；新尾

矿库占地 550.00 万平方米，土地费用按每亩 5 万元测算，则土地费用共计 41250.00 万元。

（3）流动资金估算。采用扩大指标估算法，按年销售收入估算流动资金。参考上海、深圳股市的证监会行业分类 CSRC 有色金属矿采选业可比上市公司数据测算，加权平均比率为 13.55%，则据此确定销售收入资金率为 13.55%。项目达产年收入金额为 595774.71 万元。流动资金额 = 595774.71×13.55% ≈ 80727.47（万元）。

截至 2020 年投放所有流动资金，每年投放金额分别为：8065.94 万元、24219.67 万元、5658.741 万元、1614.04 万元、16132.69 万元。当项目运行结束，企业可回收所有前期投放的流动资金。

（4）成本费用估算。项目预期在 2016 年 10 月开始正式运营，在项目开始之初的规划时期，所消耗的设备费用和其他生产费用主要依据调研数据。主要包括采选成本，如运输成本、选矿材料费、产品干燥包装费、燃料动力费、安全生产费、环境恢复治理费、修理费、折旧费等，总计消耗成本约为 216379.92 万元。

（5）税费。①资源税。因为尾矿中的资源属于轻稀土，因此根据相关资源税标准，确定该项目的资源税为 60 元/吨。如果每年选入尾矿量为 360 万吨，则资源税 = 360 万吨×60 元/吨 = 21600 万元。②增值税。根据企业财务数据分析，每单位的燃料动力费在包含税费的情况下为 103.58 元/吨，因此确定每单位的燃料动力费在不包含税费的情况下为 88.53 元/吨。如果每年选入尾矿量为 360 万吨，则年产品燃料动力费为 31870.80 万元。应交增值税 = 销项税额 − 进项税额 = 年销售收入×销项税率 − 外购材料和燃料及动力费×税率 = 595774.71 万元×17% − 360 万吨×88.53 元/吨×17% = 95863.66 万元。③城建费及教育费附加。城市维护建设税以及教育费附加都是以所交增值税为税基，本项目中城市维护建设税适用税率为 1%，教育费附加税率为 3%。城建税 = 95863.66 万元×1% ≈ 958.64 万元；教育费附加 = 95863.66 万元×3% ≈ 2875.91 万元。④所得税。根据《中华人民共和国企业所得税法》可知，企业所得税税率确定为 25%。所得税 = 税前会计利润×25% = （主营业务收入 − 主营业务成本 − 期间费用支出 − 主营业务税金）×25% = （595774.71 万元 −

37499. 72 万元 -14616. 00 万元 -99698. 21 万元) ×25% = 110990. 20 万元。

（6）更新改造资金及资产残值回收。通过调研，在项目的有效期内，全部需要投入的更新改造资金为 801529. 76 万元，包含房屋以及设备的更新改造资金分别为：115314. 82 万元和 686214. 94 万元。共回收固定资产残值 45237. 96 万元。

（7）折现率（R）的确定。根据式（4-18）、式（4-19），结合收集统计的数据，求得折现率 R 如表 4-2 所示。

表 4-2　折现率 R 计算

参数名称	参照标准	评估值
债务税前筹资成本 r_d	长期贷款利率	6. 55%
无风险报酬率 r_f	长期国债到期利率	4. 71%
市场平均风险溢价（r_m-r_f）	沪深 300 前十年年化收益率	6. 44%
β_e 值	行业标准	1. 1130
权益资本成本 r_e	$r_f+\beta_e$（r_m-r_f）	11. 88%
企业资本结构 D/E	行业加权平均资本结构	60. 68%
长期债务比率 ω_d	D/（D+E）	37. 83%
权益资本比率 ω_e	E/（D+E）	62. 17%
折现率 R	$r_d \times \omega_d + r_e \times \omega_e$	9. 25%

资料来源：笔者整理。

2. 评估过程及结果

利用本章节中统计的相关参数计算出项目运行期每年的现金流入及现金流出量，最后得出净现值，具体数据如表 4-3 所示。

根据本章节给出的净现值公式得：$V_t = \sum_{t=1}^{T} \dfrac{S(t) - I(t)}{(1 + R)^t} = 383437. 03$ 万元。由此，得到稀土精矿的内含价值为 383437. 03 万元。

表4-3 净现金流量

单位：万元

项目名称	截至2016年9月	2016年10~12月	2017年	2018年	2019年	2020年	2021~2023年	2024~2045年	2046年	2047~2070年	2071年1~5月
1. 现金流入		69756.72	245735.36	357502.98	476734.23	595774.71	595774.71	597877.48	603643.22	597877.48	369076.80
销售收入		59520.24	238271.73	357502.98	476734.23	595774.71	595774.71	595774.71	595774.71	595774.71	248001.00
回收资产残值									5765.74		39472.22
回收流动资金											80727.47
回收机器设备进项税额抵扣		10236.48	7463.63					2102.77	2102.77	2102.77	876.15
2. 现金流出	104801.70	33610.12	228942.58	329381.06	444246.17	577483.06	561350.37	485282.39	600597.21	485282.39	224606.66
固定资产投资	237133.20										
更新改造资金								14472.02	129786.84	14472.02	6030.00
无形资产投资	41250.00										
流动资金		8065.94	24219.67	5658.741	1614.04	16132.69					
经营成本		3773.70	15310.68	22576.81	30046.04	37499.72	37499.72	37499.72	37499.72	37499.72	18656.51
税金及附加		2543.08	10173.56	15261.00	20348.40	25434.56	25434.56	25174.28	25174.28	25174.28	2458.60
所得税		19227.40	179238.67	285884.51	392237.69	498416.09	498416.09	408136.37	408136.37	408136.37	197461.55
3. 净现金流	-278383.20	36146.60	16792.78	28121.92	32488.06	18291.65	34424.34	112595.09	3046.01	112595.09	144470.10
4. 净现金流现值	-232830.30	27116.73	11533.50	17686.74	18692.78	9632.25	45679.48	427296.81	147.16	52369.49	6112.39

资料来源：笔者整理。

五、稀土精矿实物期权价值 C 评估

1. B-S 模型主要参数确定

根据实物期权的推导公式可知，影响矿产资源的实物期权价值的参数主要有：标的资产现值（S）；实物期权的执行价格（K）；实物期权的有效期（t）；无风险利率（r）；标的资产价格波动率（σ）。其中前四个参数都可以根据上文的计算直接获得，波动率本书采用 GARCH 模型评估。

（1）标的资产现值（S）。标的资产现值是指截至评估基准日，尾矿库中所含有的稀土精矿以市场价格销售的全部收入的净现值的总和。由上文相关的参数统计可知，无风险利率 r=4.71%。$S = \sum_{t=i}^{n} \frac{S\hat{}}{(1+r)^t} = 9523698.21$ 万元。通过计算得出标的资产的现值为 9523698.21 万元。

（2）实物期权的执行价格（K）。实物期权的执行价格 K 即项目所消耗的全部成本的现值。包含生产成本、固定成本、税费。$K = \sum_{t=i}^{n} \frac{K\hat{}}{(1+r)^t} = 1765143.26$ 万元。即该评估项目实物期权的执行价格为 1765143.26 万元。

（3）实物期权的有效期（t）——矿山可服务年限 54 年。

（4）无风险利率 r=4.71%。

（5）y=1/54，项目延迟一年开采所造成的损失。

（6）标的资产价格波动率（σ）。

本书采用 GARCH 模型评估矿产资源的价格波动率，所用的数据为 2007 年 7 月 8 日到 2015 年 11 月 8 日期间稀土精矿的现货交易均价（数据来源于中国金属新闻网、瑞道金属网、中国稀土网）。在进行模型的评估前需要先对收集的数据进行相关的统计检验，以使评估结果更为精确，使用 Eviews 8.0 软件对样本数据进行检验分析。

2. 样本数据的检验分析

（1）对数收益率 J-B 统计分析。通过对样本数据的收益率做 J-B 统计检验，结果如图 4-2 所示。

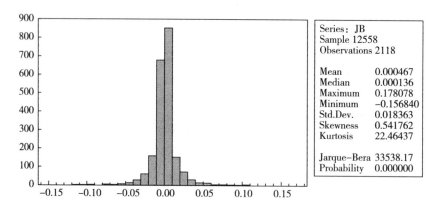

图 4-2　样本数据收益率的 J-B 统计

通过对样本数据收益率的 J-B 统计分析可知，该收益率曲线的峰度 K = 22.46437（标准正态分布曲线的 K = 3），明显高出于正态分布曲线的峰度，表现出非常明显的"尖峰"特征。该样本 S = 0.541762 > 0，因此样本数据的分布不是标准对称的，为右偏分布形态。样本收益率的概率值 P = 0，拒绝其服从正态分布的假设，基本呈现"厚尾"的分布特征。因此该样本数据的收益率表现出非标准正态分布的"尖峰厚尾"的特点，使用 GARCH 模型预测其波动率比较合理。

（2）收益序列的平稳性检验。通过绘制样本数据的时序图，得到如图 4-3 所示的结果。可以观察到对数收益率呈现出波动的"集群性"，说明该收益率序列存在 ARCH 效应，而且数据序列始终围绕着某一常数值波动，可以认为该序列大致为平稳序列。

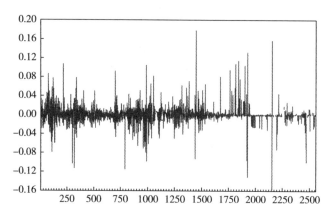

图 4-3　收益率残差序列

通过对样本数据进行 ADF 检验，得到如图 4-4 所示结果。

Null Hypothesis:D(ADF) has a unit root
Exogenous: None
Lag Length: 25(Automatic–based on t–statistic, lagpval=0.1, maxlag=25)

		t–Statistic	Prob.*
Augmented Dickey–Fuller test statistic		−7.262501	0.0000
Test critical values:	1% level	−2.570546	
	5% level	−1.941589	
	10% level	−1.616187	

* MacKinnon(1996) one–sided p–values.

图 4-4   ADF 检验结果

通过对图 4-4 所得的数据进行分析可知，u_t 的 ADF 值为−7.262501，即 t 统计量的值均远远小于 1%、5% 以及 10% 标准下的临界值，在不同的检验水平下，该序列 u_t 拒绝随机游走的假设，没有单位根，属于平稳时间序列。

（3）收益率序列相关性检验。通过对数据进行 ACF 自相关和 PACF 偏自相关检验，得到如图 4-5 所示结果。

自相关	偏自相关		AC	PAC	Q–Stat	Prob
		1	−0.084	−0.084	14.964	0.000
		2	−0.031	−0.039	17.055	0.000
		3	0.006	−0.000	17.129	0.001
		4	−0.034	−0.035	19.544	0.001
		5	0.021	0.015	20.471	0.001
		6	−0.007	−0.007	20.587	0.002
		7	0.018	0.019	21.295	0.003
		8	−0.038	−0.037	24.315	0.002
		9	0.008	0.004	24.456	0.004
		10	0.057	0.056	31.485	0.000
		11	0.030	0.043	33.444	0.000
		12	−0.017	−0.010	34.063	0.001
		13	0.018	0.021	34.775	0.001
		14	0.018	0.024	35.474	0.001
		15	0.002	0.009	35.482	0.002
		16	0.003	0.002	35.500	0.003
		17	0.026	0.029	36.990	0.003
		18	−0.012	−0.003	37.281	0.005
		19	−0.038	−0.036	40.293	0.003
		20	0.008	−0.005	40.430	0.004
		21	0.001	−0.002	40.433	0.007
		22	0.002	0.002	40.441	0.010

图 4-5   自相关和偏自相关检验结果

由图 4-5 可以看出，几乎所有的时滞上，该序列的自相关以及偏自相关函数都小于 0.1，且都非常小，Q 统计量的相伴概率均明显高于置信度 0.05，即收益序列在 5% 的标准水平上没有显著的自相关性。

3. 收益率残差 ARCH 效应检验

通过对数据进行 ARCH-LM 检验，以确定残差序列中是否存在 ARCH 效应。

由图 4-6 可知，ARCH-LM 检验结果中的 P 值为 0.0000，显著小于 0.05，拒绝原假设，说明残差平方的序列具有自相关性，即序列具有条件异方差性，因此可以考虑建立 GARCH（1，1）模型。

Heteroskedasticity Test: ARCH

F-statistic	12.90879	Prob.F(2,330)	0.0000
Obs*R-squared	24.16197	Prob.Chi-Square(2)	0.0000

图 4-6　ARCH-LM 检验结果

4. 建立波动率评估模型

本书选择 GARCH（1，1）模型来评估稀土精矿未来的波动率。因此需要对涉及的相关参数进行估计。收益率过程：$r_t = c + \varepsilon_t$；条件方差过程：$\sigma_t^2 = K + \beta\sigma_{t-1}^2 + \alpha\varepsilon_{t-1}^2$。使用 Matlab 软件结合极大似然估计对参数进行评估，并对样本数据进行分析处理，估计 GARCH（1，1）模型参数，结果如表 4-4 所示。

表 4-4　GARCH（1，1）模型参数估计结果

Parameter	Value	Standard Error	P
C	0.00027	0.00024	0.0083
K	1.1596e-005	5.7809e-007	0.0000
ARCH（1）	0.04585	0.00234	0.0000
GARCH（1）	0.92671	0.00323	0.0004

由表 4-4 可知，所得的系数在 0.01 的水平下都是显著的，ARCH（1）+

GARCH(1)＝0.97256，即满足 α+β<1，且由图4-7也可以看出残差和条件标准差表现出较强的稳定性，这表明使用 GARCH（1，1）模型估计其波动率稳定性较高。

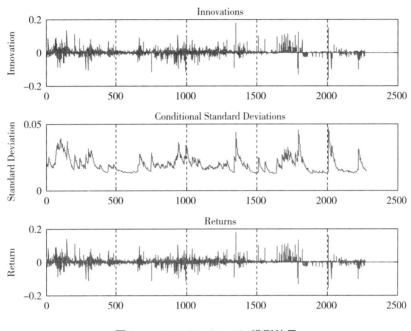

图 4-7　GARCH（1，1）模型结果

因此建立 GARCH（1，1）波动率估值模型为：

$$\begin{cases} r_t = 0.00027 + \varepsilon_t \\ \sigma_t^2 = 1.1596e{-}005 + 0.92671\sigma_{t-1}^2 + 0.04585\varepsilon_{t-1}^2 \end{cases} \quad (4-26)$$

5. 结果计算

通过 Matlab 软件结合式（4-26）预测未来稀土精矿价格的波动率，结果如图4-8和图4-9所示。

可以看出，GARCH(1，1)模型估计的稀土精矿波动率序列与其价值收益率的波动情况基本趋于一致，且随着时间的推移，波动率逐渐增大，并且预测的波动率逐渐向长期波动率靠拢。通过 Matlab 软件计算，预测未来稀土精矿的日波动率 σ＝0.0196，转化成年波动率为 $0.0196 \times \sqrt{365}$＝0.3745。

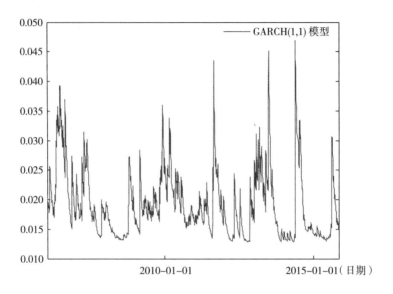

图4-8　GARCH(1，1)模型估计的稀土精矿波动率序列

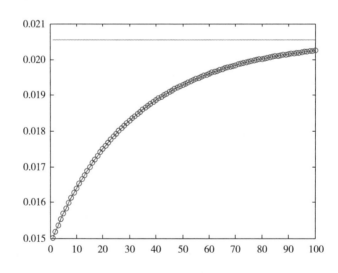

图4-9　GARCH(1，1)模型预测的稀土精矿波动率和长期波动率

6. 评估过程及结果

将上文所求得的参数代入实物期权定价模型中，通过 Matlab 软件计算得出稀土精矿的期权价值。$d_1 = \dfrac{\ln(S/K) + \left(r - y + \dfrac{1}{2}\sigma^2\right)t}{\sigma\sqrt{t}}$ =

$$\dfrac{\ln(9523698.21/1765143.26) + \left(4.71\% - \dfrac{1}{54} + \dfrac{1}{2} \times 0.3745^2\right)t}{0.3745 \times \sqrt{54}} = 2.5493 \; ; \; d_2 = d_1 - $$

$\sigma\sqrt{t} = -0.2027$。

经过计算，该尾矿库含有的稀土精矿 $C = Se^{-yt}N(d_1) - Ke^{-rt}N(d_2) =$ 9523698.21×0.3659 − 1765143.26×0.0330 = 3426471.45(万元)。

六、稀土精矿的总价值 V

综上，根据前文计算分析得出的稀土精矿的内含价值和实物期权价值，最后得出该尾矿库中含有的稀土精矿的总价值为：$V = V_T + C = 383437.03 + 3426471.45 = 3426854.88$(万元)。

从上面评估结果可以看出，通过净现值评估得到的稀土精矿价值远小于实物期权评估所得的稀土精矿价值，因此，传统的净现值法并不能很好地进行价值评估，实物期权能够更全面地考虑到管理柔性及不确定性的价值，并和传统的净现值法相互检验，起到互补的作用，从而使得评估结果更精确。

七、敏感性分析

为了明确各参数的改变对评估结果的影响，需要进一步对影响参数做敏感性分析。单因素敏感性分析是指把价值评估里涉及的某一参数进行固定范围内的变动，同时保持其他相关影响因素不变。通过敏感性分析，明确参数的变动引发的定量结果的改变程度，发现其中最为关键的影响因素，分析其对价值评估的影响程度，为投资决策提供参考依据，及时根据市场变化寻找最为有利的方案。

1. NPV 法评估结果敏感性分析

对净现值法评估结果产生影响的不确定性因素主要是成本的变化率、稀土价格的变化率，因此对其进行敏感性分析，设置变化范围为 −15% ~ 15%

（见图 4-10），分析其变化对净现值评估结果的影响程度。

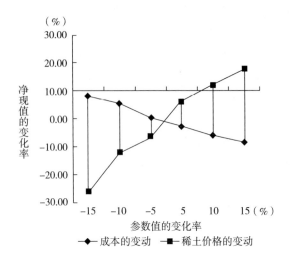

图 4-10 参数的变动对净现值结果的影响

从图 4-10 可以看出，成本的变化和稀土价格的变化都会对净现值的结果产生不同程度的影响，但是同样程度的稀土价格的变动对净现值的结果影响更为明显，即净现值对稀土价格的影响更敏感，因此在进行投资决策时应尽量准确地预测未来稀土价格的变化情况，选择更有利的投资时机。

2. B-S 模型评估结果敏感性分析

影响实物期权评估结果的因素较多，其中最主要的因素包括标的资产现值 S、投资成本 K、资产价格波动率 σ、无风险利率 r 和矿山服务年限 t。假设只让其中一个参数在 -60%~60% 内变化，而其他参数保持不变，则 B-S 模型所得的结果对参数的敏感性如图 4-11 所示。

从图 4-11 结果可以看出，标的资产现值和资产价格波动率的变化对实物期权价值的影响是特别敏感的，标的资产现值或者资产价格波动率每变化 10%，实物期权价值的变化就在 12% 以上。说明稀土销量及其价格的波动率对期权价值的评估结果有着非常显著的影响，在进行投资决策时需要谨慎分析市场环境变化，合理评估资产价格的波动率。其中投资成本对价值的影响是负相关的，对实物期权的价值影响也是比较敏感的，因此在进行投资决策时需慎重考虑多方面因素。无风险利率和矿山服务年限对实物期权价值的影

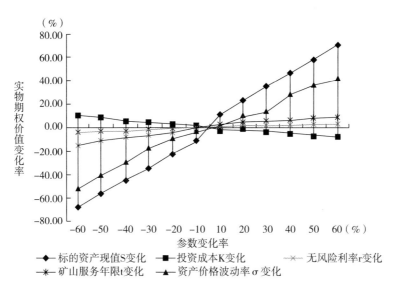

（%）

80.00

60.00

40.00

20.00

0.00

-20.00

-40.00

-60.00

-80.00

实物期权价值变化率

-60 -50 -40 -30 -20 -10 10 20 30 40 50 60（%）

参数变化率

◆ 标的资产现值S变化　　■ 投资成本K变化　　✕ 无风险利率r变化
✳ 矿山服务年限t变化　　▲ 资产价格波动率σ变化

图 4-11　参数的变动对 B-S 定价结果的影响

响相对较弱，而且对于一个待开发的矿山来说，其服务年限一般是确定的，无风险利率也不会有太大的变动，因此这两项参数一般不会对价值评估结果产生巨大的影响。

八、本章小结

本章先从相关基础理论方面分析了矿产资源价值的内涵及其构成、传统矿产资源价值评估方法以及这些评估方法所存在的不足和缺陷，同时引出实物期权的相关理论，并结合白云鄂博尾矿资源本身特有的属性，考虑建立基于实物期权的尾矿资源价值评估模型，并将建立的模型应用于评估尾矿中稀土资源的价值，在对涉及的参数进行分析的基础上，对建立的价值评估模型进行探索性研究，结果显示引入的实物期权评估方法能够更全面地考虑到资源在开发投资的过程中所含有的不确定性因素、管理弹性、产品价格变化所带来的影响，更好地弥补净现值评估方法的漏洞，使评估结果更为准确。通过分析主要得出以下结论：

1. 尾矿资源的价值包含其内在固有的价值和实物期权的价值

由于尾矿资源特殊的存在及开发投资过程的复杂性，反映到其价值方面使得资源具有期权的特性。传统的净现值法并没有考虑到尾矿资源在开发过程中所表现的不确定性及资产价格波动所带来的潜在价值，而实物期权评估法是通过考虑多个影响因素，把其中存在的风险及管理弹性看作积极的影响并将其定量化，因此可以用实物期权定价法评估资源含有的期权价值。结合具体情况，表明在传统净现值法评估结果的基础上，考虑矿产资源所具有的期权价值的模型更能全面地评估资源的价值。

2. 基于GARCH(1，1)的时变波动率模型，能够很好地模拟稀土资源价格走势从而精确地预测稀土资源未来价格的波动率

波动率是实物期权模型中一个非常重要的影响参数，且不能直接观测到，常用的求解波动率的方法是假设波动率是不变的，这与尾矿中资源价格的随机变动是不相符的，并不能精确地反映期权评估结果。采用GARCH(1，1)模型进行尾矿资源价格波动率的求解，能够很好地模拟资源价格的历史波动情况，从而更精确地预测未来价格的波动率。

3. 资源价格的变化对价值评估结果影响大

通过具体应用，对模型中的影响参数进行了敏感性分析，得出了产品价格(主要表现在销售收入和产品价格波动率方面)对净现值和B-S模型定价结果的影响都很敏感，体现出产品价格的不确定性对资源价值的影响，也验证了考虑到价格波动率的实物期权定价模型的优越性。

参考文献

[1]史美玲，屈茹. 白云鄂博矿产资源概况及开发利用设想[J].科技信息，2012(27)：45-46.

[2]Pindyck R. S. , Sundaresa. Irreversibility, Uncertainty, and Investment [J]. Journal of Economic Literature, 1991, 29(3)：11-48.

[3]Landefeld J. S. , Hines J. R. National Accounting for Non-renewable Natural Resources in the Mining Industries [J]. Review of Income & Wealth, 1985, 31(1)：1-20.

[4]Brennan M. J. , Schwartz E. S. Evaluating Natural Resource Investments [J]. Journal of Business, 1985, 58(2)：135-157.

[5]刘朝马，蔡美峰，刘冬梅．工程评估理论及其在矿业中应用的新进展[J].金属矿山，1998(8)：8-12.

[6]刘金平，李秉顺，杨永国．矿产资源价值论及其模型[J].高校地质学报，1996(2)：218-221.

[7]杨泓清等．矿业权评估理论与方法研究[J].中国矿业，1999(5)：58-64.

[8]孙家平，夏青．矿产资源价值确认与计量[J].煤炭经济研究，2003(1)：34-35.

[9]任海兵，姬长生，李乃梁等．矿产资源价值及其思考[J].China Mining Magazine，2008，17(9)：15-17.

[10]高殿军，王志宏．矿产资源价值及其构成模型[J].辽宁工程技术大学学报(社会科学版)，2011，13(1)：31-34.

[11]赵淑芹，葛振华，王国岩．矿产资源价值尺度及其价值组成研究[J].中国矿业，2012，21(1)：35-38.

[12]田颖，赵翠薇．基于使用者成本法的煤炭资源价值损耗研究——以贵州省为例[J].贵州师范大学学报(自然科学版)，2013，31(4)：4-8.

[13]乔纳森·芒．实物期权分析[M].邱雅丽译．北京：中国人民大学出版社，2006.

[14]Black F. Scholes. The Pricing of Options and Corporate Liabilities [J]. Journal of Political Economy，1973，81(3)：637-654.

[15]马莎·阿姆拉姆·纳林，库拉蒂拉卡．实物期权——不确定环境下的战略投资管理企业并购管理[M].张维等译．北京：机械工业出版社，2001.

[16]Dixita K.，Pindyck R. S. The Option Approach to Capital Investment [J]. Harvard Business Review，1995，(5-6)：105-115.

[17]Trigeorgis L. Real Options and Interactions with Financial Flexibility [J]. Financial Management，1996，22(3)：202-224.

[18]Cox J. C.，Ross S. A. The Valuation of Options for Alterative Stochastic Process [J]. Journal of Finance and Eeonomies，1985(3)：145-166.

［19］Trigeorgis L. ，Brannan T. A. A Conceptual Options Framework for Capital Budgeting［J］. Advances in Futures and Options Research，1988（3）：145-167.

［20］Perlitz M. ，Peske T. ，Schrank R. Real Options Valuation：The New Frontier in R & D Project Evaluation［J］. R & D Management，1999，29(3)：255-270.

［21］Smith S. ，Tate J. ，Chasen A. Business Method and System to Price，Manage，and Execute Server Actions Initiated by One or a Plurality of Users through Interaction with a Graphical User Interface Linked to a Data Source or Data Supply Chain：US，US 8560464 B2［P］. 2013.

［22］陈小悦，杨潜林. 实物期权的分析和估值［J］. 系统工程理论方法应用，1998，7(3)：6-9.

［23］韩国文，刘赟. 国内外实物期权研究综述［J］. 技术经济，2006（4）：95-96.

［24］郁洪良. 金融期权与实物期权——比较和应用［M］. 上海：上海财经大学出版社，2003：11-32，108-125.

［25］郑小迎，陈金贤. 有交易成本的期权定价研究［J］. 管理工程学报，2001，15(3)：35-37.

［26］朱盛，刘中强. 基于模糊集合论的实物期权定价方法［J］. 经济数学，2008，25(3)：242-247.

［27］兆文军，徐冬冬. 基于复合实物期权的高科技企业价值评估方法［J］. 大连理工大学学报(社会科学版)，2007，28(2)：50-54.

［28］黄春鸟，汪少华. 论新创企业价值评估——基于多阶段复合实物期权的分析［J］. 浙江工业大学学报，2008，36(3)：349-354.

［29］张立，扈文秀. 不完全信息条件下 R&D 项目多阶段投资时机研究［J］. 软科学，2014，28(8)：7-11.

［30］吴金美，金治明，凌晓冬. 风险投资的多阶段复合实物期权定价方法［J］. 数学的实践与认识，2010，40(9)：31-36.

［31］余冬平. 基于竞争互动的实物期权均衡执行战略研究［J］. 系统工程理论与实践，2007，27(5)：12-21.

[32]张运生，曾德明，张利飞．竞争条件下企业战略投资时机的实物期权分析[J].管理科学学报，2008，11(4)：30-37.

[33]袁永宁，夏恩君．公司价值战略与实物期权的互动关系研究[J].商业时代，2009(13)：79-80.

[34]谭英双，龙勇．基于实物期权投融资互动的企业技术创新战略研究[J].经济纵横，2009(7)：99-101.

[35]赵宇．基于实物期权和博弈角度的战略并购定价[J].统计与决策，2011(3)：51-54.

[36]马旭耀，秦现生，白宏伟．非对称双寡头企业实物期权博弈分析[J].西北大学学报(自然科学版)，2012，42(6)：897-901.

[37]李邦忠，张利宏．实物期权法在油气勘探开发投资决策中的应用[J].东北石油大学学报，2006，30(4)：85-87.

[38]何沐文，刘金兰，高奇特．不确定环境下自然资源开发项目投资评价模型[J].管理科学学报，2013，16(6)：46-55.

[39]孙夫建，利华．基于实物期权的风险投资项目评价分析[J].价值工程，2008，27(8)：143-146.

[40]帅领．基于实物期权的创业投资决策方法探讨[D].江西财经大学硕士学位论文，2010.

[41]梁瑞敏，李军．基于实物期权的项目投资决策方法[J].价值工程，2013，32(2)：178-180.

[42]徐玉秀．基于实物期权的并购方案[J].中国科技纵横，2011(14)：205.

[43]吴剑峰，宗芳宇．实物期权、动态能力与海外敌意并购：基于中钢并购澳大利亚中西部矿业的分析[J].管理学报，2010，7(11)：1652-1659.

[44] Moyen, Nathalie. Investment Cash Flow Sensitivities：Constrained versus Unconstrained Firms [J]. Journal of Finance，2004，59(5)：2061-2092.

[45] Henry C. A., Dyer B., Wagner M., et al. Phototoxicity of Argon Laser Irradiation on Biofilms of Porphyromonas and Prevotella Species [J]. Journal of Photochemistry & Photobiology，1996，34(2-3)：123-128.

[46]张金锁，邹绍辉．基于实物期权的煤炭资源投资决策方法研究[J]．中国矿业，2009，18(9)：21-26．

[47]李龙清，秦国玉，袁昌盛．应用实物期权的煤炭资源资产价值评估方法[J]．中国矿业，2008，17(10)：18-20．

[48]彭红枫，郭海健．矿产资源开采时机选择的期权分析[J]．中国地质矿产经济，2010(1)：34-35．

[49]张能福，赵士玲．基于蒙特卡罗模拟权证投资中VAR的应用分析[J]．科技管理研究，2010，30(16)：223-226．

[50]张雪梅，戴桂锋．基于实物期权的矿业投资价值评估[J]．财会月刊，2013(2)：76-78．

[51]张高勋，田益祥，李秋敏．基于实物期权的矿产资源价值评估模型[J]．技术经济，2013，32(2)：65-70．

[52]谷祺，刘淑莲．财务管理[M]．大连：东北财经大学出版社，2007．

[53]Lenos Trigeorgis．实物期权——灵活机动的管理和资源配置战略[M]．林谦译．北京：清华大学出版社，2007．

[54]吴恒煜，陈金贤，陈鹏．GARCH模型下的美式期权模拟定价——来自中国权证市场的经验[J]．当代经济科学，2009，31(3)：70-77．

[55]王晓丽．实物期权定价方法在企业并购中的应用[C]．国际会议，2010(6)：4024．

附录 A 评估波动率的 Matlab 程序

```
clc;clear;
x=xlsread('ckjg1.xls');
x1=x2mdate(x(:,1));
x2=x(:,2);
r=price2ret(x2);
date=x1(2:end);
```

```
spec = garchset('R',1,'M',1,'P',1,'Q',1);
[Coeff,Errors,LLF,Innovations,Sigma,Summary] = garchfit(spec,r);
h = figure;
set(h,'color','w');
plot(date,Sigma);
datetick('x',23);
xlabel('Date');
ylabel('Volatility');
legend('GARCH(1,1)model',1);
xlim([732682,736278])
%%%%%%%%%%%%%
t = 1:100;
alpha = 0.045849;       %Coeff. ARCH
beta = 0.92671;         %Coeff. GARCH
K = 1.1596e-005;        %Coeff. K
VL = K/(1-alpha-beta);
pred_sigma = sqrt(VL+(alpha+beta).^t.*(Sigma(end)^2-VL));
h = figure;
set(h,'color','w');
plot(pred_sigma,'r-o');
hold on
plot(sqrt(VL)*ones(1,100),':')
%%%%%%%%%%%%%
t = pred_sigma;
average = mean(t)
```

附录 B   求解实物期权价值的 Matlab 程序

%% 参数设置

```
S0 = 9523698. 21;                    %标的资产现值
r = 0. 0471;                         %无风险利率
sigma = 0. 26215;                    %标的资产价格波动率
T = 54;                              %项目运行的时间
K = 1765143. 26;                     %投资成本
y = 1/54;
%% Black-Scholes 模型      %%d1,d2 均为参数
d1 = (log(S0/K)+(r-y+sigma^2/2) * T)/(sigma * sqrt(T))
d2 = d1-sigma * sqrt(T)
BS_Opt_Call = S0 * exp(-y * T) * normcdf(d1)-K * exp(-r * T) * normcdf
(d2)
```

第五章

基于复合实物期权的系统投资决策

传统的净现值法忽略了在不确定条件下投资者采取"柔性"经营策略所蕴含的价值，可能导致投资者做出错误的决策。随着对期权研究的深入，实物期权方法被用于矿产资源项目的投资分析，这种方法不仅避免了净现值（NPV）法的不足，而且能够更灵活地分析和评估投资项目的价值，但是目前使用的大多是简单的 B-S 模型或者二叉树模型，这些简单模型没有充分体现项目投资过程中分阶段决策以及模型参数难以用精确数据描述的特性。所以，本章基于以上分析，尝试将模糊数理论引入稀土资源投资决策中，建立基于模糊复合实物期权的稀土资源项目投资决策模型，从而更准确地评估项目的投资价值，为项目的正确决策提供有力依据。

第一节　复合实物期权研究综述

简单来说，复合实物期权就是基于期权的期权，其标的物是一项实物期权基于复杂结构关系的实物期权组合。

一、国外研究现状

1. 复合实物期权理论研究现状

19 世纪 80 年代，Geske（1979）提出 2-阶复合期权模型，并且指出虽然复合期权与普通期权有许多相同点，但由于复合期权是基于期权的期权，它们之间也有许多差异。之后，Eletttra 等（2003）放松了 Geske 对标的资产符合简单布朗运动方式的假设，同时考虑资产价值和利率两个因素，从而构建多因素的 2-阶复合期权模型。Buraschi 等（2001）也放宽了 Geske 条件，提出标的资产价值遵从更一般的扩散过程的由欧式期权价格边界上的前向积分表达的 2-阶复合期权定价公式。Li Ronghua 等（2005）提出波动率受时间和价格影响，并且是基于多标的期权的定性函数的复合期权定价模型。Warren J. Hahn 等（2008）利用现有文献中更为通用的二项式近似方法，将简单均值平均回归随机过程（Mean-reverting）建模为重组矩阵，然后将该方法扩展到模型双重相关的单因素平均回复过程，考虑了均值平均回归随机过程以及突发事件的发生等因素，建立了复合实物期权模型，此模型适用于对具有多个并发机会共存项目的投资价值进行评估。Ying Fan 等（2010）将价格、汇率、投资环境等不确定性因素加入复合实物期权模型，并分析了不同的关键因素变化对实物期权价值的影响程度。事实上，无论是大型项目的投资价值的评估，还是投资决策过程的制定，往往涉及的实物期权均为基于多标的资产的复合期权，目前，对多标的期权的研究主要集中在金融期权领域，例如，一些学者引入 Copula 函数进行研究，并且证明 Copula 是能充分反映"相依结构"和"非线性相关"信息的理想工具。

2. 复合实物期权应用研究现状

在风险投资领域，Yao-Wen Hsu（2010）通过分析企业的委托代理框架和企业风险资本的投资机会，建立了不同波动率下多阶段实物期权模型，并通过实例分析发现，分期投资不仅赋予了风险投资项目等待选择的机会，而且还减轻了创业者对事业过于保守的代理问题；Lingwei Jiang 等（2012）通过分析开发性金融投资运行过程中的特点（如转换、放弃、扩大、缩小、延迟等），引入多阶段实物期权方法，并结合实例说明该方法对开发性金融投资的风险管理的有效性；Alexander Baranov 等（2015）提出了一种基于复合实物期权的风险投资方法，结合制药行业风险投资项目，得出基于复合实物期权的风险投资方法的优势主要体现在分阶段投资以及可以延迟或者暂停投资的管理灵活性两个方面；随着对基于复合实物期权的风险投资决策模型研究的不断深入，一些学者发现在项目实际投资决策中，决策者很难做到对模型中的各项参数以精确数据进行描述，所以 Marta Biancardi 等（2017）将模糊数学理论与复合实物期权理论和方法结合，提出了一种基于模糊复合实物期权风险投资决策模型，把模型中的资产波动率和延迟项目的机会成本两个重要参数进行模糊化，同时引入水平截集来表示决策者对待项目悲观或者乐观的态度，结合实例说明，该模型使评估过程更为客观，不仅解决了分阶段投资决策问题，而且弥补了该模型风险中性假设这一缺点。

二、国内研究现状

1. 复合实物期权理论研究现状

复合实物期权指在空间和时间上由多个单一实物期权相互作用组成的实物期权的集合。对于一项风险投资项目来说，在其投资过程中并不只是单一的实物期权，其蕴含的实物期权价位是以一系列实物期权或实物期权组合的形式体现出来的。其中因果相关复合实物期权指多个投资项目其中包含着某种相互关联关系并且在时间上是按照顺序排列，而且它们之间存在因果关系的实物期权的集合，前期权标的资产价值是由后期权加上其所在投资项目价值的总和组成，前期权的执行是后期权存在的前提。例如，某公司计划将两个存在正相关关系的项目进行投资，投资的过程中在 T_1 和 T_2（$T_1 \leq T_2$）两个时点分别设定了两个投资项目的扩大投资期权，为 X 和 Y，且 Y 存在的前提是 X 被执行。平行相关复合实物期权指多个投资项目之间存在一种相互关系但却相互独立、互不相干的实物期权集合。例如，公司将两个收益为负相关的产品线进行投资，并且在 T_1 时刻同时对两个产品进行设置放弃期权，即如果两个产品线的亏损程度上升导致其亏损量远远超过变现成本时，两个产品线的其中一个将会被执行放弃期权。

龚朴等（2006）推导出基于变动波动率的多期复合实物期权定价方程及相应的边界条件和终端条件，并结合实例得出数值解；王献东等（2009）假设股票价格跳跃高度服从对数正态分布，在此基础上利用鞅方法以及数学推导建立了股票价格服从跳跃扩散过程的复合期权定价公式；吴金美等（2010）分析了风险投资的期权特性，并结合条件期望和矩阵性质，建立了基于多阶段复合实物期权的风险投资项目评估和投资决策模型；赵振武等（2011）把风险投资项目看作是由一系列欧式期权构成的复合期权，建立了基于多阶段复合实物期权的项目投资决策模型，并提出相应的算法；梁红枫等（2011）假设关于标的股票的重大信息一更新便会被认知，以及其价格跳跃高度服从对数正态分布，结合期权定价的鞅方法推导得到了股票投资的复合期权的定价模型；任培民等（2013）在含有可提前执行期权的复合实物期权模型中加入美式期权蒙特卡罗多项式最小二乘模拟方法，利用改进的复合实物期权投资价值评估模型，结合平行复合实物期权，提出了复合实物期权仿真算法，并在此基础上讨论了标的变量服从不同随机过程的情况；随着期权的发展，一些学者注意到投资决策过程的制定往往涉及的实物期权均为基于多标的资产上的复合期权，进而开始进行多标的期权的研究，目前多标的期权主要集中在金融领域，例如，王艳培等（2014）把针对单个标的资产B-S模型推广到多标的资产的B-S模型；梁朝晖等把针对多标的资产的期权定价理论和方法引入实物期权价值评估模型中，通过矩匹配方法求得多标的组合资产的近似分布，从而求得多标的实物期权的解析解。

2. 复合实物期权应用研究现状

在风电建设投资领域，张怡（2012）将 Geske 期权模型引入项目投资决策中，考虑电网建设项目投资决策的阶段性特点以及项目新建和扩容两个阶段中期权选择的非独立性，得出运用复合期权模型可以解决投资决策中的不确定性问题；章恒全等（2013）将风电项目投资过程划分为可行性研究阶段、建设阶段以及运营阶段 3 个阶段，建立了复合实物期权投资决策模型，并以实例讨论了 Geske 复合期权定价模型的应用方法，验证了实物期权方法在评估风电项目投资项目价值时的有效性。在 R&D 项目投资领域，赵晓军（2014）把博弈论与实物期权理论结合起来分析了两个阶段的 R&D 的情况，分析出 R&D 项目的灵活性的柔性价值与战略价值；刘凤琴等（2016）在美式复合实物期权的基础上，运用最小二乘蒙特卡罗模拟算法对企业多阶段 R&D 项目评价问题进行深入分析，证明了多阶段多投资时点的企业 R&D 投资项目一般具有很强的复合实物期权特征。在人力资源投资领域，黄生权等（2017）以高等教育投资为例，结合决策树分析法，建立了基于二叉树网络法的复合实物期权的人力资源投资决策模型，并得出个人接受高等教育是值得的这一结论。随着对复合实物期权研究的逐渐深入，一些学者把模糊数学方法与复合实物期权方法结合，例如，周铭宇等（2014）采用模糊数学与复合实物期权结合的方法，构建了基于模糊数学的复合实物期权投资决策模型，为企业重大持续改进项目的投资决策提供重要参考。

第二节　稀土资源投资决策的复合实物期权特性

一、稀土资源投资决策中隐含的实物期权

在管理稀土资源投资的各个阶段中，所涉及的期权的类型可能会有所不同。当投资项目现阶段的技术水平不够成熟时，考虑到未来技术水平有很大提升的可能性，此时项目存在一种扩张期权，可以先进行少量的资金投入以观察项目的后期发展，当项目的发展前景并不明朗时，可以采取观望的策略，来获取更多有价值的信息，然后再考虑是否进行下一步的投资，此时存在一种延迟期权。当投资者看好项目的发展前景进行了大量的资金投入，可能因为宏观政策的改变或者竞争者的增多使原来计划的投资收益并不能够实现，这个时候投资者可能会通过收缩投资来减少该项目可能带来的损失，此时存在一种收缩期权。当该投资项目的资产因为某些原因导致投入的大量资金无法收回时，及时放弃投资可能会将损失降到最低，此时存在一种放弃期权，或者在决策者意识到投入资金无法收回的同时发现更好的其他投资项目，可能把相应的资金抽出来投资到被看好的项目，此时存在一种转换期权。下面简单介绍一下项目投资过程中可能存在的实物期权的种类。

（1）延迟期权，在市场发展前景并不确定时，投资决策者可能会采取观望的态度，以等待获取更多的信息资源，称为延迟期权。对于这类期权，投资者通常会抓住机会在某个适当的时刻再进行投资，相当于一个以项目未来现金流量现值为标的物的看涨期权。此时所进行的等待时间具有价值，它弥补了以往传统评估方法中因为对不确定性的不乐观认识导致忽略的价值。

（2）转换期权，指投资决策者在项目实施的过程中拥有可以在至少两个以上的投资机会之间选择的权利。

（3）放弃期权，指在完成了一阶段投资以后，投资决策者根据目前掌握的关于项目的获利情况或者环境的变化，决定放弃投资的权利。一般在这种

情况下继续运营该项目不仅使投入的资金血本无归，而且还可能造成更为严重的损失，所以决策者毅然决定放弃对该项目的投资。

（4）扩张期权，指投资决策者根据目前项目发展的情况和掌握的关于该项目的资料，发现该项目具有良好的发展前景，决定扩大投资规模而进行再次投资的权利。

（5）收缩期权，是指在投资条件不利的情况下而减少投资规模的权利。

（6）分阶段投资期权，指投资决策者根据上一阶段项目的运行情况而合理安排下一阶段投资活动的权利。投资项目一般会按照其运行的特点划分为相互关联的多个阶段，项目的投资并不是一次性完成的，而是分阶段进行投资决策，并且各阶段之间是相互依赖的。分阶段投资期权按项目运行特点分多个阶段进行，其实就是一个复合实物期权。

复合实物期权就是将具有一定结构特征或复合关系的实物期权组合，各实物期权在价值上相互影响、相互作用。其基本特征如下：各阶段的实物期权一般是按时间顺序排列，前一阶段期权的执行日期是后一阶段期权的生效日期；前一阶段期权的标的资产的价值是后一阶段期权的价值与其所在投资项目价值的总和；前一阶段期权在其有效期内被执行是后一阶段期权存在的前提与基础，若前一阶段期权未执行，那么后续期权将不复存在。

除了以上几种分类，根据具体项目的决策特点，还可能存在改变运营规模期权、奇异期权等。

二、矿产资源项目决策的实物期权特性分析

矿产资源投资决策的两个重要特点是高度不确定性和项目运行的多阶段性。矿产资源运营项目过程中的诸多不确定性体现了管理柔性的重要性，管理柔性可以在一定程度上保留不确定性的积极作用而消除不确定性的消极作用，所以投资项目的不确定性越大，其将会有得到更高收益的机会，即管理柔性也就越有价值。对比来看，传统的项目投资决策方法主要通过改善确定折现率的方法来体现项目的不确定性，当折现率越高时体现出的投资项目的不确定性越大，此时项目的投资价值也就越低，很显然，这是不合理的，投资价值与不确定性的关系如图 5-1 所示。

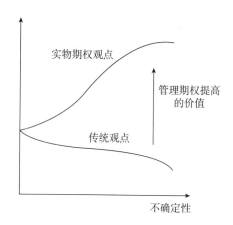

图 5-1 投资价值与不确定性的关系

对稀土资源投资进行灵活性管理能够为项目带来未来增值的机会，这些机会可以看作实物期权的形式。实物期权的方法在一定程度上可以将传统的净现值法忽略的项目投资机会等因素考虑进项目的投资决策中，是一种项目运行的不确定性包含在项目价值评估中更合理、更准确的方法。下面就稀土资源投资过程中各阶段的期权特性做简要的分析。

（1）种子期的期权特性。种子期是指投资项目的技术或者产品的可行性分析或者研发阶段，该时期的资本投入称作种子资本，一般需要资本投入量较少，主要负责形成产业化的生产方案并且验证投资项目的可行性和经济技术的合理性。项目在此期间的投资不但不能产生收益，而且很可能出现亏损，即净现金流入为负的情况。即便如此，种子期的投资也是必要的，因为此时的投资可以使项目表现出巨大的增长潜力，进而获得未来更大的发展机会。所以，在种子期对于项目的投资会使投资者获得一个增长期权；如果此时投资者因为相关技术等不确定性因素的影响而选择延迟投资，通过进一步观望、探测来降低相关风险带来的损失，那么投资者就可以获得一个延迟期权；如果研发或者可行性分析彻底失败，项目投资者会选择停止一切投资，那么投资者就获得了一个放弃期权；如果研发出其他新产品或者可行性分析表明可生产另一种产品，那么投资者存在获得转换期权的可能。

（2）创建期的期权特性。创建期是对投资项目前期阶段的准备，即是对生产的机器设备的购买以及对相应产品的前期试生产和销售阶段，在这一时期的资本投入是创建资本，资本投入量很大，具有投资风险，也是主要的风险投资阶段。在这一时期主要责任是探索存在的市场风险情况，如果通过前期的试生产或试销之后，投资者发现市场所具有的风险强度在自己的承受范围之外，投资者就有权退出投资，进行股权转让或者保持观望的态度，这样一来投资者就可能放弃期权、延迟期权或者转换期权。

（3）成长期的期权特性。成长期指的是所需技术发展和所需产品规模化生产的一个阶段。在这个时期的资本投入也被叫作成长资本或者扩展资本，此阶段所需要的资本量很大，主要工作是使产品达到规模化生产、营销能力得到提升以及产品的质量及功能得到完善。该时期投资项目自身已经具备一定的回笼资金的能力，技术风险也已经基本解决，面临的风险主要包括财务风险和管理风险。在这一时期将会出现竞争者抢夺市场的占有率，为了增强竞争能力，项目的运行方式也会相应地发生一些转变，这些转变可能会对管理者带来不适应。在这一阶段的实物期权主要类型有项目运行规模的变化所需要的收缩期权或者扩张期权，以及项目需要终止所需要的放弃期权。

（4）成熟期的期权特性。成熟期是技术水平已经达到成熟并且产品已经进行大规模化生产阶段。这一时期的资本投入被称为成熟资本，虽然这一时期需要的资金量非常大，但是已经基本不具有投资风险的存在。该时期的项目在运行技术、规模、体制等方面已经趋于成熟稳定，投资项目已经拥有能力将资金回笼，而且能够通过银行、股票以及发行债券等方式进行融资。此外，由于企业的风险逐渐减小，超额利润的缩减，项目投资者将逐渐失去投资兴趣，进而可能会退出去寻找新的投资对象。成熟期是项目投资成本获得利润和回收的阶段，也是项目投资者退出去寻找新的投资对象的阶段，项目投资可以用一个不错的价格退出并且转交给稳健的其他投资者。因此，该阶段存在着退出投资项目的放弃期权，转换该投资项目将资金投资至其他项目的转换期权和企业多元化扩张的变更期权。

由上述分析可知，在稀土资源项目投资决策的四个阶段中，投资者会有不同的选择，投资项目各时期的期权特性如图5-2所示。

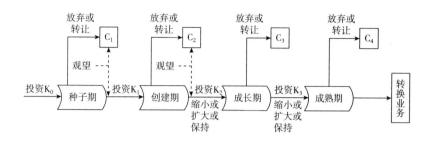

图 5-2　投资项目各时期的期权特性

第三节　基于复合实物期权的稀土资源投资决策模型

一、复合实物期权在稀土资源投资决策中的适应性分析

通过上节对稀土资源项目投资决策特点的分析，我们了解到该项目决策具有高度不确定性、动态多样性、多阶段性以及各阶段决策间的关联性等特点，而复合实物期权投资决策法在应对这些特征时有很大的优势。

（1）考虑了未来不确定性因素。在稀土资源投资决策的整个进程中，自始至终都存在着不确定性因素，实物期权方法的核心是决策者可以根据项目所处环境的变化情况进行分析和判断，等到适合的时机做出是否进行投资的决定。实物期权方法相对于传统的投资决策方法能够充分考虑并利用不确定性因素，认为项目运行过程中的不确定性因素越多，蕴含的项目投资价值越大，拥有灵活决策的机会越多。

（2）考虑了决策的动态多样性。稀土资源的投资评价过程是动态多样的过程，复合实物期权方法对项目风险何时以及以何种方式发生做出动态评价，判断这种风险给该项目带来的是收益还是损失。而传统的投资决策方法多数是静态单一的过程，不能体现项目投资过程中的灵活性、及时性以及动态性。由此看来，复合实物期权方法在应对项目的决策动态多样性时，更具有现实价值。

（3）考虑了决策的多阶段性。稀土资源投资决策过程分为多个阶段，复合实物期权分析方法认为项目投资的初始阶段包含了一系列消除不确定性的期权，投资者在后续的投资过程中，可以得到有关项目技术、环境变化以及市场反应等方面的信息，从而根据项目的阶段性进程及时、灵活地做出不同的评价和决策。而传统的投资决策方法却忽略了对各阶段新出现的信息及时做出决策调整的灵活性价值，投资者不会主动利用市场对项目的反应来发挥其管理和决策调整的能力。所以，针对项目的分阶段性这一特点，复合实物期权可以很好地做出应对，更具有实用性。

二、Geske 复合实物期权投资模型

假设将项目投资分为三个阶段，并且假设资金的投入都发生在每一阶段的期初，如图 5-3 所示。

图 5-3　项目投资各阶段

t_0 时刻为稀土资源投资的初始时刻，项目投资者在这一时刻投入资金从而获得了第一个期权，其执行价格与期限分别为 K_1 和 t_1-t_0；如果投资者在第一阶段的投资达到了预期，那么投资者将会在 t_1 时刻进行第一个期权的交割，进而获得时刻进入第三阶段的权利，即获得第二个期权，其执行价格与期限分别为 K_2 和 t_2-t_1。在上述阶段存在着两个期权，然而这两个期权并非独立存在，而是相互影响、相互作用的整体，即是一个复合实物期权，第一个期权的执行是第二个期权存在的前提，反过来，第二个期权也会影响第一个期权的价值，如图 5-4 所示。

在投资决策的过程中，投资者同样会遇到这样的情况，即第二个期权的价值与第一个期权的执行价格相同，这时就会产生 t_1 时刻投资项目的临界价值，而只有前者大于后者时，项目投资决策者才会在第一个期权到期时执行期权，进入下一个阶段的投资。利用 Geske 复合实物期权定价模型求取稀土

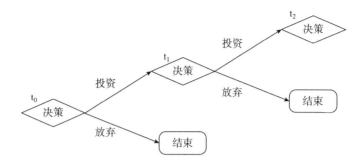

图 5-4　项目投资各阶段的投资决策分析

资源投资决策过程中的期权价值（C），其表达式为：

$$C = S_0 e^{-\delta(t_2-t_1)} M(a_1, b_1; \rho) - K_2 e^{-r(t_2-t_1)} M(a_2, b_2; \rho) - K_1 e^{-r(t_1-t_0)} N(a_2)$$

$$(5-1)$$

其中：

$$a_1 = \frac{\ln(S_0/S^*) + (r-\delta+\sigma^2/2)(t_1-t_0)}{\sigma\sqrt{t_1-t_2}}$$

$$(5-2)$$

$$b_1 = \frac{\ln(S_0/K_2) + (r-\delta+\sigma^2/2)(t_2-t_1)}{\sigma\sqrt{t_2-t_1}}$$

$$(5-3)$$

$$\rho = \sqrt{(t_1-t_0)/(t_2-t_1)}$$

$$(5-4)$$

$$a_2 = a_1 - \sigma\sqrt{t_1-t_0}$$

$$(5-5)$$

$$b_2 = b_1 - \sigma\sqrt{t_2-t_1}$$

$$(5-6)$$

　　M（a，b，ρ）表示标准二维正态分布累计函数，a、b 是积分限，第一个变量小于 a，第二个变量小于 b，变量之间的相关系数为 ρ；N（*）表示累计标准正态分布函数，即某一服从正态分布的变量小于 x 的概率；S_0 表示正式生产后项目产生的预期现金流量在 $t_1=t_2$ 时刻的价值；t_0、t_1、t_2 分别为表示给予项目投入资本的时刻；K_1 表示期权 C_1 的执行价格，即建设阶段的投资支出；K_2 表示期权 C_2 的执行价格，即生产阶段的投资支出；δ 表示延迟项目实施的成本，即标的资产的价值漏损；S^* 表示第一个看涨期权被交割时项目的临界值，这时第二个期权的价值等于第一个期权行权时项目的价值，可用 B-S 模型计算：

$$S^* e^{-\delta(t_2-t_1)} N_1(m_1) - E(\widetilde{K}_2) e^{-r(t_2-t_1)} N_1(m_2) - E(\widetilde{K}_1) = 0 \qquad (5-7)$$

其中：

$$m_1 = \frac{\ln(S^*/(E(\widetilde{K}_2))) + (r-\delta+\sigma^2)(t_2-t_1)}{\sigma\sqrt{t_2-t_1}} \qquad (5-8)$$

$$m_2 = m_1 - \sigma\sqrt{t_2-t_1} \qquad (5-9)$$

需要注意的是，投资者通常在进行分阶段对稀土资源综合利用投资项目进行决策时，在当前投资阶段是否要过渡到下一投资阶段时可以根据上述模型计算出的临界值 S^*，进而确定最优的投资时机。如果稀土资源项目在第一个投资阶段结束时投资项目的价值低于 S^*，投资者就会放弃该阶段的机会；如果该项目在第一个投资阶段结束时投资项目的价值高于 S^*，投资者就会选择继续投资该项目，从而项目顺利进行到下一阶段。

第四节　建立基于模糊复合实物期权的稀土资源投资决策模型

目前，人们对客观事情或状态的认识很多时候并不能用"非此即彼"来描述，有些研究对象的集合并没有一个明确的边界，换言之，有时候刚性定义这些研究对象的特征可能会扭曲事实真相，以偏概全，从而引导决策者做出错误的决策。就好比在稀土资源投资决策过程中，投资者往往处于不完全信息状态，对基于复合实物期权的投资决策过程，其参数的确定不可避免地会掺杂人的主观意识，过于追求输入变量的精确往往会导致输出结果的不准确，而对输入变量适当地模糊化反而可以提高输出结果的准确性。模糊数理论提倡在一个数据范围内做决策，而不是一个确定的数据上，具有柔性特征，考虑了资源、信息等弹性。将模糊数理论结合复合实物期权应用到稀土资源投资决策中，既能兼顾项目中的不确定性和柔性，还可以使决策更加有效、客观。

本章将引入模糊数理论，基于 Geske 复合实物期权定价模型，建立基于模糊复合实物期权的稀土资源投资决策模型。

一、模糊数学相关理论介绍

模糊数分类中，不规则模糊数对细节的刻画较准确，但是其隶属函数存在非常大的运算复杂性；三角模糊相对而言计算简单，是一种特殊的梯形模糊数，当梯形模糊数隶属度为 1 的左右端点重合时，梯形模糊数就退化成三角模糊数，这是由于三角模糊数的特殊化和简单线性化使这种方法对稀土资源投资时可能与实际情况偏离较大。而梯形模糊数的数学处理方便，而且较清楚地描述了稀土资源投资决策的高度不确定性，与 Geske 复合实物期权模型结合能更准确地评估项目的投资价值。因此，本书采用梯形模糊数来建立基于复合实物期权的稀土资源投资决策模型。

1. 模糊数学基本概念

模糊数学是以"模糊集合论"为基础，运用数学方法研究不确定性现象的一门数学分支，是处理不确定性问题的一种新方法，是描述人的大脑思维处理不确定性信息的有力工具。在现实中，"模糊集合论"被广泛地用于描述不确定性事件。

定义：设 X 是全集，则称函数：

$$\tilde{A}(x): X \rightarrow [0, 1] \tag{5-10}$$

称 $\tilde{A}(x)$ 为 $\tilde{A}$ 的隶属函数，解释为 x 是 $\tilde{A}$ 的可能性程度。

用 Y（x）表示 X 上模糊集合的全体，即：

$$Y(x) = \{\tilde{A}: \tilde{A}(x): X \rightarrow [0, 1]\} \tag{5-11}$$

定义：设 $\tilde{A} \in Y$（x），称：

$$\tilde{A}_\lambda = \{x: \tilde{A}(x) \geqslant \lambda\}, \lambda \in [0, 1] \tag{5-12}$$

为模糊集 $\tilde{A}$ 的水平截集 λ，λ 成为阈值或者置信水平。模糊数 $\tilde{A}$ 的水平截集 λ 就是论域 X 中所有对 $\tilde{A}$ 的隶属度大于等于 λ 的全部元素的集合。

比较典型的模糊数包括三角形模糊数、梯形模糊数、不规则模糊数等。下面就本章而言选择性地重点介绍一下梯形模糊数。

2. 梯形模糊数概念

定义：一个模糊数，其隶属函数为：

$$A(\tilde{x}) = \begin{cases} 1-\dfrac{a-x}{\alpha}, & a-\alpha \leqslant x \leqslant a \\ 1, & a \leqslant 1 \leqslant b \\ 1-\dfrac{x-b}{\beta}, & a \leqslant x \leqslant b+\beta \\ 0, & \text{其他} \end{cases} \tag{5-13}$$

其隶属函数图像如图 5-5:

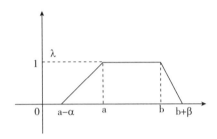

图 5-5 梯形模糊数的隶属函数

则 $\tilde{A}$ 就被称为在实线段 $[a, b]$ 上左边宽度为 α, 右边宽度为 β 的梯形模糊数, 记作 $\tilde{A}=(a-\alpha, a, b, b+\beta)$, 或者记作 $\tilde{A}=(a, b, \alpha, \beta)$, 再或者用水平截集 λ 表示:

$$\tilde{A_\lambda} = [(1-0.5\lambda)a-(1-\lambda)\alpha+0.5\lambda b, (1-0.5\lambda)b+(1-\lambda)\beta+0.5\lambda a]$$

$$\tag{5-14}$$

其中, $L(\lambda)$、$R(\lambda)$ 可记为: $L(\lambda)=(1-0.5\lambda)a-(1-\lambda)\alpha+0.5\lambda b, R(\lambda)=(1-0.5\lambda)b+(1-\lambda)\beta+0.5\lambda a$; $L(\lambda)$、$R(\lambda)$ 又可记为 A_λ、$\overline{A_\lambda}$, 即 $\tilde{A_\lambda}=[L(\lambda),R(\lambda)]$ 或者 $\tilde{A_\lambda}=[A_\lambda, \overline{A_\lambda}]$。

梯形模糊数的四则运算法则: 设 $\tilde{A}=[L_1(\lambda), R_1(\lambda)]$, $\tilde{B}=[L_2(\lambda), R_2(\lambda)]$ 为任意两个正模糊数, λ 是一个实数, 则有:

$$\gamma \tilde{A} = [\gamma L_1(\lambda), \gamma R_1(\lambda)] \tag{5-15}$$

$$\tilde{A} \oplus \tilde{B} = [L_1(\lambda)+L_2(\lambda), R_1(\lambda)+R_2(\lambda)] \tag{5-16}$$

$$\tilde{A} \Theta \tilde{B} = [L_1(\lambda)-R_2(\lambda), R_1(\lambda)-L_2(\lambda)] \tag{5-17}$$

由模糊数学性质, 可得到如下推论:

$$\sum \gamma_i \widetilde{A_I} = \left[\sum \gamma_i L_i(\lambda), \ \sum \gamma_i R_i(\lambda) \right] (i = 1, \ 2, \ 3, \ \cdots) \quad (5\text{-}18)$$

$$\widetilde{A} \otimes \widetilde{B} = \left[L_1(\lambda) \times L_2(\lambda), \ R_1(\lambda) \times R_2(\lambda) \right] \quad (5\text{-}19)$$

$$\widetilde{A} \Phi \widetilde{B} = \left[L_1(\lambda) / R_2(\lambda), \ R_1(\lambda) / L_2(\lambda) \right] \quad (5\text{-}20)$$

3. 梯形模糊数的均值和方差

用 $E(\widetilde{A})$ 表示梯形模糊数的均值，$\sigma^2(\widetilde{A})$ 表示梯形模糊数的方差，根据对模糊数均值和方差的定义，若 $\widetilde{A} = (a, \ b, \ \alpha, \ \beta)$ 是一个梯形模糊数，则

$$E(\widetilde{A}) = \int_0^1 \lambda \left[L(\lambda) + R(\lambda) \right] d\lambda = \frac{\int_0^1 \dfrac{\left[L(\lambda) + R(\lambda) \right]}{2} d\lambda}{\int_0^1 \lambda d\lambda} = \frac{a+b}{2} + \frac{\alpha+\beta}{6}$$

$$(5\text{-}21)$$

$$Var(\widetilde{A}) = \int_0^1 \lambda \left\{ \left[\frac{L(\lambda) + R(\lambda)}{2} - L(\lambda) \right]^2 + \left[\frac{L(\lambda) + R(\lambda)}{2} - R(\lambda) \right] \right\} d\lambda$$

$$= \frac{1}{2} \int_0^1 \lambda \left[L(\lambda) - R(\lambda) \right]^2 d\lambda = \frac{(b-a)^2}{4} + \frac{(b-a)(\alpha+\beta)}{6} + \frac{(\alpha+\beta)^2}{24}$$

$$(5\text{-}22)$$

根据梯形模糊数的分布特点，可以通过计算其均值作为比较梯形模糊数大小的方法。比如，一个梯形模糊数要与零比较大小，则用模糊数的均值与零比较即可。

二、基于梯形模糊数学的 Geske 复合实物期权投资决策模型

稀土资源投资决策属于风险投资决策，在评价涉及风险投资决策的实物期权投资价值过程中，环境往往是一个不确定的因素，可获得的信息往往不完全。例如项目投资成本、未来现金流入量现值都具有不可确定性，如果用确定的值进行计算，显然不符合客观现实，同时，可能引导项目决策者进行错误的投资决策。而模糊数理论可以表示市场的模糊性，将模糊数与实物期权相结合就可以在很大程度上避免上述问题。虽然项目预期现金流现值很难指定为一个确定的数，但是却可以通过项目管理层估计出项目未来现金流的最可能值的区间，包括最悲观值和最乐观值。本书研究假设项目投资成本和

期望现金流量分布服从梯形模糊数的情况。

1. 对项目期权价值的改进

稀土资源投资决策属于风险投资决策，在评价涉及风险投资决策的实物期权投资价值过程中，环境往往是一个不确定的因素，可获得的信息往往不完全，尤其是项目投资成本、未来现金流入量。接下来对各阶段预期收益现值和各阶段预期成本现值（即标的资产的价值 S_0 和各投资成本 K_0、K_1、K_2）进行梯型模糊数处理，将其定义为模糊变量，分别记作 $\widetilde{S}_0$、$\widetilde{K}_0$、$\widetilde{K}_1$、$\widetilde{K}_2$，即得到模糊子集合 $\widetilde{S}_0 = (S_{01}, S_{02}, \alpha, \beta)$、$\widetilde{K}_0 = (K_{01}, K_{02}, \alpha', \beta')$、$\widetilde{K}_1 = (K_{11}, K_{12}, \alpha_1, \beta_1)$、$\widetilde{K}_2 = (K_{21}, K_{22}, \alpha_2, \beta_2)$ 或者用水平截集 λ 表示 $\widetilde{S}_{0\lambda} = (\underline{S}_{0\lambda}, \overline{S}_{0\lambda})$、$\widetilde{K}_0 = (\underline{K}_{0\lambda}, \overline{K}_{0\lambda})$、$\widetilde{K}_1 = (\underline{K}_{1\lambda}, \overline{K}_{1\lambda})$、$\widetilde{K}_2 = (\underline{K}_{2\lambda}, \overline{K}_{2\lambda})$，从而项目的期权价值（C）可表示为水平截集 λ 为变量的函数，即 $\widetilde{C} = (\underline{C}_\lambda, \overline{C}_\lambda)$。

根据水平截集 λ 的定义，λ 可理解为期权价值的隶属度，即期权价值的实现程度，λ 的取值不同，得出的期权价值范围也不同，λ 的取值，取决于企业和具体研发项目的综合素质，综合素质评价值越高，表明决策者对项目各方面的把握程度越好，项目的实现程度就越大；反之越小。这样，就可以将项目评价体系和决策方法两者有机地结合起来，使结果更接近现实。

2. 基本假设

（1）假设风险投资者的投资行为具有柔性与理性的特征，能够根据项目的后续发展来进行投资决策。

（2）假设风险投资项目的不确定性服从布朗运动。

（3）在决策点时，投资者只有在当期的期权价值高于该时刻的投资成本时，才会执行该期权来进行下一阶段的投资，如此重复，直至投资结束。

（4）假设投资者遵循风险中性原理，对风险无特殊要求，仅要求其资产的平均投资报酬率为无风险报酬率。

3. 引入模糊的 Geske 复合实物期权模型

在稀土资源项目实际投资决策过程中，由于其不确定性高、周期较长，决策者很难做到对 Geske 复合实物期权模型中的各项参数以精确数据进行描述，例如，项目期望收益和各阶段投资成本，而对于这些难以用精确数据来描述的未知参数，可以借助模糊数相关理论进行有效解决。本章把梯形模糊数理论和 Geske 复合实物期权模型结合在一起，建立基于梯形模糊的 Geske 复合实物期权投资决策价值分析模型。

一般情况下稀土资源项目投资决策过程可分为可行性分析阶段、建设阶段和生产阶段三个阶段，如图 5-6 所示。

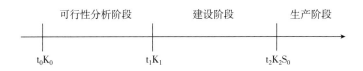

图 5-6 稀土资源项目投资各阶段

如图 5-6 所示，在 t_0 时刻投资 K_0 于可行性分析活动，该活动在建设阶段的投资机会即形成第一个看涨期权，其到期时间是 t_1，执行价格是 K_1；如果在 t_1 时刻，第一个期权被执行，则获得在 t_2 时刻进行生产阶段的投资机会，形成了第二个看涨期权，其有效期是 t_2-t_1，执行价格为对应生产阶段的投资 K_2，此时存在两个期权，第二个期权是以第一个期权为标的而产生的，即复合期权。

接下来，将模糊数理论中水平截集 λ 这一概念引入，可以得出梯形模糊数下的模糊 Geske 复合实物期权投资决策价值分析模型的另外一种表达，具体如下：

$$\widetilde{C}=\left[\underline{C_\lambda},\ \overline{C_\lambda}\right]=\left[\underline{S_{0\lambda}}e^{-\delta t_2}M(\underline{a_1},\ \underline{b_1};\ \rho)_\lambda-\overline{K_{2\lambda}}e^{-rt_2}M(\overline{a_2},\ \overline{b_2};\ \rho)_\lambda-\overline{K_{1\lambda}}e^{-rt_1}\right.$$

$$\left.N(\overline{a_2})_\lambda,\ \overline{S_{0\lambda}}e^{-\delta t_2}M(\overline{a_1},\ \overline{b_1};\ \rho)_\lambda-\underline{K_{2\lambda}}e^{-rt_2}M(\underline{a_2},\ \underline{b_2};\ \rho)_\lambda-\underline{K_{1\lambda}}e^{-rt_1}N(\underline{a_2})_\lambda\right]$$

$$(5-23)$$

$$\underline{S_{0\lambda}}=(1-0.5\lambda)S_{01}-(1-\lambda)\alpha+0.5\lambda S_{02} \tag{5-24}$$

$$\overline{S_{0\lambda}}=(1-0.5\lambda)S_{02}+(1-\lambda)\beta+0.5\lambda S_{01} \tag{5-25}$$

$$\underline{K_{1\lambda}}=(1-0.5\lambda)K_{11}-(1-\lambda)\alpha_1+0.5\lambda K_{12} \tag{5-26}$$

$$\overline{K_{1\lambda}}=(1-0.5\lambda)K_{12}+(1-\lambda)\beta_1+0.5\lambda K_{11} \tag{5-27}$$

$$\underline{K_{2\lambda}}=(1-0.5\lambda)K_{21}-(1-\lambda)\alpha_2+0.5\lambda K_{21} \tag{5-28}$$

$$\overline{K_{2\lambda}}=(1-0.5\lambda)K_{22}+(1-\lambda)\beta_2+0.5\lambda K_{21} \tag{5-29}$$

$$(\underline{a_1})_\lambda = \frac{\ln(\underline{S_{0\lambda}}/S^*) + (r-\delta+\sigma^2/2)(t_1-t_0)}{\sigma\sqrt{t_1-t_0}} \tag{5-30}$$

$$(\overline{a_1})_\lambda = \frac{\ln(\overline{S_{0\lambda}}/S^*) + (r-\delta+\sigma^2/2)(t_1-t_0)}{\sigma\sqrt{t_1-t_0}} \tag{5-31}$$

$$(\underline{b_1})_\lambda = \frac{\ln(\underline{S_{0\lambda}}/\overline{K_{2\lambda}}) + (r-\delta+\sigma^2)(t_2-t_1)}{\sigma\sqrt{t_2-t_1}} \tag{5-32}$$

$$(\overline{b_1})_\lambda = \frac{\ln(\overline{S_{0\lambda}}/\underline{K_{2\lambda}}) + (r-\delta+\sigma^2)(t_2-t_1)}{\sigma\sqrt{t_2-t_1}} \tag{5-33}$$

$$(\underline{a_2})_\lambda = (\underline{a_1})_\lambda - \sigma\sqrt{(t_1-t_0)} \tag{5-34}$$

$$(\overline{a_2})_\lambda = (\overline{a_1})_\lambda - \sigma\sqrt{t_1-t_0} \tag{5-35}$$

$$(\underline{b_2})_\lambda = (\underline{b_1})_\lambda - \sigma\sqrt{t_2-t_1} \tag{5-36}$$

$$(\overline{b_2})_\lambda = (\overline{b_1})_\lambda - \sigma\sqrt{t_2-t_1} \tag{5-37}$$

$$\rho = \sqrt{(t_1-t_0)/(t_2-t_1)} \tag{5-38}$$

$$\sigma = \sqrt{\mathrm{Var}(\widetilde{S_0})}/E(\widetilde{S_0}) \tag{5-39}$$

S^* 可用如下 B-S 模型求解:

$$S^* e^{-\delta(t_2-t_1)} N_1(m_1) - E(\widetilde{K_2}) e^{-r(t_2-t_1)} N_1(m_2) - E(\widetilde{K_1}) = 0 \tag{5-40}$$

其中:

$$m_1 = \frac{\ln(S^*/(E(\widetilde{K_2}))) + (r-\delta+\sigma^2)(t_2-t_1)}{\sigma\sqrt{t_2-t_1}} \tag{5-41}$$

$$m_2 = m_1 - \sigma\sqrt{t_2-t_1} \tag{5-42}$$

模糊的 Geske 复合实物期权模型是把梯形模糊数理论和 Geske 复合实物期权定价模型结合,将模型中的重要参数用模糊集合的方式来表示,进而使参数的数值不仅仅是隶属度为1的确定的值,而是一个模糊集合。在这个模糊集合中,隶属度为1的数值只是这个模糊集合中的一个模糊子集,其他部分为隶属度大于0、小于1时的参数的模糊子集。如图 5-7 所示,隶属度为1的模糊子集为 [a, b]。当元素 X 在隶属度为1的模糊子集中取值时,我们认为该值 X 一定属于这个模糊集,是我们需要的值;而当元素 X 取的值在隶属度为 1 的模糊子集以外部分时，我们说"此时的 X 是我们要的值的可能性为隶属度 $\mu_{\widetilde{A}}(x)$"。通过将参数进行模糊化处理，可以将所有可能的合理取值都纳入其中。

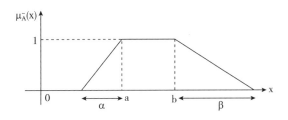

图 5-7　梯形模糊数子集

本书将各阶段预期现金流入现值和各阶段预期成本现值（即标的资产的价值 S_0 和各投资成本 K_0、K_1、K_2）进行梯型"模糊化"处理，并将这些参数的模糊子集运用梯形模糊数原理表示出来，也就是说，基于复合实物期权的项目的投资价值在式（5-23）中表示的模糊集合中都是有可能的。

4. 模型中相关参数的确定

在利用上述模型进行具体的计算之前，需要确定投资决策模型中的有关参数，计算期权价值所需要的主要参数为标的资产价值 $\widetilde{S_0}$，期权执行价格 $\widetilde{K_0}$、$\widetilde{K_1}$、$\widetilde{K_2}$，无风险利率 r，期权持有期 T，标的资产的价值漏损 δ 和标的资产价值波动率 σ。

（1）标的资产价值 $\widetilde{S_0}$。标的资产价值 $\widetilde{S_0}$ 是指投资项目的净收益在期权开始时点的现值，是项目运营期间由项目收入减去有关变动成本以及所得税后的金额，需要注意的是，它并不扣减项目的有关投资支出。对项目收入、有关变动成本的预测，是由项目管理决策部门或者相关领域的专家来完成，然后根据管理部门决策者或者相关领域专家做出的预测范围得出标的资产价值的分布区间 $\widetilde{S_0} = (S_{01}, S_{02}, \alpha, \beta)$，其中最不理想的情况下标的资产的期权价值 $\widetilde{S_0} = (S_{01} - \alpha)$，最理想的情况下 $\widetilde{S_0} = (S_{01} + \beta)$。

（2）折现率 R。目前评估折现率主要有资本资产定价法、资本资产加权平均成本法、社会平均收益法、行业平均资金利润率法、风险累加法等。其中资本资产定价法具有一定的主观性，所以本书选取资本资产加权平均成本法（WACC）来计算折现率，其评估模型为：

$$R = r_d \times w_d + r_e \times w_e \tag{5-43}$$

$$r_e = r_f + \beta_e \times (r_m - r_f) \tag{5-44}$$

$$\frac{D}{E} w_e = \frac{E}{E+D} w_d = \frac{D}{E+D} \tag{5-45}$$

其中，R 为折现率；$w_d = \frac{D}{E+D}$ 为评估对象的长期债务比率，$w_e = \frac{E}{E+D} w_d = \frac{D}{E+D}$ 为评估对象的权益资本比率；r_d 为所得税后的付息债务利率；r_e 为权益资本成本；r_f 为无风险报酬率；r_m 为市场预期报酬率；β_e 为评估对象权益资本的预期市场风险系数。

（3）期权执行价格 $\widetilde{K_0}$、$\widetilde{K_1}$、$\widetilde{K_2}$。实物期权中执行价格指为了执行期权项目而发生的投资成本，对 K_0、K_1、K_2 进行模糊化处理得到 $\widetilde{K_0}$、$\widetilde{K_1}$、$\widetilde{K_2}$ 的过程同样需要借助相关领域专家的意见。

（4）无风险利率 r。因为一般而言适用于实物期权的投资项目的期限都比较长，所以无风险利率用与标的资产的期限相匹配的国债收益率代替。

（5）复合实物期权各阶段期限 t。基于复合实物期权的项目投资决策过程中需要相关投资决策管理者对整个项目进行规划，例如，什么时候进行投资、分几个阶段进行投资、每次投资的规模都决定着这个项目进行过程中各个期权的有效期，从而影响整个复合实物期权的有效期限。在项目投资中，做出决策的最后期限就是期权的到期日，从决策之日起至此之前的时间就属于期权持有期。

（6）标的资产的价值漏损 δ。标的资产的价值漏洞即推迟项目的成本，延迟项目实施一年意味着创造现金流量的年份将被减少一年，假设现金流量在时间上均匀分布，期权的有效期为 n 年，可以把延迟项目的成本表示为 1/n。

（7）标的资产价值波动率 σ。标的资产的波动率 σ 对于复合实物期权最终价值的确定意义重大，可以利用历史数据波动率、投资项目价值的内在波动率、同行业上市公司股价的年化波动率等方法进行测定。波动率是对资产价值不确定性程度的度量，波动率越大，项目价值的增减幅度就越大。从统计的角度看，波动率可以看作是资产价值变动的标准差。

三、模糊复合实物期权在稀土资源投资决策中的一般应用框架

（1）设计项目投资价值评估框架。在进行对稀土资源投资计划的评估时，决策者首先要对项目的期权特性进行分析，明确实物期权投资决策方法与传统投资决策方法对项目评价结果的不同之处，如果针对同一投资项目，两种方法之间并没有多大差别，那么投资者更偏向于使用简单的投资决策模型来进行决策分析。

（2）选择适当的实物期权投资决策模型。完成上面的步骤（1）后，如果确定稀土资源投资决策使用的评估框架是实物期权方法，那么就要在（1）中分析的项目期权特性的基础上为该项目建立实物期权定价模型。在该步骤中，一般要合理地划分项目的投资阶段，确定阶段步长以及确定使用哪一种实物期权模型。

（3）确定相关参数。在该步骤中需要做的主要工作就是对模糊变量的测评，计算相关的参数取值。本书主要研究基于对标的资产价值和每阶段投资成本进行模糊化的基础上，使用 Geske 模型评估项目的投资价值。

（4）计算项目的投资价值。确定完稀土资源投资决策模型后，借助相关工具计算结果，本书借助的是 Matlab 软件。

（5）分析评价。综合分析所得结果，如果决策者很难根据计算结果做出有效决策，那么要考虑重新设计框架思路，或者增加其他的评价方法来协助做出有效决策。

第五节　模糊 Geske 模型的稀土资源投资决策方法的应用

一、项目背景材料

2011 年 10 月 27 日，原国土资源部和财政部与内蒙古矿业企业签署了关于建设示范基地的合作协议，正式启动了内蒙古白云鄂博稀土、铁及铌稀土

资源综合利用基地，对带动整个矿山综合利用水平的整体提高、推动内蒙古少数民族地区经济社会发展具有长久和深远的意义。尾矿资源中仍含有稀土、铌、硫、铁、萤石等具有价值的矿物元素，选铌系统处理来自上述的尾矿。白云鄂博矿富含铌、铁、萤石等宝贵资源，全力提升白云鄂博资源综合利用水平，大力发展包括稀土、铌、铁等在内以新能源、新材料为主的战略性新兴产业，积极开展资源综合利用及产业化已势在必行。白云鄂博矿中铌资源的储量达 660 万吨，工业储量为 157 万吨，铌分布于白云鄂博各个矿区。首先，由于白云鄂博矿具有杂、细等特点，大量的铌矿物存在于尾矿中，形成二次资源；其次，在白云鄂博矿中，发现大部分矿体中均不同程度地含有铌，它们大多以独立矿物存在，但各种铌矿物分散于不同类型的矿体中，相互包裹，嵌布复杂且粒度较细，白云鄂博含铌矿物有铌铁金红石、铌铁矿、易解石、铌钙矿、黄绿石等 20 余种，结构复杂，矿种繁多；最后，铌矿物主要分散在铌铁矿、铌钙矿、铌铁金红石、易解石和黄绿石 5 种矿物中，由于其比磁化系数、可浮性等物理化学性质不同，采用传统的选矿方法不能很好地分离，即可选性较差。

从现有的提铌技术中发现，从白云鄂博矿中直接提取铌是不可行的，只有在综合回收稀土、萤石、铁、硫的基础上回收铌才有价值。又由于白云鄂博铌矿物种类较多，性质差异较大，如果想要高效地回收铌资源，必须采取多种方法联合提铌。

本书以选铌系统为研究对象，对白云鄂博稀土资源尾矿综合回收项目进行投资决策分析。

二、项目阶段划分

第一阶段：选铌流程结构设计以及可行性分析。在选铌资源项目开始之前要进行相关的选铌系统工艺流程设计以及对其可行性进行分析，初步确定生产规模、产品方案以及工作制度等方面的情况。投资决策者在决定是否启动选铌项目时，需要获取预期产量、技术水平、项目实施场地预算和投资资本等方面的相关数据，利用科学的方法分析、判断此项目是否具有投资价值。

选铌项目的工艺流程设计以及可行性分析于 2017 年初开始，为期 2 年，于 2018 年底完成相关工作。

第二阶段：建设阶段。如果选铌流程结构设计合理并且可行，就可以进一步实施选铌项目，再进入下一个阶段之前需要进行大量的资金投入以建造各种生产、储藏、运输等设备，该阶段的投资需要最大。

选铌项目从 2019 年初开始进行建设，为期 3 年，于 2021 年底完成相关设备的购买以及安装。

第三阶段：生产阶段。通过建设完成阶段的结果分析选铌项目是否适合进行商业化生产，根据掌控的选铌项目实际情况和生产规模，遵循选铌项目最终产品为铁精矿（包括反浮精矿、正浮精矿）、稀土精矿、硫精矿、铌精矿和萤石精矿的生产工艺流程要求，制定合理的生产方案使此项目获得长期的经济效益。

假设在完成建设阶段后并没有立即进入生产阶段，而是计划延迟 2 年（2 年暂停期）再进行生产阶段的投资，即选铌项目从 2024 年初开始生产，为期 30 年，于 2053 年底项目结束。

三、模糊 Geske 决策模型的应用

1. 选铌项目特征

（1）决策高度不确定性。选铌项目投资决策过程中不确定性主要表现在以下三个方面：首先，选铌项目的原料是经过选铁系统铁反浮选与选稀土系统的尾矿，由于项目本身较新，不容易找到相关的数据以及经验作为参考；其次，由于选铌系统最终精矿产品为铁精矿（TFe 品位为 65.00%）、稀土精矿（品位为 50.00%）、硫精矿（品位为 40.00%）、萤石精矿（品位为 95.00%）和铌精矿（品位为 5.00%）五种产品，具体生产流程如图 5-8 所示，其中铁、稀土、萤石精矿的价格波动性较大，再加上技术不确定性、管理不确定性等因素存在，导致选铌项目存在很大的不确定性；最后，选铌项目的决策影响到多个部门和多方面的利益，稀土资源的综合利用项目也受到政府相关管理部门高度关注，对选铌项目产生了一定的约束，项目的投资价值不易确定易形成很高的项目风险。

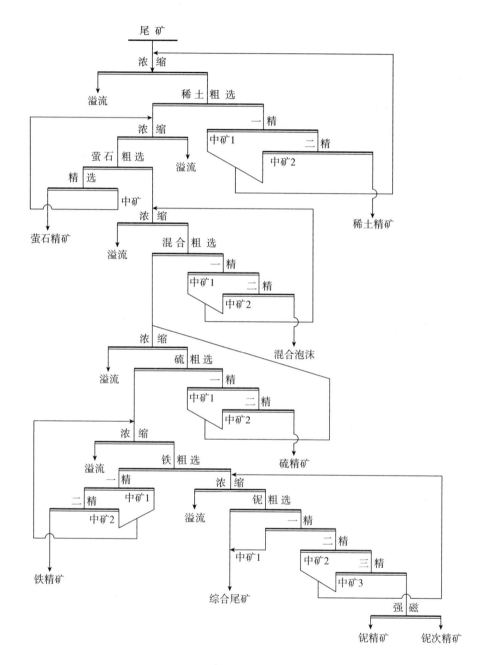

图 5-8 选铌综合回收工艺流程

（2）决策的动态多样性。选铌项目的投资决策不是静态的过程，项目投资决策者应该根据决策过程中不断变化的信息及时做出反应，不断地重新评价项目的投资价值以调整相应的决策战略，动态地反映投资项目的决策环境，尽量保证决策质量。

（3）决策的多阶段性。选铌项目持续时间较长，投资决策过程较为漫长，而且选铌系统的运行过程涉及多个生产部门，是一个复杂的大系统，为了将损失尽可能地控制在最低水平，决策者通常会采取阶段性的投资策略。

2. 基础数据确认

（1）销售收入。上文中已经提到，选铌项目的最终精矿产品为铁精矿（包括反浮精矿、正浮精矿）、稀土精矿、硫精矿、铌精矿和萤石精矿五种精矿，铁精矿、稀土精矿、硫精矿单价用近两年均价表示，萤石精矿、铌精矿单价用调研数据表示，年销售收入即为五种精矿销售收入加总。

假设产销一致，得出每年的销售收入如表5-1所示。

表5-1　销售收入估算

名称	品位（%）	单价（元/吨）	年产（销）量（万吨）	合计（万元）
铁精矿	65.00	530.00	34.55	18311.50
稀土精矿	50.00	19077.00	17.38	331558.30
硫精矿	40.00	380.00	4.86	1846.80
铌精矿	5.00	720.00	4.31	3103.20
萤石精矿	95.00	1020.00	40.74	41554.80
合计	—	—	—	396374.56

资料来源：笔者整理。

（2）投资估算。①固定资产及无形资产投资。在可行性分析阶段，项目投入资金95万元，在建设阶段，项目投入资金169877.68万元，其中固定资产投资144396.03万元，无形资产投资25481.65万元。假设资金分别在可行性分析阶段和建设阶段的起初投入，即2017年初投入资金95万元，2019年初投入资金169877.68万元。②流动资金估算。参考某有色金属生产企业近3年财务数据，计算的平均销售收入资金率为10.92%，采用扩大指标算法估算年流动资金：年流动资金=年销售收入×销售收入资金率=396374.56

万元×10.92%≈43284.10（万元）。其中：假设流动资本在每年的年初投入。

（3）成本费用估算。项目预期在 2024 年开始进入生产阶段，即正式运营阶段，选铌系统年处理来自选铁系统反浮选尾矿与选稀土的尾矿 386 万吨，每吨尾矿的生产成本如表 5-2 所示。

表 5-2　单位尾矿生产成本

项目		单位成本（元/天）
材料费	尾矿	265.00
	辅助材料费	131.82
	萤石精矿干燥及包装费	14.44
	燃料动力	54.74
工费	工人工资及附加	11.97
	制造费用	46.65
合计		524.62

资料来源：调研数据。

由以上数据得：成本费用合计 = 524.62 元/吨×386 万吨 = 202503.32 万元。

（4）税费。①资源税。根据相关资源税标准，确定该项目的资源税为 60 元/吨，选铌系统年处理来自选铁系统反浮选尾矿与选稀土的尾矿 386 万吨，则：资源税 = 386 万吨×60 元/吨 = 23160 万元。②增值税。根据项目相关财务数据分析，每单位的燃料动力费为 154.44 元，项目年处理尾矿 386 万吨，年销售额为 400298.4 万元，则应交增值税 = 销项税额 - 进项税额 = 400298.4 万元×17% - 154.44 元×386 万吨×17%≈57916.38 万元。③城建税及教育税附加。城市维护建设税以及教育税附加均是以应交增值税税额为基础的，本项目中城市维护建设税适用税率为 7%，教育税附加适用税率为 3%，则：城建税及附加税额 = 应交增值税税额×（3% + 7%）= 57916.38 万元×10%≈5791.64 万元。④所得税。根据相关税法，可知项目所得税纳税税率为 25%，则应交所得税 = （主营业务收入 - 主营业务成本 - 主营业务税金）×25% = （400298.4 万元 - 202499.46 万元 - 23160 万元 - 5791.64 万元）×25%≈

42211.83 万元。根据以上数据计算所得，该项目每年税费为 129079.85 万元。

（5）更新改造资金及资产残值回收。经过调研，在项目有效期内需投入更新改造资金 18322.29 万元，其中分别在 2033 年投入 4472.02 万元、2043 年投入 9786.84 万元、2053 年投入 4063.43 万元。

（6）回收资产残值。经过调研，在项目有效期内共回收资产残值 13327.52 万元，其中分别在 2033 年回收 7027.30 万元、2053 年回收 6300.22 万元。

（7）回收流动资金。在项目结束时回收流动资金 30963.31 万元。

（8）折现率 R。根据第四节中讲述的求折现率的方法并结合收集到的相关数据，求得折现率 R，如表 5-3 所示。

表 5-3　折现率 R 求解

参数名称	参照标准	评估值
债务税前筹资成本	长期贷款利率	6.55%
无风险报酬率	长期国债到期利率	3.90%
市场平均风险溢价	沪深 300 前十年年化收益率	6.44%
β_e 值	行业标准	1.1130
权益资本成本	行业加权平均资本结构	11.06%
企业资本结构		60.68%
长期债务比率		37.83%
权益资本比率		62.17%
折现率 R		9.35%

资料来源：笔者整理。

利用上述基础数据统计的相关参数计算出项目运行期现金流入及现金流出量，最后得出净现金流量，具体数据如表 5-4 所示。

表5-4 现金流量

单位：百万元

项目名称	可行性分析阶段 2017~2018年	建设阶段 2019~2021年	生产阶段 2022~2032年	2033年	2034~2042年	2043年	2044~2052年	2053年
1. 现金流入			3963.7456	4034.0186	3963.7456	3963.7456	3963.7456	4336.3809
销售收入			3963.7456	3963.7456	3963.7456	3963.7456	3963.7456	3963.7456
回收资产残值				70.273				63.0022
回收流动资金								30963.3100
2. 现金流出	0.95	1698.7768	3858.1974	3902.9176	3858.1974	3956.0658	3872.6724	3998.8317
固定资产投资		1443.9603						
更新改造资金				44.7202		97.8684		40.6343
无形资产投资	0.95	254.8165						
流动资金			432.8410	432.8410	432.8410	43208410	432.8410	432.8410
经营成本			2024.9946	2024.9946	2024.9946	2024.9946	2024.9946	2024.9946
增值税			579.1638	579.1638	579.1638	579.1638	579.1638	579.1638
营业税金及附加			289.5164	289.5164	289.5164	289.5164	289.5164	289.5164
所得税			422.1183	422.1183	422.1183	422.1183	422.1183	422.1183
3. 净现金流量	-0.95	1698.7768	215.1115	24066.43	215.1115	117.2431	91.0732	447.1125

资料来源：笔者整理。

根据表 5-4 财务数据计算得：该项目的净现值 NPV = -0.1428 百万元。

3. 选铌项目投资决策分析

（1）相关参数的确定。在利用上述模型进行具体的计算之前，需要确定投资决策模型中的有关参数，计算期权价值所需要的主要参数为标的资产的价值，期权执行价格、无风险利率 r，每阶段期权持有期 t_1、t_2、t_3，标的资产的价值漏损和标的资产价值波动率 σ。①标的资产的价值。根据表 5-4 相关数据以及折现率计算标的资产价值最可能的值为：$S_0 = \sum_{t=6}^{n} \dfrac{S_t}{(1+R)^t} =$ 39678.73 百万元。根据调研相关参考数据，S_0 最可能的区间为 [38578.73，40778.73]，S_0 左右扩展值取最可能值的 25%，得出 S_0 = [38578.73，40778.73，9900，9900]。②期权执行价格。根据表 5-4 相关数据以及折现率计算期权执行价格最可能的值为：$K_2 = \sum_{t=6}^{n} \dfrac{K^t}{(1+R)^t} = 37716.14$ 百万元。根据调研相关参考数据，K_2 最可能的区间为 [36716.14，38716.14]，K_2 左右扩展值取最可能值的 20%，得出 K_2 = [36716.14，38716.14，7700，7700]，K_0、K_1 左右扩展值取最可能值的 10%，即 K_0 = [0.90，1.00，0.06，0.06]，K_1 = [1588.78，1800.78，170，170]。以上四个模糊数具体情况如表 5-5 所示。③复合实物期权各阶段期限 t。可行性分析阶段期权期限为 2 年，建设阶段期权期限为 3 年，生产阶段期权期限为 30 年。④无风险利率 r。白云鄂博矿产资源尾矿综合利用回收项目为期 35 年，所以选取 2006 ~ 2016 年发行的与 35 年最接近的 30 年期国债利率如表 5-6 所示。2006 ~ 2016 年发行的 30 年期国债利率平均值：[（3.52%+3.27%）/2+（4.50%+3.91%）/2+（4.02%+4.18%）/2+4.30%+3.52%]/5 = 3.90%。⑤标的资产的价值漏损。假设项目在 2021 年完成建设阶段后，并没有立即进行生产，而是 2 年后即 2024 年才开始进行生产，由上文知项目存续期为 35 年，则：标的资产的价值漏损 δ。⑥波动率 σ。根据项目收益变化的波动率 σ 计算公式得：$\sigma = \sqrt{\mathrm{Var}(\breve{S}_0)/\mathrm{E}(\breve{S}_0)} = 0.1674$。

表 5-5　相关参数的模糊数数据　　　　　　单位：百万元

参数	最可能值	最可能区间	左扩展值	右扩展值
S_0	39678.73	[38578.73，40778.73]	9900	9900
K_0	0.95	[0.90，1.00]	0.06	0.06
K_1	1698.78	[1588.78，1800.78]	170	170
K_2	37716.14	[36716.14，38716.14]	7700	7700

表 5-6　30 年期国债利率

发行时间	利率（%）
2006-04-25	3.52
2006-08-22	3.27
2008-05-08	4.50
2008-10-23	3.91
2009-04-09	4.02
2009-10-23	4.18
2014-10-27	4.30
2016-04-25	3.52

资料来源：和讯网的统计资料。

（2）选铌项目的期权价值。假设水平截集 $\lambda=0.8$，则：

$S_{0\lambda}=[\underline{S_{0\lambda}}，\overline{S_{0\lambda}}]=[(1-0.5\lambda)S_{01}-(1-\lambda)\alpha+0.5\lambda S_{02}，(1-0.5\lambda)S_{02}+(1-\lambda)\beta+0.5\lambda S_{01}]=[36678.73，42678.73]$

同理计算可得：$K_{1\lambda}=[\underline{K_{1\lambda}}，\overline{K_{1\lambda}}]=[1639.58，1749.78]$；$K_{2\lambda}=[\underline{K_{2\lambda}}，\overline{K_{2\lambda}}]=[36007.54，39424.74]$。

根据式（5-21）计算得：$E(\widetilde{S}_0)=\dfrac{a+b}{2}+\dfrac{\beta-\alpha}{6}=39678.73$ 百万元。$E(\widetilde{K}_1)=$ 1698.78 百万元；$E(\widetilde{K}_2)=37716.14$ 百万元。根据式（5-38）和式（5-39）计算得：$\rho=0.8168$，$\sigma=0.1674$。结合式（5-41），利用 Matlab 软件编程计

算，可得 $S^* = 36787.00$ 百万元；结合式（5-42）和式（5-43），进一步得出相关参数的模糊数数据，如表5-7所示。

表5-7 相关参数的模糊数数据

	a_1	a_2	b_1	b_2	C（百万元）
模糊下限	-0.0377	-0.2744	-0.2799	-0.5698	1327.20
模糊上限	0.6023	0.3656	0.5553	0.2654	5011.60

由表5-7可得，选铌项目期权价值的模糊区间为 $\tilde{C}=$ [1327.20，5011.60]。根据梯形模糊数的相关理论，水平截集 $\lambda=0.8$，该项目的实物期权价值大约在 [1327.20，5011.60]（百万元）之间。

用基于梯形模糊的复合实物期权的稀土资源投资方法进行项目投资价值以及投资决策分析过程：①传统投资决策方法（NPV）与基于模糊复合实物期权的投资决策方法建立在同样的现金流量假设之上，但是前者计算结果小于零，可能会使决策者放弃投资，而模糊复合实物期权投资决策方法对于项目投资价值的计算过程考虑了潜在投资机会以及管理柔性的价值，使计算结果更加客观，对于该项目投资价值为 [1327.05，5011.45]（百万元），远大于0，投资者会选择投资。②可以求得第一个期权被交割时项目的临界值 $S^* =$ 36787.00 百万元，如果项目投资者在第一阶段的投资达到了预期的 36787.00 百万元，那么投资者将会在 2019 年进行第一个期权的交割，进而获得 2022 年进入第三阶段的权利，即获得第二个期权，如果项目投资者在第一阶段的投资未达到预期的 36787.00 百万元，则投资者可能选择采取观望的态度继续收集相关信息，或者选择缩小投资规模，甚至可能选择直接放弃投资。③由①可知，选铌项目的投资价值为一个区间，可以反映该项目存在着很大的升值空间，能够充分调动投资者的积极性，利用其管理柔性使项目价值达到最大。

由以上分析得出，由于稀土资源项目生命周期较长，需要根据项目的进展分成多阶段决策而不是一次性决策，同时在市场上，投资项目一般没有可供参考的项目，这样一来相关参数就难以用精确数据来描述。而利用模糊复合实物期权方法，一方面可以做到分阶段决策来降低决策风险，另一方面克服了决策者根据掌握的知识和经验将投资决策模型中相关参数进行准确化评估这一弊端。因此，本书基于模糊数学理论构建的复合实物期权投资决策模型能够更加全面地体现项目投资决策过程中的灵活性以及管理柔性，优化项目投资决策方案。

4. 不同水平截集 λ 下的选铌项目的期权价值及决策分析

本书计算的是水平截集 λ 分别取 0.2、0.5、0.8 和 1.0 时的模糊实物期权价值，具体如表 5-8 所示。

表 5-8 不同水平截集 λ 下的实物期权价值   单位：百万元

λ	S_0	K_1	K_2	C
0.2	[27678.73，51678.73]	[1473.98，1915.58]	[31457.82，45537.82]	[-24.41，14900.00]
0.5	[32178.73，47178.73]	[1556.78，1832.78]	[33444.64，41987.64]	[228.59，9462.80]
0.8	[36678.73，42678.73]	[1639.58，1749.58]	[36007.54，39424.74]	[1327.20，5011.60]
1.0	[38578.73，40778.73]	[1588.78，1800.78]	[36716.14，38716.14]	[2049.40，3735.80]

由表 5-8 可以看出，水平截集 λ 取值越大，参数的模糊性越低，实物期权价值的范围越小，项目的不确定性越低，说明了投资者对项目的把握程度越高，表示其对于项目未来情况持较为乐观的态度，认为该项目在运行过程中存在较低的风险；相反，水平截集 λ 取值越小，参数的模糊性越高，实物期权的价值范围越大，表明了投资者对项目的把握程度越低，表示其对于项目未来情况不太乐观，认为该项目在运行过程中存在较高的风险。通过上述分析可知，水平截集 λ 的引入从某种意义上说，弥补了 Geske 复合实物期权模型风险中性的缺点，进一步优化了基于模糊数学的复合实物期权投资价值分析模型，使对项目投资持不同态度的决策者对投资的范围有所把握，便于决策者进行科学决策。

四、小结

本章首先从相关理论基础方面分析了稀土资源投资价值的构成、传统的稀土资源投资决策方法及单一阶段实物期权方法的不足和缺陷，引出复合实物期权相关理论；其次分析稀土资源投资决策自身特点，结合模糊数学理论，建立了基于模糊数学的复合实物期权的稀土资源投资决策模型；最后将建立的矿产资源投资决策模型应用到白云鄂博矿产资源尾矿选铌项目中，通过对涉及的相关参数以及决策者态度对某些参数取值范围影响的分析，对建立的模型进行探索性研究，结果显示引入模糊的复合实物期权投资决策模型能够更全面、客观地反映出选铌项目运行过程中的不确定因素、项目未来现金流量现值的取值范围以及投资成本取值范围带来的管理弹性等问题，考虑到了阶段性投资决策的特点，为投资者提供了更为准确的数据基础。基于上述研究，本书研究结果及结论主要有以下四点：

第一，传统投资决策方法（NPV）与实物期权投资决策方法建立在同样的现金流量假设之上，但是实物期权方法更有利于测定项目中不确定性带来的投资价值，克服了传统投资决策方法的刚性，在很大程度上影响了投资者对项目投资决策的结果。

第二，相对于单一实物期权而言，复合实物期权投资决策方法充分体现了矿产资源项目投资决策的多阶段性影响以及挖掘了项目的战略柔性价值，充分考虑了矿产资源投资过程中的不确定性和灵活性，全面、客观地评估出项目的真实投资价值，同时利用复合实物期权方法进行决策分析，投资者可以及时把握住能够获益的潜在投资机会，相应做出有利于企业的投资决策。

第三，引入模糊数学理论，对于那些难以用精确数据来描述的未知参数，例如，项目期望收益和各阶段投资成本进行模糊化处理，使得项目的投资价值在一定的波动范围之内，为项目投资决策提供一个较科学、合理的项目投资价值，使企业衡量的项目投资效益更符合实际，也更具科学性。

第四，基于模糊的复合实物期权投资决策模型在原来的基础上引入水平截集的概念，将项目的投资决策分析与项目的投资价值评估有机地结合在一起，表现在面对项目的决策时，不同的个人风险偏好以及对项目理解不同时，投资者对项目决策变量的考虑不同，水平截集 λ 的引入充分考虑到了这一点，弥补了传统 Geske 复合实物期权模型的风险中性假设，为项目管理者灵活决策提供参考。

参考文献

［1］ Geske R. The Valuation of Compound Options ［J］. Journal of Financial Economics, 1979 (7): 63-88.

［2］ Elettra A. , Rossella A. A Generalization of the Geske Formula for Compound Options ［J］. Mathematical Social Sciences, 2003, 45 (1): 75-82.

［3］ Buraschi A. , Dumas B. The Forward Valuations of Compound Options ［J］. Journal of Derivatives, 2001, 9 (1): 8-17.

［4］ Li Ronghua, Dai Yonghong, Chang Qin. Compound Options with Time-dependent Parameters ［J］. Chinese Journal of Engineering Mathematics, 2005, 25 (4): 692-696.

［5］ Warren James. Discrete Time Modeling of Meanreverting Stochastic Processes for Real Option Valuation ［J］. European Journal of Operational Research, 2008 (184): 534-548.

［6］ Ying Fan, Lei Zhu. A Real Option Based Model and its Application to China's Overseas Oil Investment Decision ［J］. Energy Economics, 2010 (32): 627-637.

［7］ Cherubim U. , Luciano E. Bivariate Option Pricing with Copulas ［J］. Applied Mathematical Finance, 2002, 9 (2): 69-85.

［8］ Yao-Wen Hsu. Staging of Venture Capital Investment: A Real Options Analysis ［J］. Small Business Economics, 2010, 35 (3): 265-281.

［9］ Lingwei Jiang, Huixia Zou, Yuanlin Wang. Risk Management of Development Finance Based on Compound Real Options ［C］. 2012 International Conference on Technology and Management (ICTAM 2012). Jeju-Island, Korea, The Fundamental Research Funds for the Central Universitie Press, 2012: 9-13.

［10］ Alexander Baranov, Elena Muzyko. Valuation of Compound Real Options for Investments in Innovative Projects in Pharmaceutical Industry ［J］. Science Direct, 2015 (27): 116-125.

［11］ Marta Biancardi, Giovanni Villani. A Fuzzy Approach for R&D Compound Option Valuation［J］. Science Direct，2017（310）：108-121.

[12] 龚朴，何志伟. 变波动率多期复合实物期权定价模型及应用[J]. 管理工程学报，2006，22（2）：46-51.

[13] 王献东，杜学樵. 跳扩散模型下的复合期权定价[J]. 数学的实践与认识，2009，39（14）：5-11.

[14] 吴金美，金治明，凌晓冬. 风险投资的多阶段复合实物期权定价方法[J]. 数学的实践与认识，2010，40（9）：31-36.

[15] 赵振武，鲁春晓. 风险投资项目价值评估的多阶段复合实物期权模型[J]. 系统管理学报，2011，20（1）：104-108.

[16] 梁红枫，汤灿琴，任英. 更新跳跃—扩散过程下的复合期权定价[J]. 经济数学，2011，28（1）：24-27.

[17] 任培民，赵树然. 基于美式期权模拟的复合实物期权仿真定价研究[J]. 系统科学与数学，2013，33（3）：285-296.

[18] 王艳培，刘继春. 多个资产期权的泡沫和 Black-Scholes 方程[J]. 厦门大学学报，2014，53（6）：769-773.

[19] 梁朝晖，王巍，李树生. 基于距匹配、多标的实物期权估值方法研究[J]. 数学的实践与认识，2012，42（16）：70-78.

[20] 张怡. 基于 Geske 复合实物期权模型的电网建设项目投资决策分析[J]. 华东电力，2012，40（12）：2122-2126.

[21] 章恒全，蒋艳红. 复合实物期权在风电项目投资评估中的应用[J]. 工程管理学报，2013，27（2）：26-30.

[22] 赵晓军. 二阶段期权博弈在 R&D 项目中的评价应用[J]. 方法应用，2014，27（6）：67-69.

[23] 刘凤琴，聂志平，刘利莉. 复合实物期权视角的企业 R&D 项目评价模拟计算[J]. 企业管理，2016，23（2）：166-170.

[24] 黄生权，胡玮祺. 多阶段人力资本投资：基于复合实物期权理论[J]. 中国人力资源开发，2017（2）：130-136.

[25] 周铭宇，张云平. 基于模糊复合实物期权的企业重大持续改进项目估值研究[J]. 昆明理工大学学报（社会科学版），2014（10）：83-89.

附录 A   求解 S* 的 Matlab 程序

```
syms s;
t1 = input('输入 t1 的值:');
t2 = input('输入 t2 的值:');
sigma = input('输入 sigma 的值:');
delta = input('输入 delta 的值:');
r = input('输入 r 的值:');
k1 = input('输入 k1 的值:');
k2 = input('输入 k2 的值:');
m1 = (log(s/k2)+(r-delta+sigma^2/2) * (t2-t1))/(sigma * sqrt(t2-t1));
m2 = m1-(sigma * sqrt(t2-t1));
N1 = (erf((2^(1/2) * m1)/2)+ 1)/2;
N2 = (erf((2^(1/2) * m2)/2)+ 1)/2;
f = s * exp(-delta * (t2-t1)) * N1 - k2 * exp(-r * (t2-t1)) * N2-k1;
fzero(inline(char(f)),30000)
ezplot(f,[20000,40000]);
grid;
```

附录 B   求解复合实物期权价值的 Matlab 程序

```
syms x y
s1 = input('输入 s1 的值:');
k1 = input('输入 k1 的值:');
k2 = input('输入 k2 的值:');
r = input('输入 r 的值:');
```

```
delta = input('输入 delta 的值');
p = input('输入 p 的值:');
a1 = input('输入 a1 的值;');
b1 = input('输入 b1 的值;');
a2 = input('输入 a2 的值;');
b2 = input('输入 b2 的值;');
t1 = input('输入 t1 的值:');
t2 = input('输入 t2 的值');
f = exp(-(x^2-2*p*x*y+y^2)/(2*(1-p^2)))/(2*pi*sqrt(1-p^2));
n1 = int(int(f,x,-inf,a1),y,-inf,b1)
n2 = int(int(f,x,-inf,a2),y,-inf,b2)
c = s1*exp(-delta*t2)*n1-k2*exp(-r*t2)*n2-k1*exp(-r*t1)*
normcdf(a2)

double(c)
```

共伴生稀土资源的投资决策

第一节　动态规划相关理论

一、随机过程和伊藤引理

实物期权模型建立在期权模型基础之上，在动态规划实物期权定价模型中往往要用到随机过程和伊藤引理相关理论，为此对这一相关理论进行简单论述。

1. 随机过程

假设原生资产（项目总值）服从于随机过程，即它们的价值随着时间的推移以不确定的方式发生变化。随机过程可能是"间断时间型"或是"连续时间型"。其中，一种特别类型的随机过程是 Markov 过程，即只有过程的现行状态（现行价格）与预测未来有关；过程的历史则不会对预测未来产生影响。这一点符合"有效市场假说"的弱形式。Markov 过程的一种特殊类型是 Wiener 过程，它在物理学中一直被用于描述粒子之间的相互碰撞。Wiener 过程（又称为布朗运动）是一个连续时间过程。通过适当的变换，Wiener 过程可以用作对时间连续变化的一大批相当广泛的随机变量建模的基石。

假设 $z(t)$ 服从 Wiener 过程，在极短时间区间 Δt 上 z 的任何变化都记为 Δz，它满足下列条件：

（1）$\Delta z = \varepsilon_t \sqrt{\Delta t}$。式中，$\varepsilon_t$ 为均值为 0、标准差为 1 的正态分布的随机变量。

（2）随机变量 ε_t 是序列不相关的，令 $\Delta t \to 0$，维纳过程在时间区间无穷小时的增量 dz 可表示为 $dz = \varepsilon_t \sqrt{dt}$。因 ε_t 服从 $N(0, 1)$，故 $E(dz) = 0$，$Var(dz) = E[(dz)^2] = dt$。注意到在普通微积分的意义下，维纳过程是不能对时间求导的。对维纳过程 $dz = \varepsilon_t \sqrt{dt}$ 最简单地推广就是带漂移的布朗运动：$dS = \alpha dt + \sigma dz$。其中，dz 为前面定义过的维纳过程增量；$\alpha$ 为漂移参数，σ 为方差参数。注意，在任何时间区间上 Δt，s 的变化表示为 Δs，服从均值为 $E(\Delta s) = \alpha \Delta t$，方差为 $Var(s) = \sigma^2 \Delta t$ 的正态分布。更具一般意义的 Wiener 过程是几何布朗运动：$dS = \alpha S dt + \sigma S dz$，或者 $\dfrac{dS}{S} = \alpha dt + \sigma dz$。这样 S 的变化率 $\Delta S / S$ 服从正态分布。因此 S 的绝对变化 ΔS 服从对数正态分布。而原生资产如股票的股价波动大致呈现出对数正态分布，因此，股票价格的绝对变化服从几何布朗运动。

2. 伊藤引理

伊藤过程可以用来表示项目价值、产出价格、投入成本，以及其他随时间推移随机的变动并影响投资决策的变量的动态变化过程。

这些过程在通常的意义下不能对时间求导，即我们不能用普通微积分的计算规则进行计算，而只能采用伊藤引理。

伊藤过程：$dx = a(x, t)dt + b(x, t)dz$。dz 即为维纳过程增量；$a(x, t)$ 和 $b(x, t)$ 分别为漂移参数和方差参数，两者都是已知的（非随机的）函数。式中所示的连续时间随机过程 x(t) 称为伊藤过程。考虑伊藤过程增量的均值与方差，$E(dx) = a(x, t)dt$，$Var(dx) = b^2(x, t)dt$。我们将 $a(x, t)$ 看作伊藤过程的瞬时期望漂移率，而将 $b^2(x, t)$ 看作方差的瞬间变动率。

将伊藤引理看作一种泰勒展开式，假设 x 服从上述伊藤过程，考虑函数 F(x,t) 对 x 至少是二阶可微的，对 t 为一阶可微。该函数的全微分 $dF = F_x(x, t)dx + F_t(x, t)dt + 1/2 F_{xx}(x, t)(dx)^2 + 1/6 F_{xxx}(x, t)(dx)^3 + \cdots$。这里用 $F_x(x,t)$ 表示函数 F(x, t) 对 x 求导，$F_t(x, t)$ 表示对 t 求导，$F_{xx}(x, t)$ 表示对 x 求二阶导。忽略 dt 的高阶无穷小，得到 $dF = F_x(x, t)dx + F_t(x, t)dt + 1/2 F_{xx}(x, t)(dx)^2$。将 $dx = a(x, t)dt + b(x, t)dz$ 代入上式，重新记为 $dF = [F_t(x, t) + a(x, t)F_x(x, t) + 1/2 b^2(x, t)F_{xx}(x, t)]dt + b(x, t)F_x(x, t)dz$。

其中，$b(x，t)F_x(x，t)dz$ 为 Δt 的高阶无穷小。

二、动态规划法模型推导

时间对投资决策很重要，企业今天的投资支出将产生一个未来的现金流，当前决策的结果要建立在未来预测基础之上，而这种思想就是动态规划法的核心。它将整个决策过程分为两个部分，即期决策和评价函数。评价函数是指基于即期决策的条件去评价所有后续决策的结果。

企业的投资机会等同于永久性看涨期权，以预先指定的价格购买股票的权利而不是义务。投资决策可以看作是期权定价问题。另外，它还可以被看作是动态规划问题。将这两者结合，首先利用动态规划，其次利用期权定价方法。以 $F(V)$ 表示投资机会价值（即投资期权价值），通过动态规划法找出使其最大化的投资决策。

1. 离散时间模型推导

我们将整个决策过程分为两个部分，即时选择和后续选择。企业当前状态用状态变量 x 来表示，它将影响企业的决策以及扩张机会。在任何时间 t，变量 x_t 的取值已知，但未来取值 x_{t+1}、x_{t+2}、x_{t+3} 为随机变量。假设过程 $\{x_t\}$ 为 Markov 过程，控制变量 u 表示决策选择。假设当前时刻为 t，状态为 x_t，用 $F_t(x_t)$ 表示企业当前最优地做出全部决策的结果，如图 6-1 所示。

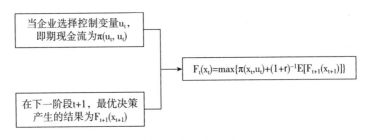

图 6-1　贝尔曼方程

图 6-1 中的方程为贝尔曼方程，式中右边第一项为即期收益，第二项为连续价值，该阶段的最优决策是使这两项之和最大化的决策。

如果多阶段模型具有固定的有限期界 T，那么从最后一个时刻逆序进行分析。在最后 T 时刻，项目最终回报。则在此阶段的前一阶段 T-1，有

$$F_{T-1}(x_{T-1}) = \max\{\pi(x_{T-1},\ u_{T-1}) + (1+\rho)^{-1}E_{T-1}[\Omega_T(x_T)]\}。$$

故可知在 T−1 期的价值函数。接着可以求出 u_{T-2} 的最大化问题,并导出价值函数 $F_{T-2}(x_{T-2})$,依次类推,这样可以保证每个阶段都是最优的。

如果多阶段模型没有固定的有限时间期界,就没有最后价值函数,对任何时间 t 的贝尔曼方程变为 $F(x_t) = \max\{\pi(x_t,\ u_t) + (1+\rho)^{-1}E_{T-1}[F(x_{t+1})]\}$,因 x_t 和 x_{t+1} 可能是任何状态,将它们记成一般形式 x 和 x′。则对任意的 x,有 $F(x) = \max\{\pi(x,\ u) + (1+\rho)^{-1}E[F(x')\mid x,\ u]\}$。式中的期望是在已知当前阶段的 x 和 u 的条件下求得的。

2. 连续时间模型推导

假设状态变量 x 的变动增量满足伊藤过程:$dx = a(x,\ t)dt + b(x,\ t)dz$。假设每个阶段的时间长度为 Δt,当 $\Delta t \to 0$ 时,即为时间连续状态。记 $\pi(x,\ u,\ t)$ 为单位时间的利润率,ρ 为单位时间的贴现率。贝尔曼方程变为 $F(x,\ t) = \max\{\pi(x,\ u,\ t)\Delta t + (1+\rho\Delta t)^{-1}E[F(x',\ t+\Delta t)\mid x,\ u]\}$,两边同乘以 $(1+\rho\Delta t)$,整理得 $\rho\Delta t F(x,\ t) = \max\{\pi(x,\ u,\ t)\Delta t(1+\rho\Delta t) + E[F(x',\ t+\Delta t) - F(x,\ t)]\} = \max\{\pi(x,\ u,\ t)\Delta t(1+\rho\Delta t) + E[\Delta F]\}$。两边同除以 Δt,并令 $\Delta t \to 0$,可得 $\rho F(x,\ t) = \max\{\pi(x,\ u,\ t) + E[dF]/dt\}$。假设时间期界是无穷的,并将伊藤引理 dF 表达式代入上式,得到 $\rho F(x) = \max\{\pi(x,\ u) + a(x,\ u)F_x(x) + 1/2b^2(x,\ u)F_{xx}(x)\}$。

考虑最优停止和平滑粘贴,投资决策可表示为这种形式"继续"意味着等待,这时利润流为零,"终止"表示投资,并且终止的回报等于项目的未来回报减去其投资成本的期望现值。最优停止的贝尔曼方程变为 $F(x,\ t) = \max\{\Omega(x,\ t),\ \pi(x,\ t)。\Delta t + (1+\rho\Delta t)^{-1}E[F(x',\ t+\Delta t)\mid x]\}$。在连续区域中,右边第二项较大。根据伊藤引理将上式展开并化简,得到关于价值函数的偏微分方程:$1/2b^2(x,\ t)F_{xx}(x,\ t) + a(x,\ t)F_x(x,\ t) - \rho F(x,\ t) + \pi(x,\ t) = 0$。在满足最优停止和平滑粘贴条件时,对偏微分方程求解,即求解原函数 $F(x,\ t)$,进而求出 $F(x,\ t)$ 的最优解。

第二节　共伴生矿动态规划模型的构建

在面临投资环境中的种种不确定性时，矿产企业如何做出是否投资共伴生矿产资源开发项目的决策？本书构建基于实物期权的投资决策模型，将对此问题进行回答。

本书研究的投资对象是共伴生矿，假设 V 为投资项目价值，投资期权价值 F(V) 是投资项目未来现金流预期现值的最大值，也是本书中进行研究的投资机会价值（即实物期权价值），它是站在 t 时刻（此时价值为 V）来看未来现金流的预期现值。假设在 t 时刻，投资的价值 V−I>F(V) 时，即 V>F(V)+I 表明应该进行投资而不是等待，所以关键任务是寻找投资的临界值 V* = F(V*)+I。由于 V 是随机变化的，无法确定投资时间 t，但可以通过投资临界值 V* 来确定投资时机，一旦 V≥V*，投资就是最优的决策。

对于实物期权值的求解，应该遵循金融期权定价原理，寻找求解方法。在期权定价中，如果不建立原生资产价格运行模型，对于期权定价的讨论只可能是定性的，无法定量，因此必须要进一步给出原生资产价格演化的具体模型。期权的定价取决于原生资产价格的变化。

这里 F(S, t) 是一个确定的二元函数，通过建立偏微分方程模型可以确定这个函数。将这种期权定价原理推广到实物期权定价方法中，即通过建立微分方程求解原函数。

根据上一节对动态规划法的分析，可知该方法可以解决微分方程求原函数和最优投资临界值 V* 问题，然而这种方法分析研究的往往是只生产一种矿物资产的投资项目。本书研究的共伴生矿投资项目是同时开采多种矿物资产的投资项目，因此需要先对多种资产进行整合，将其整合成一个资产，然后结合动态规划法构建投资决策模型。

一、共伴生矿综合利用项目投资价值分析

在传统投资决策方法下，一个投资项目的价值是投资收益减去投资成本

后的净现值，这种直观分析为实物期权决策分析方法奠定了基础。矿产资源开发项目的价值受到矿产品价格、开发成本、折现率等因素的影响，管理者可以根据这些不确定性因素的变化对投资项目进行投资管理，即拥有开发项目管理的灵活性。这种管理灵活性即是管理者所拥有的期权，它会增加项目价值。这也正是实物期权计算方法与 NPV 的主要区别。

（一）共伴生矿综合利用项目实施阶段的划分

共伴生矿综合利用项目可以分为三个阶段：勘探阶段、开发阶段和生产阶段。

（1）勘探阶段：通过各种手段、方法对地质进行勘查、探测，查明矿藏分布情况，测定矿体的位置、形状、成矿规律、地质构造等情况，寻找有开采价值的矿床。

（2）开发阶段：在获取勘探结果后进行投资的阶段，是将已探明储量转化为可开发储量的过程。企业在该阶段投入大量资金和人力、物力进行基础设施建设，购置矿产资源采掘设备及其他配套设施。开发阶段和勘探阶段都是前期准备阶段，只是这两个投资并没有产生收益，故也被称为投资阶段。

（3）生产阶段：矿产企业投资项目的最后一个阶段，该阶段是将前期投资转化为生产能力的过程。在这一阶段对共伴生矿进行开采，进一步采用工艺流程对共伴生矿进行提取分离，转换成单独矿产品。企业将开发出来的矿产品销售出去获取收益，为投资者带来利润。

（二）共伴生矿综合利用项目特点分析

共伴生矿综合利用项目具有投资大、不确定性大、投资不可逆和投资可延迟等特点。投资项目的价值受到矿产品价格、成本、市场利率、生产技术等多种不确定性因素的影响。共伴生矿综合利用项目产出多种矿产品，在对其进行投资分析时要考虑多种矿产品价格变化的影响，矿产品价格是项目收益的主要来源，价格受市场影响，具有较高的不确定性。在充满不确定性以及相互竞争作用的投资环境中，管理者拥有了各种管理灵活性，在共伴生矿产品价值上升时进行投资，在价值下跌时选择等待；在没有掌握相关技术之前选择等待或试点投资；在市场前景不被看好时，选择收缩或放弃投资等。这些选择权类似于期权，投资者拥有这种权利，可以行使也可以不行使这种权利，这些期权就是实物期权，投资者拥有的这些实物期权可以增加项目的价值。那么何时这种管理灵活性的价值最大呢？本书运用动态规划模型寻找最优投资时机。

根据上述特点进行分析：一方面，共伴生矿综合利用项目是一个投资组合问题，是对多种资源的综合利用；另一方面，针对投资过程中的不确定性和管理灵活性问题，将其转化为期权问题，而且动态规划模型能够将这种不确定性融入到模型中，通过微分方程求解，寻找最优投资时机。

二、共伴生矿综合利用项目评价模型

本书采用投资组合和动态规划微分方程构建定价模型，构建模型步骤如下：

第一步：运用投资组合理论，将多种资产价格拟合成一种资产，进而确定拟合资产价格的期望和方差。

第二步：通过动态规划微分方程分别构建期权价值和投资项目价值的微分方程，运用寻找原函数的方法，求得期权价值和投资项目价值的函数表达式。

第三步：将第一步中拟合资产的期望和方差代入第二步的期权和投资项目函数表达式，进而求出投资项目临界值。

（一）基本假设

（1）开发项目中每种矿产资源价格均服从几何布朗运动，除价格为随机变量外，其他参数假设为常数。将矿产品价格 P 定义为服从几何布朗运动变化：$dP = \alpha Pdt + \sigma Pdz$，其中，$\alpha$ 为价格 P 的瞬时期望报酬率（漂移参数），σ 为价格 P 的瞬时标准差（方差参数），dz 为维纳过程增量。

（2）投资者对开发项目要求的回报率为无风险利率，满足风险中性定理。

（3）用加权几何平均数来近似加权算数平均数，两者之间差异不影响投资决策。

（二）模型参数分析

1. 每种矿产资源价格波动率 σ_i

价格波动率是模型中的一个重要影响参数，对其估算方法有历史波动率法、预测波动率法和隐含波动率法。历史波动率是指投资回报率在过去一段时间内表现出的波动率，它由过去一段时间标的资产市场价格的历史数据（即 S_i 的时间序列资料）反映。预测波动率是指运用统计推断方法对实际波动率进行预测得到的结果。隐含波动率是指采用倒推的方法，在基本模型中代入已知参数，倒推出波动率。

历史波动率的求解方法包括：百分比法和对数价格法。本书采用对数价格法求资产价格波动率。

①百分比法：$X = P_{i+1}/P_i$，$i = 1，2，\cdots，n$。其中 X 为价格变动比，P_{i+1} 为当期价格，P_i 为前一期价格。

②对数价格法：$X = \ln (P_{i+1}/P_i)$。其中 X 为价格比对数，$\overline{X}$ 为价格比对数的均值，P_{i+1} 为当期价格，P_i 为前一期价格，$i = 1，2，\cdots，n$。价格波动率为标准差 $\sigma = \sqrt{\sum_{i=1}^{n-1} \dfrac{(X_i - \overline{X^2})}{n-1}}$。

2. 资源价格收益率均值 μ_i

资源价格收益率均值即为每种资源价格收益率的平均值，采用对数价格法求取资源价格收益率，即为价格比对数的均值 $\overline{X}$。

3. 无风险利率 r

期权定价的理论基础是风险中性原理，风险中性原理是指投资者对待风险的态度是中性的，投资者的期望报酬率是无风险利率，应当用无违约风险的固定证券收益来估计无风险利率，例如，国库券的利率，应选择与期权到期日相同的国库券利率，假如期权在 10 年后行权（即投资项目在 10 年后进行投资），那么应选择 10 年到期的国库券利率。

4. 当前投资时，每种矿产资源的价格收益率 S_i

投资项目在当前（投资 0 时点）进行投资开采时，每种资产的当前价格收益率为 S_i。根据 CBC 有色网等网站提供的价格数据来获取 S_i 数据。

5. 开发项目勘探开发阶段的投资成本 I

投资成本即为项目初始投资成本，包括勘探阶段勘查和探测投资支出以及开发阶段各种机器设备投资支出。

6. 项目生产阶段的运营成本 C

运营成本是指项目投产后发生的费用，是指企业所销售商品的成本。营业成本应当与销售商品取得的收入进行配比。营业成本主要包括直接材料、直接人工、制造费用等。

7. 每种资产所占比重 w_i

对于共伴生矿项目开采的每种资产所占比重 w_i，本书按照每种资产的产值占总产值的比例进行求解。

（三）模型构建及求解

由随机过程理论可知，当标的资产价格服从对数正态分布时，多种资产投资组合的价值（算术平均数）不再服从对数正态分布，寻找这样的随机变量（即不服从对数正态分布）的分布函数比较困难。然而多标的资产价格的几何平均数服从对数正态分布，对几何平均数进行研究相对容易，可以用几何平均数作为算术平均数的近似值。此外，实物期权定价模型假设的前提是标的资产价格服从几何布朗运动即对数正态分布。这样通过把多种资产拟合成一种资产，从而把多种资产价格的加权几何平均数看作一个变量 G_T，再把变量 G_T 代入动态规划模型中，即可求出 G_T 的临界值和项目的最优投资时机。

1. 多标的资产拟合成单一资产

一般来说，矿产资源开发投资项目会开采出多种矿产品，尤其对于共伴生矿床，在对主要矿产品进行开采的同时往往伴随着对联副产品的开采，对矿山开采出来的原矿，需要经过"弱磁—强磁—浮选"等综合回收工艺流程，提炼出主要产品及其他联副产品。基于这样的背景，对多种资产投资组合的投资价值和投资时机进行研究就显得很有必要了。

矿产资源开发投资的多种资产类似于一个投资组合，可以把多种资产的价格看作投资组合的价值，进而将问题转化为求解投资组合的价值。

$$投资组合价值 A_T = \sum_{i=1}^{k} w_i S_i(T) \tag{6-1}$$

这里 $S_i(T)(i=1, \cdots, k-1, k)$ 表示第 i 种标的资产在 T 时刻的价格，$w_i \geqslant 0$ 表示标的资产的权重，且 $\sum_{i=1}^{k} w_i = 1$，A_T 是 K 个标的资产的加权算术平

均数，即为投资组合价值。

对一个给定的 $0 \leq t \leq T$，假设标的资产价格过程 $S_i(t)$ 服从几何布朗运动，即 $dS_i(t) = S_i(t)(\mu_i dt + \sigma_i dZ(t))$，$\mu_i$ 为资产 $S_i(t)$ 收益率的均值，σ_i 为资产 $S_i(t)$ 收益率的标准差，$dZ(t)$ 为维纳增量。令

$$G_T = \prod_{i=1}^{k}(S_i(T))^{w_i} \tag{6-2}$$

G_T 表示 $S_i(T)$ 的加权几何平均数，把 G_T 作为它的加权算术平均数 A_T 的近似值。

已知

$$S_i(T) = S_i(t)\exp((\mu_i - 1/2\sigma_i^2)(T-t) + \sigma_i Z(T-t)) \tag{6-3}$$

$F_{s_i}(t, T) = S_i(t)e^{r(T-t)}$ 表示第 i 种资产在 t 时刻关于未来 T 时刻的远期价格收益率，令

$$S_i(T)' = S_i(T)/Fs_i(t, T)$$

$$= \frac{S_i(t)\exp\left(\left(\mu_i - \frac{1}{2}\sigma_i^2\right)(T-t) + \sigma_i Z(T-t)\right)}{S_i(t)\exp(r(T-t))}$$

$$= \exp\left(\left(\mu_i - \frac{1}{2}\sigma_i^2 - r\right)(T-t) + \sigma_i Z(T-t)\right) \tag{6-4}$$

$$令\ G_{T'} = \prod_{i=1}^{k}(S_i(T)')^{w_i} \tag{6-5}$$

$$G_{T'} = \exp\left(\sum_{i=1}^{k}w_i(\mu_i - 1/2\sigma_i^2 - r)(T-t) + \sum_{i=1}^{k}w_i\sigma_i Z(T-t)\right)$$

$$= e^{c_1(T-t) + c_2 Z(T-t)} \tag{6-6}$$

其中，$c_1 = \sum_{i=1}^{k}w_i(\mu_i - 1/2\sigma_i^2 - r)$，$c_2 = \sum_{i=1}^{k}w_i\sigma_i$。易知，$G_{T'}$ 服从对数正态分布。

根据随机过程 $dS = \mu S dt + \sigma S dZ(t)$，$S$ 服从对数正态分布，则有

$$S(t) = S\exp((\mu - 1/2\sigma^2)t + \sigma Z(t)) \tag{6-7}$$

通过对比式 (6-6) 和式 (6-7) 可知：$\sigma = c_2 = \sum_{i=1}^{k}w_i\sigma_i$

$$\mu - 1/2\sigma^2 = c_1 = \sum_{i=1}^{k}w_i(\mu_i - 1/2\sigma_i^2 - r)$$

这样通过方程求解可得：$G_{T'}$的期望和方差期望

$$E(G_{T'}) = \sum_{i=1}^{k} w_i(\mu_i - 1/2\sigma_i^2 - r) + 1/2(\sum_{i=1}^{k} w_i\sigma_i)^2 \qquad (6-8)$$

方差 $D(G_{T'}) = (\sum_{i=1}^{k} w_i\sigma_i)^2 \qquad (6-9)$

本书采用对数价格变动法计算各个资产价格波动率 σ_i，因此在求取多种资产价格的加权几何平均数时，也采用同样的方法，以保持方法的一致性。

价格比对数 $\ln[G_{T+1'}/G_{T'}] = \ln[G_{T+1}/G_T] - r$

方差 $D(G_{T'}) = D\{\ln[G_{T+1'}/G_{T'}]\} = D\{\ln[G_{T+1}/G_T]\} = D(G_T)$

期望 $E(G_{T'}) = E\{\ln[G_{T+1'}/G_{T'}]\} = E\{\ln[G_{T+1}/G_T] - r\} = E(G_T) - r$

进而由式(6-2)、式(6-4)、式(6-5)、式(6-8)、式(6-9)知，

$$E(G_T) = E(G_{T'}) + r = \sum_{i=1}^{k} w_i(\mu_i - 1/2\sigma_i^2 - r) + 1/2(\sum_{i=1}^{k} w_i\sigma_i)^2 + r$$

$$D(G_T) = D(G_{T'}) = (\sum_{i=1}^{k} w_i\sigma_i)^2$$

用 $S_i(T)$ 的加权几何平均数近似其加权算术平均数，从而得到多种资产价格收益率的期望和方差。

2. 动态规划模型求解最优时机

通过上文对多标的资产的拟合，将多种资产求解问题转换为单一资产求解问题，在此基础上，运用动态规划模型求解最优投资时机。

在该模型中，只有资产价格是随机变量，沿用传统实物期权理论，将矿产价格 P 定义为服从几何布朗运动变化，如式(6-10)所示：

$$dP = \alpha Pdt + \sigma Pdz \qquad (6-10)$$

其中，dz 为维纳过程增量，隐含条件是项目的当前价值是已知的，但是未来价值服从对数正态分布。

以 F（P）表示投资机会价值（即投资期权的价值）。V（P）表示投资项目价值，C 表示单位生产成本。

根据上一节动态规划法构建的最优决策时贝尔曼方程变为：

$$1/2(\sigma P)^2 F''(P) + \alpha PF'(P) - rF(P) = 0 \qquad (6-11)$$

$$1/2(\sigma P)^2 V''(P) + \alpha PV'(P) - rV(P) + q(P-C) = 0 \qquad (6-12)$$

其中，α 为资产价格的漂移参数；r 为无风险利率；σ 为资产价格波动率；δ 为便利收益；q 为年产量；t 为项目生产年限。

投资机会价值（期权价值）和投资项目价值表示为：

$$F(P) = AP^{\beta_1} \tag{6-13}$$

$$V(P) = \begin{cases} KP^{\beta_1} & P < C \\ BP^{\beta_2} + qt[P(1-e^{-\delta t})/\delta - C(1-e^{-rt})/r] & P > C \end{cases} \tag{6-14}$$

其中，A、K、B 为待定系数，β_1 和 β_2 由下式求得：

$$\beta_1 = \frac{1}{2} - (r-\delta)/\sigma^2 + \sqrt{[(r-\delta)/\sigma^2 - 1/2]^2 + 2r/\sigma^2} > 1 \tag{6-15}$$

$$\beta_2 = \frac{1}{2} - (r-\delta)/\sigma^2 - \sqrt{[(r-\delta)/\sigma^2 - 1/2]^2 + 2r/\sigma^2} < 0 \tag{6-16}$$

根据价值匹配原则和平滑连接条件：

$$\begin{cases} F(P^*) = V(P^*) - I \\ F'(P^*) = V'(P^*) \end{cases} \tag{6-17}$$

A、K、B 解的表达式如下：

$$A = \frac{(1-\beta_2)(P^*)^{(1-\beta_1)}(1-e^{-\delta t})}{\delta(\beta_1-\beta_2)} - \frac{\beta_2(P^*)^{-\beta_1}}{(\beta_1-\beta_2)}\left(\frac{1-e^{-rt}}{r}qC+I\right) \tag{6-18}$$

$$K = \frac{qC^{1-\beta_1}}{\beta_1-\beta_2}\left(\frac{\beta_2}{r}(1-e^{-rt}) - \frac{(\beta_2-1)}{\delta}(1-e^{-\delta t})\right) \tag{6-19}$$

$$B = \frac{qC^{1-\beta_2}}{\beta_1-\beta_2}\left(\frac{\beta_1}{r}(1-e^{-rt}) - \frac{(\beta_1-1)}{\delta}(1-e^{-\delta t})\right) \tag{6-20}$$

其中 P^* 可由式（6-21）求得：

$$(\beta_1-\beta_2)B(P^*)^{\beta_2} + (\beta_1-1)\frac{P^*(1-e^{-\delta t})}{\delta} - \beta_1\left[\frac{(1-e^{-rt})}{r}qC+I\right] = 0 \tag{6-21}$$

3. 拟合资产代入模型求解

通过上文的资产拟合，用拟合资产价格的加权几何平均数作为算术平均数的近似值，把多种资产价格的加权几何平均数看作一个变量 G_T，把变量 G_T 代入动态规划模型中，求出 G_T 的临界值和项目的最优投资时机。

把多种资产组合价格的加权几何平均数看成一个变量 G_T，通过上一节分析，得到加权几何平均值的期望和方差：

期望 $E(G_T) = E(G_{T'}) + r$ （6-22）

方差 $D(G_T) = D(G_{T'})$ （6-23）

$$E(G_{T'}) = \sum_{i=1}^{k} w_i(\mu_i - 1/2\sigma_i^2 - r) + 1/2(\sum_{i=1}^{k} w_i\sigma_i)^2 \quad (6-24)$$

$$D(G_{T'}) = (\sum_{i=1}^{k} w_i\sigma_i)^2 \quad (6-25)$$

在几何平均数 G_T 满足几何布朗运动（即对数正态分布）的前提下，可以运用贝尔曼方程推导结果进行求解。

这里用 G_T 代替 P，代入动态规划模型求解。投资机会价值（期权价值）和投资项目价值表示为：

$$F(G_T) = AG_T^{\beta_1} \quad (6-26)$$

$$V(G_T) = \begin{cases} KG_T^{\beta_1} & G_T<C \\ BG_T^{\beta_2}+qt[\,G_T(1-e^{-\delta t})/\delta-C(1-e^{-rt})/r\,] & G_T>C \end{cases} \quad (6-27)$$

在几何平均数 G_T 满足对数正态分布前提下，可以运用贝尔曼方程推导结果进行求解。通过投资临界处条件求出投资临界值 G_{T*}，进而求出临界处投资项目价值 $V(G_{T*})$。当项目价值的实际值达到项目价值临界值时，应该进行投资，此时是最优的投资时机，否则应该选择等待。

在实际的投资环境中，除了矿产价格处于波动状态外，运营成本往往也在变动，因此，最后在模型中通过蒙特卡罗模拟，分析了运营成本的变动情况对项目价值临界值的影响，从而使项目价值临界值能够反映两者的双向变动，使结果更接近实际。

第三节 动态规划模型在稀土资源综合利用项目投资决策中的应用

我国矿产资源中共伴生矿占绝大部分，在探明的矿产储量中，共伴生矿床比重占80%左右。目前，我国开发利用的139个矿产资源种类中，有87种矿产部分或全部来源于共伴生矿，占总数的62.6%，潜在价值可观，其潜

在价值超过 30 万亿元，占总价值的 37%。然而全国进行综合开发的共伴生
矿约占总数的 1/3，综合利用率只有 20%，综合利用效率较低。共伴生矿综
合利用项目，是基于环境保护和资源有效利用的要求，对多种矿产资源的综
合开发、综合利用。它将相互掺杂的矿产通过物理选矿和超导选矿处理，实
现分离。只有对共伴生矿充分开采并综合利用，才能实现经济、环境和社会
效益。基于这样的实际背景，对共伴生矿综合利用项目投资进行研究就很有
必要。共伴生矿受矿产品价格、成本、市场利率、生产技术等多种不确定性因
素的影响，这就增加了投资项目的风险，管理者必须根据掌握的信息做出正确
的投资决策，充分发挥管理者拥有的管理灵活性，对项目的推迟、扩大、收
缩、放弃等做出正确的选择，以使项目在充满不确定性的条件下获得风险价
值，增加项目最终收益。在多种不确定性因素的影响下，共伴生矿投资不再是
投或者不投两种决策的刚性投资，而是在拥有管理灵活性下的动态投资过程。

但是传统的现金流量折现法没有考虑到投资过程中可以有延迟、扩大、
收缩、放弃等选择权，低估了投资项目的价值。随着投资决策理论的发展，
相关学者将实物期权应用到矿产开发投资项目中，该方法能够考虑投资不确
定性因素、解决管理灵活性问题。实物期权是把金融市场的规则引入企业战
略投资决策的一种思维方式，运用这种思维方式可以使决策者根据投资项目
的发展情况适时地进行决策调整，提高管理的灵活性，获取投资项目的最大
价值和最优开发时机。在充满不确定性环境中，项目投资风险和投资决策时
机选择的难度将会增加，而基于实物期权的方法可以很好地解决这些难题，
实物期权动态规划模型主要适用于投资过程优化问题和寻找最优的投资时
机。通过利用实物期权定价模型并结合投资组合理论，可以更好地解决共伴
生矿综合利用问题。

一、白云鄂博尾矿综合利用选铌项目背景

2011 年 10 月 27 日，国土资源部和财政部与内蒙古矿业企业签署了关于
建设示范基地的合作协议，内蒙古白云鄂博稀土、铁及铌矿产资源综合利用
基地正式启用，这对带动整个矿山综合利用水平的提高、推动内蒙古地区经
济社会发展具有长久和深远的意义。本书尾矿资源是指经过选铁系统反浮选

与选稀土系统的尾矿，其中仍含有稀土、铌、硫、铁、萤石等具有价值的矿物元素，选铌系统处理即来自上述尾矿。白云鄂博矿富含铌、铁、萤石等宝贵矿产资源，大力发展包括稀土、铌、萤石等新能源、新材料为主的战略性新兴产业，全力提升白云鄂博矿产资源综合利用水平并进行产业化已势在必行。但是，目前现有的传统选矿方法采选效果差，对矿物无法进行有效分离，主要原因有：第一，白云鄂博矿具有杂、细等特点，尾矿中存在大量铌矿物；第二，白云鄂博矿的大部分矿体中均不同程度地含有铌，总储量达660万吨，工业储量为157万吨，存在形式大部分都是独立的矿物，各种铌矿物嵌布复杂且粒度较细，它们相互包裹，分散存在于不同类型的矿体中。目前已发现的含铌矿物包括铌铁金红石、铌铁矿、易解石、铌钙矿、黄绿石等20余种，结构复杂，矿种繁多，而不同类型矿种中铌矿物的比磁化系数、可浮性等物理化学性质不同。基于以上分析，以现有的传统采选方式从白云鄂博矿尾矿资源中直接提取铌，回收率比较低。如果想要提高铌的采选回收效率，提高铌的回收价值，需要在综合回收稀土、萤石、铁、硫的基础上采取多种方法联合提取铌。

选铌系统最终精矿产品为铁精矿（TFe品位为65.00%）、稀土精矿（品位为50.00%）、硫精矿（品位为40.00%）、萤石精矿（品位为95.00%）和铌精矿（品位为5.00%）五种产品，具体生产流程如图6-2所示。本书以选铌项目为研究对象，对白云鄂博矿产资源尾矿综合利用项目进行投资决策分析。

二、模型的适用性

本书构建的模型对选铌项目具有适用性：①白云鄂博尾矿选铌项目在采选铌的过程中会同时产出铁、稀土、硫、萤石矿物质，这些矿物质之间相互影响，可以看作多种资产的投资组合，满足模型的多种资产投资。②选铌项目价值受价格、成本、时间、市场利率、生产技术等不确定性因素的影响，投资项目价值会随着时间的推移而起伏波动。③项目具有投资大、不确定性大、投资不可逆和投资可延迟等特点，这与期权特性相似。项目开发周期较长，大约为30年；投资额巨大，投资额约为170000万元，这些特征表明综合利用投资项目具有期权特性，可以运用期权模型进行研究，因此，本书构

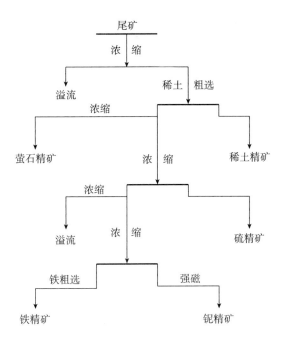

图 6-2　生产流程

建的实物期权模型对项目具有适用性。基于此，本书采用多标的实物期权方法对共伴生矿投资项目进行研究。

三、模型基本参数取值

选铌系统最终精矿产品有五种，分别为铁精矿、稀土精矿、硫精矿、萤石精矿和铌精矿。

（一）每种矿产资源价格波动率 σ_i

本书采用历史波动率的对数价格法求取资产价格波动率。

对数价格法：$X = \ln(P_{i+1}/P_i)$。其中，X 为价格比对数，P_{i+1} 为当期价格，P_i 为前一期价格，$i = 1, 2, \cdots, n$。价格波动率为标准差 $\sigma = \sqrt{\sum_{i=1}^{n-1} \frac{(X_i - \bar{X})^2}{n-1}}$。

白云鄂博尾矿综合利用选铌项目矿产品价格波动率分析如下：

1. 铁精矿价格波动率分析

2008～2017 年铁精矿价格见表 6-1，2005～2017 年铁精矿价格变动情况如图 6-3 所示。通过计算得出铁精矿价格波动率为 0.2961。

表 6-1   2008～2017 年铁精矿价格

年份	价格（元/吨）	ln（P_i）	$X_i =$ ln（P_{i+1}）－ln（P_i）	$\overline{X}$
2008	1249.89	7.1308	—	—
2009	725.79	6.5873	−0.5435	−0.0706
2010	1111.65	7.0136	0.4263	−0.0706
2011	1281.83	7.1560	0.1424	−0.0706
2012	1025.91	6.9333	−0.2227	−0.0706
2013	1012.78	6.9205	−0.0129	−0.0706
2014	812.79	6.7005	−0.2200	−0.0706
2015	530.99	6.2747	−0.4257	−0.0706
2016	521.65	6.2570	−0.0177	−0.0706
2017	662.16	6.4955	0.2385	−0.0706

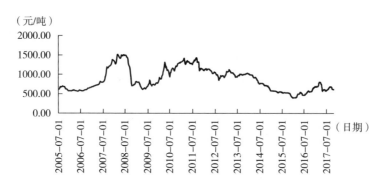

图 6-3   2005～2017 年铁精矿价格走势

2. 稀土精矿价格波动率分析

2010～2017 年稀土精矿价格见表 6-2，稀土精矿价格变动情况如图 6-4 所示。通过计算得出稀土精矿价格波动率为 0.5271。

表 6-2 2010~2017 年稀土精矿价格

年份	价格（元/吨）	ln（P_i）	X_i=ln（P_{i+1}）-ln（P_i）	$\overline{X}$
2010	18223.33	9.8105	—	—
2011	57023.86	10.9512	1.1408	0.0180
2012	37220.86	10.5246	-0.4266	0.0180
2013	21505.44	9.9761	-0.5486	0.0180
2014	24823.48	10.1195	0.1435	0.0180
2015	21575.10	9.9793	-0.1403	0.0180
2016	16500.00	9.7111	-0.2682	0.0180
2017	20666.71	9.9363	0.2252	0.0180

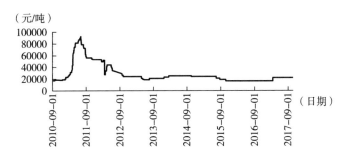

图 6-4 2010~2017 年稀土精矿价格走势

3. 硫精矿价格波动率分析

2010~2017 年硫精矿价格见表 6-3，硫精矿价格变动情况如图 6-5 所示。通过计算得出硫精矿价格波动率为 0.0807。

表 6-3 2010~2017 年硫精矿价格

年份	价格（元/吨）	ln（P_i）	X_i=ln（P_{i+1}）-ln（P_i）	$\overline{X}$
2010	532.48	6.2775	—	—
2011	541.90	6.2951	0.0175	-0.0182
2012	470.19	6.1531	-0.1419	-0.0182

续表

年份	价格（元/吨）	ln（P_i）	$X_i = \ln(P_{i+1}) - \ln(P_i)$	$\overline{X}$
2013	503.43	6.2214	0.0683	−0.0182
2014	509.20	6.2328	0.0114	−0.0182
2015	445.40	6.0990	−0.1339	−0.0182
2016	438.52	6.0834	−0.0156	−0.0182
2017	468.89	6.1504	0.0669	−0.0182

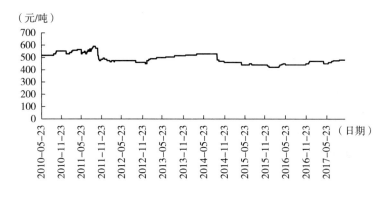

图6-5 2010~2017年硫精矿价格走势

4. 铌精矿价格波动率分析

2008~2017年铌精矿价格见表6-4，铌精矿价格变动情况如图6-6所示。通过计算得出铌精矿价格波动率为0.3088。

表6-4 2008~2017年铌精矿价格

年份	价格（元/吨）	ln(P_i)	$X_i = \ln(P_{i+1}) - \ln(P_i)$	$\overline{X}$
2008	217028.57	12.2878	—	—
2009	128092.21	11.7605	−0.5273	−0.0329
2010	212165.43	12.2651	0.5046	−0.0329
2011	296095.58	12.5984	0.3333	−0.0329
2012	312586.30	12.6526	0.0542	−0.0329

续表

年份	价格（元/吨）	ln（P_i）	$X_i = \ln(P_{i+1}) - \ln(P_i)$	$\overline{X}$
2013	242309.60	12.3980	−0.2547	−0.0329
2014	181807.16	12.1107	−0.2873	−0.0329
2015	145915.91	11.8908	−0.2199	−0.0329
2016	138696.78	11.8400	−0.0507	−0.0329
2017	161396.18	11.9916	0.1516	−0.0329

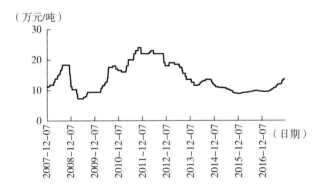

图 6-6 2008~2017 年铌精矿价格走势

5. 萤石精矿价格波动率分析

2010~2017 年萤石精矿价格见表 6-5，萤石精矿价格变动情况如图 6-7 所示。通过计算得出萤石精矿价格波动率为 0.2296。

表 6-5 2010~2017 年萤石精矿价格

年份	价格（元/吨）	ln（P_i）	$X_i = \ln(P_{i+1}) - \ln(P_i)$	$\overline{X}$
2010	1520.48	7.3268	—	—
2011	2477.60	7.8150	0.4883	0.0423
2012	2090.77	7.6453	−0.1698	0.0423
2013	1939.78	7.5703	−0.0750	0.0423
2014	1848.06	7.5219	−0.0484	0.0423
2015	1753.23	7.4692	−0.0527	0.0423

续表

年份	价格（元/吨）	ln（P_i）	$X_i = \ln(P_{i+1}) - \ln(P_i)$	$\overline{X}$
2016	1528.02	7.3317	−0.1375	0.0423
2017	2044.40	7.6229	0.2911	0.0423

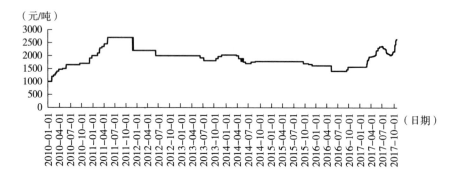

图6-7　2010~2017年萤石精矿价格走势

（二）每种资源价格收益率均值 μ_i

本书采用对数价格法求取资源价格收益率 μ_i，即每种资源价格比对数的均值 $\overline{X}$。尾矿项目各种精矿（铁、稀土、硫、铌、萤石）的收益率的均值分别为−7.06%、1.8%、−1.82%、−3.29%、4.23%（见表6-1至表6-5）。

（三）无风险利率 r

无风险利率，应当用无违约风险的固定证券收益率来估计，参考国库券利率。选择国库券利率时，应该选择与期权执行期限相同或相近的国库券利率。假定投资项目在5年后执行，选择5年期的国库券利率，参照2017年11月21日中国债券信息网公布的5年期国债到期收益率，该利率为3.89%。

（四）当前投资时，每种矿产资源的价格 S_i

当投资项目当前（投资0时点）进行投资开采时，每种资产的当前价格为 S_i。根据CBC有色网网站提供的价格数据来获取 S_i 数据。尾矿项目各种精矿（铁、稀土、硫、铌、萤石）的当前价格分别为611.7元/吨、22048元/吨、480元/吨、199823.84元/吨、2635元/吨。

（五）开发项目的勘探开发阶段的投资成本 I

投资成本即为项目初始投资成本，包括勘探阶段勘查和探测投资支出以及开发阶段各种机器设备投资支出。企业在该阶段投入大量资金和人力、物力进行基础设施建设，购置矿产资源采掘设备及其他配套设施。

在勘探阶段，项目投入资金 95 万元，在开采阶段，项目投入资金 169877.68 万元，其中固定资产投资 144396.03 万元，无形资产投资 25481.65 万元。总计投资成本为 169972.68 万元。

（六）项目生产阶段的单位运营成本 C

运营成本是指项目投产后发生的一些费用，主要包括直接材料、直接人工、制造费用、销售费用、管理费用、营业税金及附加等支出，其中直接人工、直接材料是重要费用支出。

尾矿综合利用项目不同于一般工业生产项目，其中直接材料主要是一些辅助材料，往往是一些添加剂、器具等，直接人工是生产阶段采矿工人的工资费用，项目预期在 2024 年开始进入生产阶段，即正式运营阶段，根据调研数据得知单位尾矿生产成本以及来自选铁系统反浮选尾矿与选稀土的尾矿量得出选铌项目直接成本和销售管理费用合计约为 202499.46 万元/年。

营业税金及附加主要有资源税、城建税及教育费附加、所得税费用。

1. 增值税

根据项目相关财务数据分析，每单位的燃料动力费为 154.44 元，项目年处理尾矿 386 万吨，燃料动力费总额为 59613.84 万元，进项税额为 10134.35 万元。年销售额为 1388337.32 万元（见表 6-6），销项税额为 236017.35 万元，计算得出应交增值税约为 225883.00 万元。

表 6-6　年销售额估算

名称	品位（%）	年产量（万吨）	平均价格（元/吨）	年销售额（万元）
铁精矿	65.00	35.00	893.55	31274.25
稀土精矿	50.00	17.00	27192.35	462270
硫精矿	40.00	5.00	488.75	2443.75

续表

名称	品位（%）	年产量（万吨）	平均价格（元/吨）	年销售额（万元）
铌精矿	5.00	4.00	203609.4	814437.5
萤石精矿	95.00	41.00	1900.29	77911.89
合计	—	102.00	—	1388337.32

2. 城建税及教育费附加

城市维护建设税和教育费附加均是以应交增值税税额为基础的，本项目中城市维护建设税适用税率为7%，教育税附加适用税率为3%，则：

$$城建税及附加税额=应交增值税税额×(3\%+7\%)=225883.00 万元×10\%=$$
$$22588.30 万元$$

3. 资源税

根据相关资源税标准，确定该项目的资源税为60元/吨，根据调研得知选铌系统年处理来自选铁系统反浮选尾矿与选稀土的尾矿量，得出资源税约为23160.00万元。

4. 所得税

根据相关税法，知项目所得税纳税税率为25%，则：

$$应交所得税=(主营业务收入-主营业务成本-主营业务税金及附加)×25\%$$
$$=(1388337.321 万元-202499.46 万元-23160 万元-$$
$$22588.30 万元)×25\%$$
$$=285022.39 万元$$

根据以上数据计算所得，该项目税费为556653.69万元/年。

因此，项目的运营成本总额为759153.15万元，根据投资项目相关数据的估算（见表6-7），每年产量合计为102万吨，单位运营成本为C，则C=759153.15/102=7442.68元/吨。

表6-7 年产量估算

名称	品位（%）	年产量（万吨）
铁精矿	65.00	35.00

名称	品位（%）	年产量（万吨）
稀土精矿	50.00	17.00
硫精矿	40.00	5.00
铌精矿	5.00	4.00
萤石精矿	95.00	41.00
合计	—	102.00

（七）每种资产的所占比重 w_i

对于共伴生矿项目开采的每种资产所占比重 w_i，本书按照每种资产的产值占总产值的比例进行确定（见表6-8）。资产产值＝资产平均价格×年产量。

表6-8　年产值估算

名称	品位（%）	年产量（万吨）	平均价格（元/吨）	年产值（万元）	所占比重（%）
铁精矿	65.00	35.00	893.55	31274.25	2.25
稀土精矿	50.00	17.00	27192.35	462270	33.30
硫精矿	40.00	5.00	488.75	2443.75	0.18
铌精矿	5.00	4.00	203609.37	814437.5	58.66
萤石精矿	95.00	41.00	1900.29	77911.89	5.61
合计	—	102.00	—	1388337	100.00

四、模型求解及参数分析

（一）模型求解

1. 求解拟合资产的期望和方差

选铌项目五种精矿价格的加权几何平均数为 G_T，通过构建的模型求出 G_T 期望 μ 和方差 σ^2。

将选铌项目相关数据整理如表 6-9 所示。

表 6-9　基础数据

矿产品	比重 w_i（%）	收益率均值	波动率 σ_i	方差 σ_i^2	r
铁精矿	2.25	−0.0706	0.2961	0.087675	0.039
稀土精矿	33.30	0.0180	0.5271	0.277834	0.039
硫精矿	0.18	−0.0182	0.0807	0.006512	0.039
铌精矿	58.66	−0.0329	0.3088	0.095357	0.039
萤石精矿	5.61	0.0423	0.2296	0.052716	0.039

期望 $E(G_{T'}) = \sum_{i=1}^{k} w_i(\mu_i - 1/2\sigma_i^2 - r) + 1/2(\sum_{i=1}^{k} w_i\sigma_i)^2 = -0.0574$

方差 $D(G_{T'}) = (\sum_{i=1}^{k} w_i\sigma_i)^2 = 0.1416$

期望 $\mu = E(G_T) = E(G_{T'}) + r = -0.0184$

方差 $\sigma^2 = D(G_T) = D(G_{T'}) = 0.1416$

即 $\begin{cases} \sigma^2 = 0.1416 \\ r - \delta = -0.0184 \\ \delta = 0.0574 \end{cases}$

2. 将拟合资产代入动态规划模型

用 G_T 表示这五种资产价格的加权几何平均数，用 $F(G_T)$ 表示投资机会价值（即投资期权的价值），$V(G_T)$ 表示投资项目价值，C 表示单位生产成本。根据上文可知，C 取值为 7442.68 元/吨。

$$F(G_T) = AG_T^{\beta_1}$$

$$V(G_T) = \begin{cases} KG_T^{\beta_1} & G_T < C \\ BG_T^{\beta_2} + qt[G_T(1-e^{-\delta t})/\delta - C(1-e^{-rt})/r] & G_T > C \end{cases}$$

其中，A = 85814.80，K = 31754.86，B = 1644245951720.73，β_1 = 1.6034，β_2 = −0.3435。

投资临界值处方程：

$$3201302994755.\ 91 \times (G_{T*})^{-0.3435} + 8.\ 6340 \times G_{T*} - 217970373523.\ 76 = 0$$

通过求解得出投资临界值 $G_{T*} = 2493$，从而在临界值处，投资项目价值 $V(G_{T*}) = 8875998200.\ 18$。

根据模型计算结果，得出项目投资的最优时机，当投资项目价值到达 887599. 82 万元时进行投资是最优的（见表6-10）。

表 6-10 模型计算结果

项目初始投资额	临界投资项目价值	临界投资价格
169972. 68 万元	887599. 82 万元	2493 元/吨

3. 考虑运营成本变化

上文模型假设矿产品价格是波动的，而其他变量是定值，在实际项目运营中，运营成本也是变动的。为了使模型估算结果更趋近于实际，有必要进一步考虑运营成本的变动。假设运营成本也服从几何布朗运动，即将运营成本 C 定义为服从几何布朗运动变化：$dC = \alpha_c Cdt + \sigma_c Cdz$。其中，$\alpha_c$ 为 C 的瞬时期望报酬率（漂移参数），σ_c 为 C 的瞬时标准差（方差参数），dz 为维纳过程增量。

根据随机过程 $dC = \alpha_c Cdt + \sigma_c Cdz$，C 服从对数正态分布，则有 $C_t = C_0 \exp((\alpha_c - 1/2\sigma_c^2)t + \sigma_c Z(t))$，Z 服从标准正态分布。

下面运用蒙特卡罗模拟方法对运营成本 C 进行模拟。若 C_0 已知，对于任意一个标准正态分布样本 Z，可得 t 时刻的运营成本 C_t，依此类推，2t 时刻的运营成本 C_{2t} 可以根据 C_t 和新的标准正态分布样本 Z 得到，从而通过对标准正态分布进行随机抽样可以模拟运营成本 C 的路径。

项目生产年限 30 年，假设项目管理者按周进行成本核算，$\alpha_c = -0.00014$，$\sigma_c = 0.07494$。对运营成本 C 运用蒙特卡罗模拟 2000 次，C 的取值范围落在区间（1206. 24，43245. 41），相应的项目价值临界值落在区间（1068795400，54310676042）。项目价值临界值和运营成本变动趋势如图6-8 所示，其中项目价值临界值和运营成本具有相似的变动趋势，运营成本的增加导致项目价值临界值的增大，运营成本的减小导致项目价值临界值的减小，最终引起最优投资时机的变动，运营成本较大时，只有当项目价值实际值变得更大时，才能进行投资，否则应该选择等待。

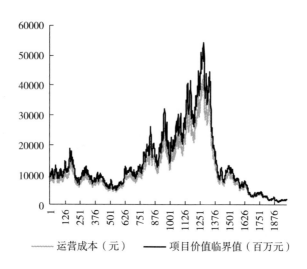

图6-8　运营成本和价格波动对项目价值的影响

（二）参数分析

图6-9和图6-10显示了在选铌项目投资过程中，保持其他参数不变，矿产品价格（P）、投资成本（I）、无风险利率（r）和便利收益（δ）变化对投资项目价值（V）的影响。如图6-9所示，投资项目价值（V）随着价格（P）的增大而增大，随着运营成本（C）的增大而减小，价格（P）对投资项目价值的影响要大于运营成本（C）对项目价值的影响。因此，较高的价格和较低的运营成本能够增大项目价值且价格（P）对项目价值的影响更显著。如图6-10所示，无风险利率变化范围是1%~2.2%，便利收益变化范围是2%~3.8%。无风险利率与投资项目价值具有正相关性，便利收益投资项目价值具有负相关性，因此，无风险利率的增大和便利收益的减小将有利于增加投资项目的价值。

图6-11显示了价格波动率（σ）对项目价值的影响，项目价值随着波动率的增大而增大，两者具有正相关性。这意味着随着波动率的增加，矿产品价格带来的项目收益的不确定性在增加，未来获得项目价值上升的可能性

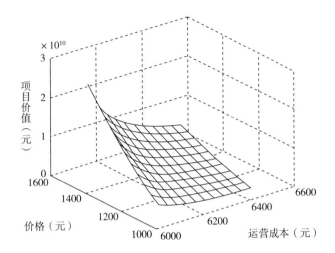

图 6-9　价格和运营成本对项目价值的影响

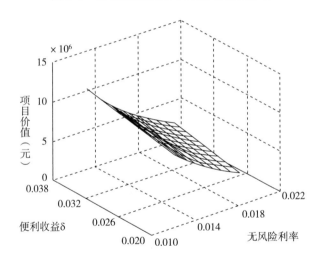

图 6-10　无风险利率和便利收益对投资项目价值的影响

在增加。较高的波动率有利于提高项目价值。同时，从图 6-11 中可以看出，项目价值随便利收益的减小而增大，便利收益代表来自存储的边际便利收益，主要反映了资源丰度，资源丰度的降低会引起项目临界价值的提高，相对稀缺的资源具有更高的价值。

图 6-12 显示了矿产品价格对进行投资和暂停投资决策下项目价值的影

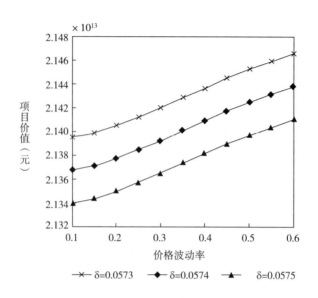

图 6-11　波动率与项目价值关系

响。从图6-12中可看出，当价格较低时，暂停投资决策下的项目价值要大于进行投资决策下的项目价值，随着价格的增加，暂停投资和进行投资决策下的项目价值均在增加，两条曲线均在上升，当到达某一点时，两条曲线相交，之后，进行投资决策下的项目价值超过了暂停决策下的项目价值，并一直维持下去。两条曲线的交点即为投资临界点，对应的项目价值即为项目临界价值，临界点是决策战略转换点，为了获得最大的项目价值，在该点应该把暂停决策转换为投资决策。

（三）与 NPV 对比分析

上述案例中选铌项目投资估算的相关数据说明，初始投资额分别在2018年初和2019年初投入，销售收入和成本在每年末发生，流动资金在2021年初发生，更新改造资金分别在2031年、2041年、2050年初发生，资产残值回收和流动资金回收均在2050年末发生。按照企业的加权平均资本成本求解折现率（R），求得折现率为9.35%（见表6-11）。

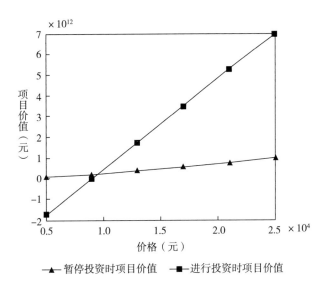

图 6-12 价格变化对不同决策下项目价值的影响

表 6-11 求解折现率

参数名称	参照标准	评估值
债务税前筹资成本	长期贷款利率	6.55%
无风险报酬率	长期国债到期利率	3.90%
市场平均风险溢价	沪深300家十年年化收益率	6.44%
β_e 值	行业标准	1.1130
权益资本成本	—	11.06%
长期债务比率	—	37.83%
权益资本比率	—	62.17%
折现率（R）	—	9.35%

资料来源：笔者整理。

根据现金流量表 6-12 计算净现值，投资项目的净现值按照如下公式求解：

单位：万元

表 6-12 现金流量表

项目名称	勘探阶段	建设阶段	生产阶段							
	2018 年	2019~2020 年	2021~2030 年	2031 年	2032~2040 年	2041 年	2042~2049 年	2050 年
1. 现金流入	—	—	1388337.32	1395364.62	1388337.32	1388337.32	1388337.32	1546243.98
销售收入	—	—	1388337.32	1388337.32	1388337.32	1388337.32	1388337.32	1388337.32
回收资产残值	—	—	—	7027.30	—	—	—	6300.22
回收流动资金	—	—	—	—	—	—	—	151606.44
2. 现金流出	95	169877.68	910759.59	763625.17	759153.15	768939.99	759153.15	763216.58
固定资产投资	—	144396.03	—	—	—	—	—	—
更新改造资金	—	—	—	4472.02	—	9786.84	—	4063.43
无形资产投资	95	25481.65	—	—	—	—	—	—
流动资金	—	—	151606.44	—	—	—	—	—
经营成本	—	—	202499.46	202499.46	202499.46	202499.46	202499.46	202499.46
增值税	—	—	225883.00	225883.00	225883.00	225883.00	225883.00	225883.00
营业税金及附加	—	—	45748.3	45748.3	45748.3	45748.3	45748.3	45748.3
所得税	—	—	285022.39	285022.39	285022.39	285022.39	285022.39	285022.39
3. 净现金流量	95	169877.68	477577.73	631739.45	629184.17	619397.33	629184.17	783027.40

资料来源：笔者整理。

$$NPV = \sum_{t=1}^{T} \frac{S_t - C_t}{(1 + R)^t} - I = 3919040.46(万元)$$

其中，S_t 代表现金流入量，C_t 代表现金流出量，I 代表初始投资成本。

采用 NPV 方法求解的净现值大于本书模型求解的当前项目价值，但是远远小于本书模型求解的临界值处项目价值。在临界值处，即当拟合资产价格达到 2493 元/吨时，投资是最优的，项目价值最大，虽然通过 NPV 方法求出的净现值大于 0，说明当前投资是可行的，但若当前不投资，等到未来项目价值增加后再进行投资，是最优的选择，这种等待创造了价值，而这正是期权模型比 NPV 方法优越的体现。

五、本章小结

本章通过构建动态规划实物期权模型，研究了开采投资多种资产时的最优投资时机，并以白云鄂博尾矿选铌项目为例进行了模型的应用，得出选铌项目的最优投资时机和项目的最大价值，从而为企业管理者提供科学的决策支持。本章的主要结论如下：

（1）本章在分阶段投资决策的基础上考虑了投资项目最棘手的问题，大部分文献往往对一种资产进行研究，只考虑一种资产的价格和成本的变化对投资决策的影响。而本书研究的是共伴生矿综合利用项目，它是对多种资源的综合利用，在开采主矿的过程中会同时开采其他矿物资源，这些矿产资源相互掺杂，具有贫、杂、多、细四大特征。将其作为一个整体进行研究，在确定投资决策最优时机时，要考虑多种资源之间的相互影响。根据投资组合相关理论，对多种资源进行拟合，由于多标的资产价格的加权算术平均数不再服从对数正态分布，而加权几何平均数仍然服从对数正态分布，用几何平均数作为算术平均数的近似值，从而可以求出多种资源整体的价值波动率和收益率。

（2）模型对于共伴生矿综合利用项目具有很强的适用性，不同于只能求出当前拥有的期权价值的 B–S 模型。本书运用动态规划模型研究投资期权价值和投资项目价值，该模型能够寻求最优投资时机。由于期权价值会随着时间的推移而变化，通过建立随机函数微分方程寻找原函数，便可以确定在这一过程中期权价值何时最大，使问题得到解决。

（3）虽然传统投资决策方法在资本成本中考虑了风险和时间因素，但是该方法假设投资可逆和投资或者不投资的刚性决策，没有考虑投资过程拥有的选择权，从而低估了投资项目的价值，导致评估结果出现偏差。通过动态规划模型计算的最优投资时刻的投资项目价值远大于 NPV 的计算结果，说明通过动态规划的方法，能够寻求期权的最大值，投资期权价值 F(V) 是投资项目未来现金流预期现值的最大值，在投资临界处，投资的价值 $V^* = F(V^*) + I$，此时表明应该进行投资而不是等待。

参考文献

［1］崔振民，吴伟宏，姜琳，孙志伟. 浅析我国矿产资源综合利用［J］. 中国矿业，2013，22（2）：40-43.

［2］陈晓磊. 矿产资源综合利用分析和发展研究［J］. 吉林化工学院学报，2014，31（6）：100-102.

［3］Holly G. Krus，Ken Haley，Larry Britt.，et al. Strategic Alliance，Multidisciplinary Teamwork Enhance Field Development in Cotton Valley Trend［J］. Oil & Gas Journal，1997，95（13）：43-51.

［4］Mark J. Kaiser，Allan G. Pulsipher. Fiscal Meta-modeling：New Approach Offered to Smooth Fiscal System Analysis and Design［J］. Oil & Gas Journal，2003，101（43）：42-45.

［5］Myers S. C. Determinants of Corporate Borrowing［J］. Journal of Financial Economics，1977，5（2）：325-364.

［6］Anastasios Michailidis，Konstadinos Mattas. Using Real Options Theory to Irrigation Dam Investment Analysis：An Application of Binomial Option Pricing Model［J］. Water Resources Management，2007（21）：1717-1733.

［7］Bin Zhou. Probe into the Evaluation Index of Net Present Value under the Condition of Uncertainty［C］. Proceedings of the 2011 International Conference on Information，Services and Management Engineering，2011（12）：393-395.

［8］Md. Aminul Haque，Erkan Topal，Eric Lilford. Estimation of Mining Project Values through Real Option Valuation Using a Combination of Hedging Strategy and a Mean Reversion Commodity Price［J］. Natural Resources Research，2016，25（4）：459-471.

［9］Dr. Peter Brous，Dr. Eric W. Wehrly . A Simple Solution to the Unrecognized Bias in NPV［A］// Financial and Financial Accounting. Athens，Greece，2017：1-24.

［10］C. Pathirawasam. Capital Budgeting Practices：Evidence from Sri Lankan Listed Companies［J］. International Journal of Management and Applied Science，2016，2（5）：23-26.

［11］Rajni Sinha. The Importance of the Payback Method in Capital Budgeting Decision［J］. International Journal of Management and Social Sciences Research，2016，5（6）：11-30.

［12］George A. Mangiero，Michael Kraten. NPV Sensitivity Analysis：A Dynamic Excel Approach［J］. American Journal of Business Education，2017，10（3）：113-126.

［13］刘正伟，王曦 . 中国煤炭矿业权评估管理问题及对策［J］. 经济管理，2013，39（12）：29-31.

［14］金芳 . 项目投资分析决策方法的探讨［J］. 企业导报，2014（11）：84-85.

［15］周振成 . 项目投资决策评价指标利弊的实证分析［J］. 现代商业，2014（36）：205-206.

［16］郭红禹 . 项目投资决策方法研究［J］. 理财视野，2016，9（11）：22-24.

［17］晁坤 . 对采矿权评估方法的分析与改进［J］. 中国煤炭，2012，38（2）：22-25.

［18］黎斌林，单胜召 . 应用修正后的折现金流法对矿业权价值的评估［J］. 资源与环境，2013，23（11）：400-403.

［19］郭志尧 . 传统投资决策法和实物期权对比［J］. 中国外资，2014

（307）：154-155.

［20］黄杨．方法：实物期权与传统投资决策的比较分析［J］.金融市场，2014（474）：139-141.

［21］张尧，关欣，孙杨，佐飞．考虑背景风险的项目投资决策［J］.中国管理科学，2016，24（9）：71-80.

［22］念凤强，李志学．实物期权法在油气田勘探开发项目价值评估中的应用［J］.合作经济与科技，2016（7）：74-75.

［23］彭秀丽．基于多维嵌套期权的矿产开发生态补偿额核算模型研究——以"锰三角"为例［J］.吉首大学学报，2016，37（5）：89-94.

［24］Black F. Scholes. The Pricing of Options and Corporate Liabilities［J］. Journal of Political Economy，1973，81（3）：637-654.

［25］Myers S. C.，Turnbull S. M. Capital Budgeting and the Capital Asset Pricing Model：Good News and Bad News［J］. The Journal of Finance，1977，32（2）：321-333.

［26］Ross S. A. A Simple Approach to the Valuation of Risky Income Streams［J］. Journal of Business，1978（51）：453-475.

［27］Brennan M. J.，Schwartz E. S. Evaluation Natural Resource Investments［J］. Journal of Business，1985，58（2）：135-149.

［28］Paddock J. L.，Siegel D. R.，Smith J. L. Optionvaluation of Claims on Real Assets：The Case of Offshore Petroleum Leases［J］. The Quarterly Journal of Economics，1988，103（3）：479-508.

［29］Bin Xu. The Study on Market Investment Decision-Making Using Real Options Theory［J］. Future Communication，Computing，Control and Management，2011（11）：543-549.

［30］Oscar Miranda，Luiz E. Brandão. A Real Options Model to Assess an Exploration Mining Project：An Application［A］//18th Annual International Real Options Conference 2014. Colombia，2014：1-20.

［31］Stefan Creemers，Bert De Reyck，Roel Leus. Project Planning with Alternative Technologies in Uncertain Environments［R］. Leuven，België：KU

Leuven KBI Research Reports，2013.

[32] Edgardo Brigatti, Felipe Macias, Max O. Souza, and Jorge P. Zubelli. A Hedged Monte Carlo Approach to Real Option Pricing [D]. Rio de Janeiro, Brazil：IF, UFRJ；DMA, UFF, Brazil. R. M. S. Braga；IMPA, 2015.

[33] Falode Olugbenga Adebanjo, Oshinibosi, Yetunde Aderonke. Valuation of a Typical Nigerian Crude Oil Reserve Using Real Option Analysis [J]. International Journal of Economics and Management Engineering, 2015, 5 (1)：20-31.

[34] Xin-Hua Qiu, Zhen Wang, Qing Xue. Investment in Deepwater Oil and Gas Exploration Projects：A Multi-factor Analysis with a Real Options Model [J]. Petroleum Science, 2015 (12)：525-533.

[35] Inthanongsone Inthavongsa, Carsten Drebenstedt, Jan Bongaerts, Phongpat Sontamino. Real Options Decision Framework：Strategic Operating Policies for Open Pit Mine Planning [J]. Resources Policy, 2016 (47)：142-153.

[36] 安实，向琳. 基于实物期权的风险投资决策模型研究[J].哈尔滨工业大学学报，2002 (6)：389-395.

[37] 陈劲，谢联恒. 现实期权方法及实证研究[J].科学学与科学技术管理，2001 (7)：46-49.

[38] 何沐文，刘金兰. 基于多重复合实物期权的自然资源开发投资评价模型[J].系统工程，2011, 29 (2)：44-49.

[39] 张自伟，何艳山. 基于实物期权的矿产资源投资决策[J].财会月刊，2012 (9)：59-61.

[40] 王涛，张金锁，邹绍辉，金浩. 实物期权的煤炭资源勘查投资项目评估模型[J].西安科技大学学报，2012, 32 (1)：13-18.

[41] 臧丽，李仲学，鹿爱莉，李翠平. 考虑外部性的共伴生铝土资源价值评估[J].技术经济研究，2013 (2)：59-63.

[42] 张凌. 基于延迟实物期权的不确定条件下矿业投资项目评价[J].管理现代化，2013 (3)：113-115.

[43] 张雪梅，戴桂锋. 基于实物期权的矿业投资价值评估[J].财会月刊，2013 (2)：76-78.

［44］何沐文，刘金兰，高奇特 . 不确定环境下自然资源开发项目投资评价模型[J].管理科学学报，2013，16（6）：46-54.

［45］张金锁，王涛，邹绍辉 . 煤炭资源投资项目价值形成机理研究——基于实物期权[J].北京理工大学学报，2013，15（6）：20-26.

［46］黄健柏，谭娜，钟美瑞 . 基于过度自信的矿产资源开发实物期权决策模型[J].系统工程，2015，33（6）：57-63.

［47］陈玉山 . 实物期权在钢铁企业铁矿资源投资决策中的运用[J].财会月刊，2015（35）：43-47.

［48］杨荣勤，孙金凤，关凯 . 基于实物期权的页岩气勘探开发投资决策研究[J].河南科学，2015，33（4）：597-600.

［49］徐利飞 . 实物期权法在稀土资源开发投资决策中的应用[J].资本运营，2015（8）：6-9.

［50］王玲，张金锁，邹绍辉 . 石油勘探项目分阶段投资的最优时机选择[J].数学的实践与认识，2016，46（20）：78-86.

［51］王利 . 实物期权在煤炭资源开发投资决策中的应用调查研究[J].当代经济，2016（36）：22-23.

［52］苏素，黄莉华 . 基于多阶段复合实物期权的页岩气投资决策研究[J].价值工程，2017（20）：241-242.

附录 A　敏感性分析二维图、三维图 Matlab 程序

1 投资机会价值 F 中价格 P 与投资成本 I 的三维图

```
i＝10^9：10^8：2＊10^9；
p＝50000：2000：70000；
zz＝zeros(11,11)；
for ii＝1：11
    for pp＝1：11
        zz(pp,ii)＝32.78＊(i(1,ii)^(-0.6034)).＊(p(1,pp)^
```

1.6034);

```
        end
    end
    [i,p]=meshgrid(i,p);
    mesh(zz);
    xlabel('投资成本 I');ylabel('价格 P');zlabel('投资机会价值 F');
    set(gca,'XTickLabel',{10^9:10^8:2*10^9})
    set(gca,'YTickLabel',{50000:2000:70000})
```

2 项目价值 V 中价格 P 与运营成本 C 的三维图

```
    c=6000:200:8000;
    p=40000:2000:60000;
    zz=zeros(11,11);
    for cc=1:11
        for pp=1:11
    zz(pp,cc)=2501550.56*(p(1,pp)^(-0.344))+(p(1,pp)/0.0574)-(c
(1,cc)/0.039);
        end
    end
    [c,p]=meshgrid(c,p);
    mesh(zz);
    xlabel('运营成本 C');ylabel('价格 P');zlabel('投资项目价值');
    set(gca,'XTickLabel',{6000:200:8000})
    set(gca,'YTickLabel',{40000:2000:60000})
```

3 项目价值 V 中无风险利率 r 和便利收益 δ 的三维图

```
    r=0.01:0.004:0.05;
    d=0.02:0.006:0.08;
    zz=zeros(11,11);
    for rr=1:11
        for dd=1:11
```

zz(rr,dd) = 2501550. 56 ∗ 55714. 71^(0. 5 − (r(1,rr) − d(1,dd))/0. 1416 −
(((r(1,rr) − d(1,dd))/0. 1416 − 0. 5)^2 + 0. 5508)^0. 5) + 779801. 5983;

   end

  end

  [r,d] = meshgrid(r,d);

  mesh(zz);

  xlabel(′无风险利率 r′); ylabel(′便利收益 δ′); zlabel(′投资项目价值 V′);

  set(gca,′XTickLabel′,{ 0. 01 : 0. 004 : 0. 05})

  set(gca,′YTickLabel′,{ 0. 02 : 0. 006 : 0. 08})

4 投资机会价值 F 中无风险利率 r 和便利收益 δ 的三维图

  r = 0. 01 : 0. 004 : 0. 05;

  d = 0. 02 : 0. 006 : 0. 08;

  zz = zeros(11,11);

  for rr = 1 : 11

   for dd = 1 : 11

  zz(rr,dd) = 0. 000091 ∗ 55714. 71^(0. 5 − (r(1,rr) − d(1,dd))/0. 1416 +
(((r(1,rr) − d(1,dd))/0. 1416 − 0. 5)^2 + 0. 5508)^0. 5);

   end

  end

  [r,d] = meshgrid(r,d);

  mesh(zz);

  xlabel(′无风险利率 r′); ylabel(′便利收益 δ′); zlabel(′投资机会价值 F′);

  set(gca,′XTickLabel′,{ 0. 01 : 0. 004 : 0. 05})

  set(gca,′YTickLabel′,{ 0. 02 : 0. 006 : 0. 08})

波动率变化的二维图:

5 波动率、便利收益变化的二维图:

  e = 0. 1 : 0. 05 : 0. 6;

  r = 0. 039;

  c = 7442. 68;

q = 1070000

P = 55714. 71

cc = 0. 0573；

F = zeros（1,11）；

for ee = 1：11

aa = （r-cc）/（e（1,ee）^2）；

bb1 = 0. 5-aa+（（aa-0. 5）^2+2 * r/（e（1,ee）^2））^0. 5；

bb2 = 0. 5-aa-（（aa-0. 5）^2+2 * r/（e（1,ee）^2））^0. 5；

B2 = （q * （c^（1-bb2））/（bb1-bb2）） * （bb1 * （1-exp（-r * 30）)/r-（bb1-1) * （1-exp（-cc * 30）)/cc）；

F（1,ee）= B2 * P^bb2+q * 30 * （P * （1-exp（-cc * 30））/cc-c * （1-exp（-r * 30）)/r）；

end

plot（e,F）

xlabel（'价格波动率'）

ylabel（'项目价值'）

hold on；

e = 0. 2：0. 02：0. 4；

r = 0. 039；

c = 7442. 68；

q = 1070000；

cc = 0. 0574；

P = 55714. 71

F = zeros（1,11）；

for ee = 1：11

aa = （r-cc）/（e（1,ee）^2）；

bb1 = 0. 5-aa+（（aa-0. 5）^2+2 * r/（e（1,ee）^2））^0. 5；

bb2 = 0. 5-aa-（（aa-0. 5）^2+2 * r/（e（1,ee）^2））^0. 5；

B2 = （q * （c^（1-bb2））/（bb1-bb2）） * （bb1 * （1-exp（-r * 30）)/r-（bb1-

```
1) * (1-exp(-cc * 30)))/cc;
    F(1,ee) = B2 * P^bb2+q * 30 * (P * (1-exp(-cc * 30)))/cc-c * (1-exp
(-r * 30)))/r);
    end
    plot(e,F)
    xlabel('价格波动率')
    ylabel('项目价值')
    hold on;
    e = 0.1 : 0.05 : 0.6;
    r = 0.039;
    c = 7442.68;
    q = 1070000;
    cc = 0.0575;
    P = 55714.71
    F = zeros(1,11);
    for ee = 1 : 11
    aa = (r-cc)/(e(1,ee)^2);
    bb1 = 0.5-aa+((aa-0.5)^2+2 * r/(e(1,ee)^2))^0.5;
    bb2 = 0.5-aa-((aa-0.5)^2+2 * r/(e(1,ee)^2))^0.5;
    B2 = (q * (c^(1-bb2))/(bb1-bb2)) * (bb1 * (1-exp(-r * 30))/r-(bb1-
1) * (1-exp(-cc * 30))/cc);
    F(1,ee) = B2 * P^bb2+q * 30 * (P * (1-exp(-cc * 30)))/cc-c * (1-exp
(-r * 30)))/r);
    end
    plot(e,F)
    xlabel('价格波动率')
    ylabel('项目价值')
```

基于环境成本的稀土企业投资决策

资源及环境因素是利益相关者评估企业经营绩效的重要维度，直接影响利益相关者满意度并关系利益相关者对企业的投入。传统的项目投资决策方法主要以净现值、内含报酬率等贴现指标以及投资回收期、会计收益率等非贴现指标为主，片面地关注项目的财务可行性而忽视其环境影响，难以为企业及利益相关者持续创造价值增值。基于 MFCA 的企业环境成本核算研究的主要目的是通过量化企业在生产过程中产生的与环境相关的资源损失，找到降低环境成本的关键点。企业在生产过程中由资源损失造成的环境成本已经成为企业环境成本的主要组成部分，而在传统核算方法中，将其统计在产品的成本中，没有对其单独核算，也就没有明确环境成本。本章结合中外环境成本相关理论和 MFCA 的理论成果，构建基于 MFCA 的企业环境成本核算模型，并结合我国生产制造型企业的实际情况，在企业环境成本的核算中应用这种方法，最终达到提高资源使用率、控制产生环境成本、提高企业经济效益和保护环境的目的。因此，在长期项目投资决策中综合考虑环境及经济因素对企业的科学决策、推进绿色及可持续发展至关重要。

第一节　环境成本相关理论

在研究怎样核算企业环境成本之前，必须首先解决企业环境成本是什么的问题。近年来，各国学者及组织在各自的研究领域都对环境成本的基本概念进行了研究，并各自给出了有关环境成本概念的观点。但迄今为止，对环境成本的概念没有一个统一的认识。为了研究的需要，本书列举了国内外具有代表性的企业环境成本概念，以便从中归纳出适合的环境成本概念。

一、环境成本研究综述

(一) 环境成本的国外研究

20世纪70年代以来,国外学者在环境成本领域进行了深入研究,环境成本理论研究和实物操作方面都取得了较大进展。此外,许多案例研究也在进行,其中美国、日本、欧盟等发达国家已经将环境成本问题引入会计研究领域,并开始试点在企业中进行环境成本的核算。以下为国外具有典型性的对环境成本概念及分类的研究。

1. 国际组织及各国相关组织对环境成本的研究

联合国统计署(UNSO)(1993)在其发布的"环境与经济综合核算体系"(SEAE)中,从两个方面定义环境成本,第一是资源的数量消耗和资源质量减退造成其价值减少;第二是企业在环境保护方面支出的实际金额。这个环境成本的概念是从宏观的统计角度出发,不仅说明了环境成本与资源价值减少之间存在的因果关系,还特别强调了宏观的企业环境保护成本。

美国环境管理委员会(1995)以投资决策为依据,认为环境成本由四个方面组成:①环境损耗成本,是指因废气废水及固体废弃物等污染物对人类生活环境和自然环境造成危害而发生的金额;②环境保护成本,是指人类为了保护环境不受污染的损害和影响而发生的费用;③环境事务成本,是指企业为保护环境而进行环境管理发生的费用,这些费用是为了减少企业的环境损失;④环境污染成本,是指为治理环境污染而发生的费用。

加拿大特许会计师协会(CICA)(1993)在财务会计领域认为环境成本不是完全成本,而是一种比较独立的差额成本,主要是企业以建立环境负债准备金的方式对未来发生的环境成本进行核算,并且认为环境成本与企业产品的生产成本是分开进行核算的。在这种概念基础上,将环境成本分为三类:①环境预防成本;②环境维持成本;③环境损失成本。

联合国国际会计和报告标准政府间专家工作组(ISAR)(1998)指出确定环境成本的原则是对环境负责,并将环境成本定义为在管理企业活动的过程中,对环境产生影响需要采用的以及被要求采用的办法所产生的成本,以及企业为了达到所制定的环境目标和要求而付出的其他相关成本。例如,保持和提高空气质量、避免和处置废弃物、开发更节能环保产品、开展环境检查及监督等产生的成本。需要特别注意的是，罚款、罚金、赔偿等都被视为与环境相关产生的成本，而这些项目并不归属于环境成本的概念，但相关信息成本应该公布。

日本长期遭受严重环境污染的困扰，因而成为世界上最早在企业中使用环境会计的国家。日本环境省（2000）将环境保全成本定义为企业为保护环境不受污染而付出的投资和费用。环境保全是指对企业造成的环境不利影响所采取的环境保护活动。日本环境省在环境保全成本概念的基础上又将其分为六个明细点，并对各个明细点进行了详细的说明。

2. 国外学者对环境成本的研究

最早研究环境成本问题的是比蒙斯（F. A. Beams，1971）和马林（J. T. Marlin，1973）。他们分别撰写了《控制污染的社会成本转换研究》和《污染的会计问题》，开创了研究环境成本的先河。此后，各国学者陆续开始对环境成本进行研究。

Deborah Vaughn（1995）的研究是从经济角度和环境角度来定义环境成本。从经济的角度来看，他认为环境成本是指在经济过程中使用环境商品及相关环境服务而产生的费用；而从环境角度看，他指出环境成本是经济活动造成的自然资源损失或环境继续恶化产生的成本。

Schaltegger S. Burritt（2000）认为在当前的环境会计系统核算下，企业所提供的信息仅显示企业在治理环境污染、保护环境等方面做出来的一些成绩，从而使利益相关者打消对企业造成环境污染的抵触情绪，企业没有提供因企业的生产对周围环境所造成污染和损害的真实信息。

Spomar Jr. 和 John（2003）将环境成本概念分为两部分：①对企业净利润产生影响的成本，即私人成本；②对个人、社会及环境所产生的成本，即社会成本。

Jasch（2003）同样认为环境成本是与环境损害和环境保护相关的全部成本，并将其分为企业内部成本和企业外部成本，但环境管理会计中的环境成本不包括外部成本，而应包括：①传统的废弃物和排放物处理产生的成本；②预防环境成本和环境管理成本；③废弃物质的购买价值；④非产品性产出的制造成本。

（二）环境成本的国内研究

我国目前对环境成本的研究仍处在初级阶段，葛家澍教授在20世纪90年代初发表《九十年代西方理论的一个新思潮——绿色会计理论》，第一次在我国的会计研究理论中提到环境会计。此后，我国不少专家学者和会计机构在各自不同的研究领域，从不同的角度对环境成本进行了研究，但由于概念本身的复杂性及局限性，至今没有明确、统一的环境成本的定义。我国主要研究者及其代表观点如下：

北京大学王立彦教授（1995）对生态环境成本进行了定义，同时兼顾宏观和微观的范畴。从宏观范畴来讲，环境成本指的是社会在一定时期内保护自然环境和治理被毁坏的环境产生的经济支出；而从微观范畴来讲，环境成本是指企业在其生产管理活动中消耗自然资源对环境造成影响而产生的费用。同时，他对环境成本从空间范围、时间范围和功能三方面进行了分类。

郭道扬教授（1997）对环境成本概念的定义是以马克思成本分析中的消耗与补偿的辩证统一观为依据的。他认为环境成本是在保护自然环境前提下的资源消耗和环境治理费用，并充分研究产成品在生产过程前后对环境造成的影响，对产品在生产前的资源投入进行计量，同时列出在此过程中所消耗的资源价值和产生的费用以及用于环境治理的费用。

肖序教授（2002）主要从会计学角度来定义环境成本，一方面是自然资源的耗减导致环境质量下降所发生的成本，这是从企业物料流转和资源消耗角度出发的；另一方面是为保护环境而发生的经济资源投入产生的成本，这是从环境成本效果角度出发的。

王京芳教授（2004）对环境成本的认识是以产品生命周期理论为基础的，为了达到制度要求的范围，企业将会在其全生命周期阶段内对其生产的产品采取一系列措施，环境成本就是在这期间所产生的费用，包括采取相关措施失败时所付出的一切费用。

徐玖平教授（2006）以企业可持续发展的要求及对环境高度负责为基础，从管理会计的角度来定义环境成本。

张秀敏等（2008）从环境成本控制角度，将环境成本分为四个方面：①废弃物的处置和处理成本；②进行预防和环境管理的成本；③废弃物材料的购买价值；④非产品性输出的相关成本。

姚圣博士（2009）从环境成本的核算角度进行分类，他认为企业的环境成本具体应划分为环境保护成本和环境损害成本两部分。

（三）环境成本界定

通过对环境成本相关的文献梳理可以看出，虽然各组织和学者对环境成本概念的研究基础不同，但基本都是以联合国统计委员会和美国环境管理委员会对环境成本的规定为基础的。但是在当前阶段，从内容上准确且全面地阐述环境成本的概念还不是很容易，无论是国外学者和组织还是我国学者，对环境成本概念的理论阐述研究仍从不同领域的角度进行，因此环境成本还没有一个比较一致的概念及分类。而从对环境成本的研究过程来看，研究环境成本的理论比较早的是德国、加拿大等一些发达国家，它们在理论方面相比国内更成熟一些。而在国内，研究人员多是从事会计学领域研究，他们对环境成本的研究几乎都是从翻译国外相关方面的资料开始，进而得出自己的研究结论。

综上所述，结合本书研究的生产制造型企业的实际情况，本书对环境成本的概念和分类将从环境成本核算的角度入手，将其定义为企业在生产过程中由资源损失造成的成本，以及为保护环境而付出的相关费用。因此，本书将环境成本分为可识别环境成本和不可识别环境成本两个方面。其中，可识别环境成本是指在企业的会计报表中能够直接核算并显示的环境成本，一般包括环保设备的折旧与摊销、排污费、绿化费用以及其他与环境相关的支出；不可识别环境成本是指目前在企业的会计报表中没有核算和显示的环境成本，这部分成本是占环境成本大部分的由资源损失引起的环境成本。这部分成本不容易核算，因此一般企业并没有核算，在企业会计账目上也不会显示。

二、物质流成本会计（MFCA）研究综述

物质流成本会计（Material Flow Cost Accounting，MFCA），这种核算方法的意义在于帮助企业提高生产过程中的资源使用效率，同时使生产中物质

消耗数量及成本核算清晰，帮助企业生产管理人员有效辨别效率较低的生产工艺和生产流程，找到提高物质利用效率的关键改善点，尽量减少生产过程中的物质浪费，为提升企业经营业绩与环境业绩提供数据支持。物质流成本会计（MFCA）为企业中造成的物料损失从实物量到价值量的转化核算提供了一种可行的方法。

（一）物质流成本会计的国外研究

物质流成本会计（MFCA）是核算企业环境成本的一种新方法。20 世纪 90 年代早期由德国奥格斯堡大学管理和环境研究所（IMU）提出。MFCA 理论主要是从实物数量和金额两方面，分析企业产品在生产过程中的资源流动情况，核算各个物量中心中资源的使用效率和消耗情况，并计算资源损失的价值。这种新方法使生产过程中资源流动过程及流动成本细致透明化，其目的是帮助企业提高有关资源使用的质量，识别出效率低的生产线和生产工艺，从而有助于减少浪费，促进企业经济和环境的和谐发展。

Bernd Wagner 教授与德国奥格斯堡大学管理和环境研究所（1996）在物料流量会计基础上开发出一种可以核算企业生产过程中产生物料损失造成的环境成本的方法，该方法被称为物质流成本会计。它从实物数量和价值两个方面说明物料在生产过程中的流动，分析在各生产阶段浪费的物料数量及金额情况。

Strobel（2000）发表了《运用会计方法降低成本并减轻环境压力的流量成本会计》一文，对 MFCA 核算的基础理论及其核算方法和核算应用等进行了较为系统的阐述。之后他又在 2001 年发表了《流量管理：通过材料流转导向的管理理念来降低成本和减轻环境污染》一文，主要通过跟踪投入材料的流转研究流量管理的流转模型、物质流成本核算，目的同样是达到经济与环境和谐发展的效果。物质流处于流量管理中最核心的位置，管理对象为企业的生产线或整个企业的材料流转。

德国不仅是 MFCA 方面的探索者，同时也是开拓者。德国联邦环境部（GFEM）和联邦环境局（FEA）在 2003 年合作出版了《环境成本管理指南》，对企业实施 MFCA 的细则进行了阐述。

日本可以说是 MFCA 的完善者。日本不仅在 MFCA 理论研究领域取得了成果，在实务操作方面也取得了很大的成功。20 世纪 90 年代末期，日本经济产业省出版了《环境管理会计技术工作手册》，标志着日本成为第一个提出资源流成本会计（Resource Flow Cost Accounting，RFCA）概念的国家。日本经济产业省（2001）以全球为研究范围，对所有关于环境成本会计核算技术的规定都进行了相关研究。2007 年 3 月，日本经济事务省发行了《MFCA 应用指南》，分四部分详细地介绍了 MFCA。其中包括：①MFCA 概述；②MFCA的应用步骤和宣传程序；③利用 MFCA 计算结果；④MFCA 的发展。

日本学者中岛道靖和国部克彦（2002）总结阐述了物质流成本会计（MFCA）的基本原理、应用效果及其有效的应用方法，并对日本企业引进 MFCA 方法进行环境成本核算的实例进行了论证。

此外，联合国、国际会计联合会等组织也都介绍了 MFCA，并将其纳入相关手册及指南。

（二）物质流成本会计的国内研究

我国对物质流成本会计（MFCA）的研究始于对环境会计的探索，而且目前处于起步阶段，大部分研究主要借鉴和吸收国外比较成熟的研究理论，并集中于物质流成本会计相关理论的引进介绍方面。我国在实务操作方面的研究屈指可数，至今没有明确一个符合我国当前企业现实状况的 MFCA 核算模型。这说明我国在 MFCA 实务操作方面的研究还不完善，需要进一步对其进行深入细致的研究。

我国学者对物质流成本会计（MFCA）的研究最早是从谢琨和梁凤港在《关于环境净效益分析决策工具：物料流量会计》一文中首次提到物质流成本会计（MFCA）开始的。

甄国红（2007）在总结国外物质流成本会计（MFCA）理论研究的基础上，提出物质流成本核算原理图，如图 7-1 所示。物质流成本会计（MFCA）核算的本质特征是将生产过程输出端的废弃物价值作为企业的一种负产品核算，进而反映出废弃物对资源的损失状况，这部分在传统的成本核算中是难以反映的，因此可引导企业充分认识废弃物造成的资源损失对企业效益及环境负荷的影响。

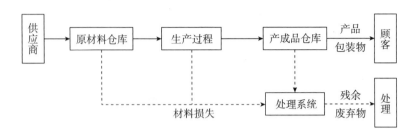

图 7-1　材料流转系统基础流程

冯巧根（2008）从环境经营角度对 MFCA 的使用原理进行了比较详细的研究，确定了 MFCA 的适用对象不仅包括大部分 MFCA 研究中提到的制造型企业，还包括在日本实用案例研究中出现过的服务类型企业，同时给出了 MFCA 的操作流程，如图 7-2 所示。

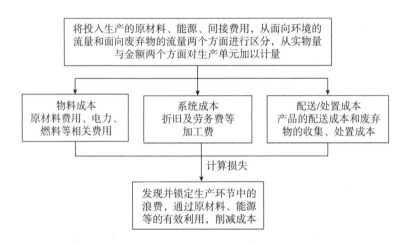

图 7-2　MFCA 操作流程

关于物质流成本会计（MFCA）理论方面的研究文献近年来还是比较多的，其中具有代表性的观点总结如下：

郑玲博士（2009）从生态设计的角度介绍物质流成本会计（MFCA）的起源为环境管理系统中使用的"输入输出平衡原理"，将物质流成本分为输入端用于购买材料的材料成本、生产过程中处置材料的系统成本以及输出端废弃物的运输或处置成本，并指出 MFCA 在我国企业中应用的重要作用和现实意义。

邓明君（2009）在研究我国生态环境现状及未来企业发展思路的基础上提出，使用 MFCA 的方法可以解决我国现阶段会计系统记录的成本信息不能满足企业建设循环经济方面需求的问题，最终实现企业经济效益提高和环境保护的有机统一。

肖序教授（2009）以会计学理论为基础，认为在 MFCA 理论下根据对环境污染的影响角度的不同，可以把成本分为材料成本、系统成本和配送处置成本。在分析 MFCA 操作流程的基础上，将其与传统成本会计核算做比较，构建 MFCA 理论。

程品龙（2010）对物质流成本会计（MFCA）与环境业绩评价的基本理论进行了探讨，从"环境管理业绩"与"环境经营业绩"两个层面，确定了构建物质流成本会计方法下的企业环境业绩评价体系。

王杰等（2010）在对物质流成本会计（MFCA）的产生与发展进行研究的基础上，总结出 MFCA 的特征，并对其核算对象的范围进行了界定，揭示了我国企业推行 MFCA 核算的重要意义。

陶燕（2010）将我国提倡的低碳经济与 MFCA 方法进行了有机结合，并研究了 MFCA 的核算原理和方法，以及将这种方法应用于我国低碳经济建设的必要条件。

郑玲（2010）首先通过文献研究了物质流成本会计（MFCA）的发展历史，以及 MFCA 核算的基本思想、原理（见图 7-3）和方法，在此理论基础上构建了 MFCA 的核算模型。

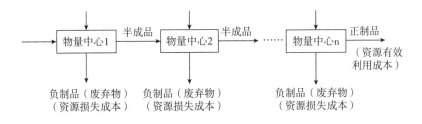

图 7-3　MFCA 核算基本原理

李震（2012）认为 MFCA 理论同时考虑价值流和物料流，以环境资源流转平衡原理为基础，跟踪企业生产中各个生产环节的物料流转，并进行核算和控制。

罗喜英博士（2012）认为 MFCA 是一种非常复杂的会计核算技术与分析方法，是从实物数量和价值两个方面来说明物料流转情况的成本会计方法。因此，在对企业的物质流流程进行分析时，要对企业内部的资源消耗及其环境影响进行定量分析。

付飞飞（2012）认为 MFCA 属于全成本核算方法的一种。该方法通过将输出端的废弃物独立核算为"负产品"，明确了全部负产品所承担的价值以及在传统会计核算材料成本和加工费中省略的损失成本。

相比于我国学者对物质流成本会计（MFCA）的理论部分介绍和研究的成熟，我国学者对其在具体企业中实际应用操作情况的研究则相对较少。我国对企业实际应用物质流成本会计（MFCA）的研究主要有：

朱卫东、程品龙（2009）研究当前日本国内大型企业与中小企业运用 MFCA 的现状，总结了 MFCA 在企业中负责实施的组织（见图 7-4），通过对其进行比较分析，指出了我国企业引进 MFCA 的重要性、必要性，以及引进的相关对策。

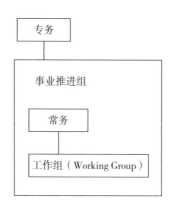

图 7-4 MFCA 项目实施体系

邓明君、罗文兵、黄丽娟（2009）认为 MFCA 是一种使物质流及其成本细致透明化的新成本会计，其主要包括六个成本元素，在此理论基础上，他们研究了各国（如新加坡、韩国、日本等国）对 MFCA 企业的实际应用情况。

朱卫东（2010）等首先介绍了 MFCA 的基本原理，其次对整个产品生产过程中的物质流动情况进行分析，并计量了最终废弃物和其他排放物的数量及成本金额。在 MFCA 下，生产过程中的人工成本、能源成本以及其他生产成本也可以比照材料的分配比例进行计算，在此基础上研究环境设备的投资方案。

万红波、阴海明（2010）在研究资源流成本的基础上核算了企业环境成本，并将 MFCA 应用到火电企业环境成本的核算中，最终将核算结果计入产品成本。

熊运莲、敬采云（2011）在分析 MFCA 理论的基础上，举例分析了 MFCA 在亚洲国家有色金属生产企业中的应用研究。

我国学者对物质流成本会计（MFCA）的研究不仅包括理论和企业实际应用方面的介绍，还包括国外关于规范和推广 MFCA 的指导性文件方面的研究。这方面的研究主要有：

罗喜英、肖序等（2009）介绍了 ISO 14051 关于物质流成本会计的国际标准指南，其中包括 ISO 14051 和 MFCA 标准化的形成过程和进展情况，以及 MFCA 的解释及计算运用，并对 MFCA 的基本框架和适用性进行了说明，同时给出了 MFCA 的概念，如图 7-5 所示。

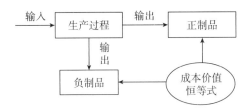

图 7-5 MFCA 的概念

邓明君、罗文兵（2010）介绍了日本在 2007 年发布的《物质流成本会计指南》，这是全球第一份指南性文件，其内容主要包括物质流成本会计（MFCA）的概述、引进和推广、核算结果的应用等几个方面。

冯江涛（2013）重点对《环境管理物质流成本会计一般框架》标准中的术语及定义、目标和原则、基础要素、实施步骤进行解析，为我国 MFCA 的理论研究及实践应用提供了参考。

（三）MFCA 界定

对以上关于物质流成本会计（MFCA）的理论研究文献进行分析后发现，MFCA 是从实物和金额两个角度，研究物质在生产过程中的流动，从而使企业管理者能够准确找到生产过程中的改善点。目前关于 MFCA 的理论研究主要集中在 MFCA 的一般原则和框架构建、运行机理等理论方面，关于 MFCA 的应用研究主要集中在日本企业应用 MFCA 的实务操作方面，国内学者以此为基础研究了我国企业应如何运用 MFCA，并研究在行业中进行运用，其研究的企业类型为生产制造型企业。总体来说，我国目前仍停留在物质流成本会计理论介绍阶段，对经济快速发展、环境问题突出的国家和企业而言，MFCA 的推广运用有一定的重要性和必要性。

基于上述原因，本书在参考目前国内外文献的基础上，尝试将基于 MFCA 的环境成本会计核算方法应用在稀土企业中，构建 MFCA 核算模型，理论联系实际，通过应用 MFCA 模型计算企业的资源损失，进而计算由资源损失带来的环境成本。这样可以分析企业在环境成本方面的投入，从而使企业重视降低环境成本，达到增加经济效益和保护环境的目的。

第二节　基于 MFCA 企业环境成本核算模型的构建

在对环境成本的概念及分类进行研究的基础上对企业环境成本进行核算。本书以环境成本概念为本源，将其分为可识别环境成本和不可识别环境成本两部分。其中，可识别环境成本即在企业财务报表中可以计量并记录的环境成本部分，一般包括国家规定的企业须缴纳的各种排污费、绿化费、环保设备的折旧与摊销以及其他和环境相关的在会计报表中披露的费用支出。不可识别环境成本是由资源损失造成的环境成本，这部分环境成本不能在企业会计报表中准确显示反映，但是这部分环境成本占企业总环境成本的比例较大，尤其在我国的能源依赖型企业中特别突出，因此核算这部分环境成本对有效、准确揭示企业环境成本有很大作用。本书使用基于 MFCA 的方法核算由企业资源损失造成的环境成本。

一、基于 MFCA 企业环境成本核算要点

（一）物质平衡

物质平衡理论最初的特点是从质量守恒定律的角度出发，处理经济和环境系统中的问题。依据质量守恒定律，企业在生产过程中每一个环节的输入和输出在质量上是相等的。在传统会计成本核算中，输出端产品的成本就是输入端所有投入材料、能源及其他成本的总和。这样核算的产品成本并不能体现真正的产品价值，因为输出端不仅有废弃物的输出，还有在生产过程中损耗掉的部分，而这些也应计入产品的成本。物质平衡理论解决了这个问题，通过核算生产过程中资源投入的数量以及输出端产品的数量，可以计算出废弃物及生产过程中损耗的部分，这样就能正确地计算产品成本及其价值，同时能够发现物质平衡理论的本质以及经济和环境的关系。

本书所研究的物质流成本会计（MFCA）核算是以物质输入输出平衡理论为基础，以企业生产过程中对环境产生影响的因子作为切入点，分析企业生产过程中资源流转和资源损失所产生的成本费用。因此，可以将物质平衡理论应用于经济环境系统，对环境成本进行核算。根据物质平衡理论，企业生产过程中每一个环节的资源输入和输出在数量上是守恒的，也就是说，可以通过物质平衡理论倒推出资源损失，然后转换计算出环境成本。整个生产过程中保持资源流转的平衡，即生产过程中投入的资源数量与输出端产品、废弃物及生产过程中损耗的部分之和是相等的。物质平衡理论为环境成本的计算提供了理论基础方面的支持。

根据 MFCA 方法中的物质平衡原理，得出以下公式：

$$\sum 输入物质 = \sum 输出物质 \tag{7-1}$$

物质流成本会计（MFCA）理论认为期初物质总量加上期初投入物质总量应与期末的物质总量相等。将进入系统的自然资源和物质归为输入物质，

将系统的输出物质分为正制品和负制品，最终达到物质的平衡。并按照物质流转平衡划分不同的成本分类，利用传统会计核算统计的数据进行归集、分配，最终核算出环境成本。根据物质平衡理论，在物质流成本会计（MFCA）理论中将负制品定义为除正制品以外的所有资源损失，使资源损失部分可视化。

（二）资源损失

资源从广义上分为自然资源和社会资源两大类，其中自然资源包括土地、水、能源、矿产等，社会资源包括人力资源、信息资源等。就损失和环境破坏方面而言，人力资源、信息资源等社会资源并不能直接破坏环境，因此，本书采用狭义的资源概念，即物质资源。资源的开发和利用为人类社会的发展做出了巨大贡献，同时资源的过度开发和不恰当使用不仅会造成资源的短缺，而且会破坏人类赖以生存的环境。资源损失是资源在开发和利用过程中受不利因素的影响而出现的一种表现，它不仅表现为资源数量的损失，而且表现为对环境造成的损害。资源损失概念的论述最早出现在马克思早期的著作中，在物质资源转换论述的基础上，马克思提出应该把废弃物的循环再利用造成的节约和由于生产损耗的减少而造成的节约区别开来，后一种节约是把生产损耗降低到最低限度同时把一切投入生产中的原材料和辅助材料的利用率提高到最高限度。因此，"资源损失"概念的最初落脚点是资源在企业生产过程中得到充分利用。

本书研究的资源损失主要是在生产制造型企业的范围内。在这个范围内的资源损失是指生产过程结束后最终没有形成产品的资源投入，其中的资源包括企业投入的原材料和辅助材料，资源损失的衡量，首先是在生产过程中形成的原材料和辅助材料的损失数量，其次是通过损失数量作为分摊比例标准确定相关成本损失。资源损失不仅造成材料数量上的损失，同时也造成了相关成本的损失。

一方面，核算资源损失可以为企业管理者抓住管理核心提供数据依据，使其有针对性地控制资源损失的产生，提高资源的利用率，提升企业经营业绩。另一方面，企业生产过程中的各个环节都会产生废气、废水和废渣等污染环境的废弃物，加强资源损失核算可以使企业定量化废弃物造成的资源损失及其对环境造成的影响，以及由此产生的环境成本，为提升环境业绩提供数据支持。对于企业而言，能够对环境成本进行准确核算，进而促进企业对环境成本的约束和激励，使之产生尽量减少生产过程中资源浪费的意识。

物质流成本会计（MFCA）理论将输出端物质分为正制品和负制品，将正制品定义为产成品或半成品等，将负制品定义为除正制品以外的所有资源损失。而且国内外众多关于物质流成本会计的研究并没有把负制品和资源损失这两者完全区分开来，同时负制品和资源损失具有同源性，因此，在一般情况下，物质流成本会计（MFCA）理论中提到的负制品也就是资源损失，同样本书中提到的资源损失也就是负制品。

（三）基于 MFCA 企业环境成本分类

环境成本作为一种经济现象早已存在，国内外学者和组织也对其进行了持续的研究。理解和研究环境成本的关键就是要把握环境成本的意义。目前对环境成本意义的研究还没有达到一个统一认识的阶段，每个研究领域对环境成本的表述都不太一致，所以本书选择在一个概念基础上，从某个视角对环境成本进行界定，进而研究其核算。

本书对企业环境成本的认识基于上文对环境成本及物质流成本会计（MFCA）的理论分析及应用研究，本书认为企业环境成本是企业在生产过程中由资源损失造成的成本，以及为保护环境而付出的费用，并把企业环境成本分为可识别环境成本和不可识别环境成本两部分。可识别环境成本一般包括排污费、绿化费、环保设备的折旧与摊销以及其他和环境相关的在会计报表中披露的支出，因此这部分数据可以直接来源于企业会计账。不可识别环境成本是当前在企业财务报表中没有直接核算计量的环境成本，如企业排放的对大自然造成严重污染的气体、废水，以及由资源损失造成的环境成本等。本书基于物质流成本会计（MFCA）核算的是主要企业环境成本中的不可识别环境成本，因为 MFCA 理论通过物质平衡原理核算得出的是企业的资源损失，进而由资源损失核算由此造成的环境成本。在传统会计中并没有核算该成本，且没有单独设立会计科目。由于 MFCA 理论核算的由资源损失造成的环境成本在整个企业的环境成本中占的比重很大，因此核算这部分环境成本对企业具有重要意义。

（四）MFCA 成本分类

MFCA 的核算原理是基于企业生产过程中资源的输入端、输出端正制品和负制品的输出流量管理，实质是追踪投入的资源数量在生产过程中的变化。它将企业生产过程中的资源流转看作成本分析中心。为实现资源损失最小化的目标，先对输入资源成本进行分类，再按照物质流转过程分别核算，使企业能够对资源损失情况进行监控。根据资源消耗在生产过程中对环境的影响，将 MFCA 成本分为材料成本、能源成本、系统成本。其中，材料成本指原材料成本和其他辅助材料成本，包括企业在生产之初以及生产过程中投入的原材料和辅助材料；能源成本指企业在整个生产过程所消耗的蒸汽、电力、煤炭和其他能源等费用，各个物量中心所消耗的能源成本为耗费能源的数量和其单价的乘积；系统成本指人工费用成本、固定资产折旧费用和制造费用。这部分成本数据来源于企业的生产明细账户，因而和可识别环境成本中的成本项目是不重复的。MFCA 成本（也就是不可识别环境成本）的分类如图 7-6 所示。

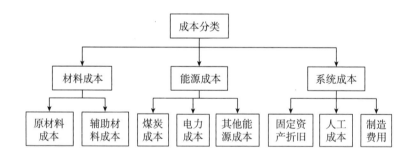

图 7-6　MFCA 成本分类

（五）MFCA 物量中心的划分

在 MFCA 核算理论中，需将企业整个生产过程划分为若干个物量中心。一般是以同一性质的生产流程或是同一资源成本动因的生产流程为一个物量中心。划分物量中心的数量没有硬性的规定，在保证会计成本核算要求的前提下，可以选择单个或多个物量中心。MFCA 法对企业物量中心的划分，是在对企业资源的流转环节进行分析的基础上，根据资源在企业中的流转路线来划分。划分的物量中心的数量既不能太多，也不能太少，太多会导致计算过程太烦琐，而划分数量太少则会导致研究过程不明确，使计算太过粗糙。要根据企业规模和生产过程物质流动的具体情况设置物量中心的数量。对于稀土企业来说，应按其生产工艺流程，结合材料和能源流转，将同一性质的生产流程划分为一个物量中心。

（六）MFCA 输出端制品分类

根据 MFCA 理论，将输出端分为正制品和负制品两个部分。输出端的正制品就是企业生产出来的产成品或者半成品，输出端的负制品包括废水、废气、废渣等。这些负制品也就是最终废弃物以及在生产过程中损失的部分，因此同上文理论一致，负制品就是企业生产中最终产生的资源损失，具体核算过程如图 7-7 所示。

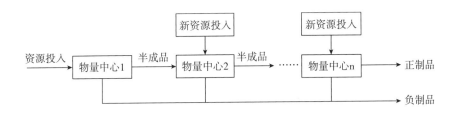

图 7-7　MFCA 输出端制品分类

二、MFCA 企业环境成本核算

MFCA 成本核算是在企业的整个生产过程中，对资源和能源的投入、生产、转化为产品的数量及价值和损耗的数量及价值进行核算，属于流量管理理论。这种方法主要通过跟踪资源在生产过程中实物数量的变化，使核算资源在物质流程中数量和金额两方面的信息成为可能。企业生产过程中的每一个物量中心来说，都是按照资源流转平衡原理（原材料+辅助材料+新投入物料＝输出产品+资源损失）来计量资源的投入和产品的产出。也就是说，在每个物量中心中，按照原材料、辅助材料在不同物量中心顺序流动的情况，能够分别核算出每个物量中心的输出端正制品的数量和成本以及负制品的数量和成本，这样能够使企业从资源的数量和金额两方面，核算企业生产过程的资源投入、消耗、产出等相关的详细信息。同时在企业的生产过程中，资源在各个物量中心的流动情况也能清晰地用数据进行计量，并且通过各个物量中心核算出的正制品和资源损失的数量，可以计算出资源损失在投入资源的数量上的比例，从而可以得出其他成本的分配比例。按照所得的分配比例分别核算资源损失的能源成本和稀土成本，最终核算企业所产生的总的环境成本。MFCA核算最重要的作用在于，能够使企业管理人员发现生产过程中资源损失的关键点，促使他们对企业的生产工艺和生产流程进行改进，从而达到减少环境污染的目的。

企业生产过程中废弃物的成本以及在生产过程中损失的成本归为资源损失成本，这部分环境成本在整个企业环境成本中占绝大部分，因而核算这部分企业环境成本有很重要的意义。同时此部分计算过程相对比较复杂，需要收集一定的数据才可以完成。因此，完整的基于MFCA的企业环境成本核算常常分为以下几个阶段：①事前准备阶段；②物质流数据收集和归集阶段；③MFCA核算阶段；④资源损失造成的环境成本核算阶段；⑤企业环境成本核算阶段。

（一）事前准备

事前准备阶段是整个过程的准备阶段，需要完成的主要任务有：①根据企业的生产工艺及流程确定物质流成本核算的对象；②设定核算的物量中心；③确定核算数据的应用模型和期间；④确定核算数据对象和收集核算数据的方法。

1. 确定核算对象

企业在使用MFCA模型核算环境成本时，需要依据企业的生产流程及生产工艺确定核算对象。选择生产流程时，需考虑企业本身是多条生产线还是单一生产线。在单一生产线的情况下，产品种类较少，生产工艺及流程比较简单，可以直接根据输出端产品的数量比例分配正制品成本和负制品成本，这种情况下计算工作量小，很大程度上能提高工作效率，同时容易找出资源损失的关键点。在企业生产线比较多的情况下，可以考虑按每条生产线分别计算，核算过程按照单一生产线来进行，以免造成数据混乱的情况。

2. 设定核算的物量中心

物量中心的划分依照上文所述，一般将同一性质的生产流程或是同一资源成本动因的生产流程设为一个物量中心。同时，物量中心数量的设定要按照适度性原则，如果设置的物量中心数量过少，则会导致计算的准确度不高，成本差异较大；如果设置的物量中心数量过多，则计算工作量大，易产生数据重复或错误。在实际操作中可以将资源、能源消耗量大且废弃物产生量大的流程设立为一个物量中心，最终产生废弃物量小甚至不产生废弃物的多个流程则可以结合设置成一个物量中心。

3. 确定核算数据的应用模型和期间

企业在确定物量中心的数量后，要确定核算所需的模型，并确定核算期间。因为核算环境成本的模型到目前为止有好多种，例如，作业成本法、全生命周期法、完全成本法、MFCA 法等，应从中选择适合核算本企业环境成本的方法。

核算期间一般以月为单位，这样确定周期的前提是企业每月都在生产。对于生产具有偶然性的企业，可以根据生产周期来确定核算周期，如以六个月或一年为期间。

4. 确定核算数据对象和收集核算数据的方法

根据企业生产流程及核算模型确定核算对象。核算数据收集的方法通常有实验法、观察法、实地调研法、查阅文献资料等方法。本书企业环境成本核算数据来自企业，可以采用两种方法进行收集：一是去生产车间进行现场收集，以记录的生产统计表格，作为核算的原始数据；二是根据企业财务数据筛选，找到适合核算需要的数据。收集的数据主要有：企业生产工艺流程图；企业各物量中心的资源（包括材料成本、煤炭、电力等能源成本、人工费用、环保设备折旧费等系统成本）输入、输出数量和价值信息；各物量中心产生废弃物的数量和价值数据信息等。

（二）物质流数据收集和归集

根据上文确定的物质流数据收集方法对数据进行收集。根据 MFCA 理论及核算成本的分类，确定需要收集的数据，这些数据包括：物质在生产流程中的流动数据、材料成本数据、能源成本数据、系统成本数据。物质在生产流程中的流动数据主要来自生产部门生产统计，包括生产初期投入的资源数量数据及在生产过程中新投入的资源数量数据，生产输出端产成品及半成品的数量数据，所使用的电力及煤炭等能源数量数据；材料成本数据来自财务报表中计量的主要材料及辅助材料的成本；能源成本（包括电费、煤炭费和其他能源成本）和系统成本（人工费用、设备折旧费用及制造费用等）数据都可以从企业财务部门收集。

收集到的数据根据企业核算前划分的物量中心，以及每个物量中心输出端正制品和资源损失两方面进行归集。

MFCA 原理虽然简单，但是在企业实际操作中，生产中使用的原料及辅助材料的复杂性和多样性为归集各物量中心的成本带来了极大难度，这也是MFCA 方法的核心工作量所在。基于 MFCA 核算资源损失的原理如图 7-8所示。

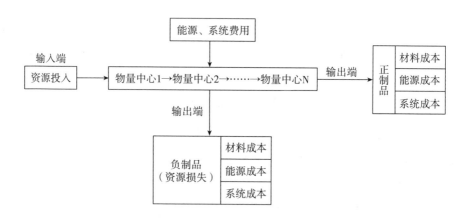

图 7-8　基于 MFCA 核算资源损失原理

大多数 MFCA 理论文献没有对负制品和资源损失的区别做详细解释，将二者视为一样。在 MFCA 理论中，将企业的整个生产过程的输出端分为正制品和负制品，正制品包括产成品、半成品以及副产品等，负制品是除正制品以外的部分。在一般生产过程中，由于负制品和资源损失具有同源性，因此将负制品等同于资源损失。下文中以资源损失来代替负制品。

（三）MFCA 核算

MFCA 的核算基础是物质平衡原理，假设进入物量中心的数据都是精确的，以下输出端的负制品用资源损失代替，根据物质平衡原理可得：

$$\sum 输入物质 = \sum 正制品 + \sum 资源损失 \tag{7-2}$$

对式（7-2）进行变换，根据投入物质的数量，计算某个物量中心的资源损失数量：

$$Z = \sum_{i=1}^{n} X_i - \sum_{j=1}^{m} Y_j \tag{7-3}$$

其中，X_i 表示第 i 种输入物质的数量，Y_j 表示第 j 种正制品的数量，Z 为资源损失（负制品）的数量；根据资源损失的数量，核算各个物量中心的资源损失在数量上所占的比例：

$$S = \left(Z \div \sum_{i=1}^{n} X_i \right) \times 100\% \tag{7-4}$$

其中，S 表示资源损失所占的比例。

根据资源损失在数量上所占的比例，分别计算给各个物量中心分配的资源损失成本：

$$C = \sum_{i=1}^{n} C_i S \tag{7-5}$$

其中，C_i 表示第 i 种材料成本，C 表示资源损失所分配材料成本。

$$N = \sum_{i=1}^{n} N_i S \tag{7-6}$$

其中，N_i 表示第 i 种能源成本，N 表示资源损失所分配能源成本。

$$P = \sum_{i=1}^{n} P_i S \tag{7-7}$$

其中，P_i 表示第 i 种系统成本，P 表示资源损失所分配系统成本。

最后将各物量中心核算资源损失所分配的材料成本、能源成本及系统成本相加，得到最终资源损失的成本 O：

$$O = C + N + P \tag{7-8}$$

以上为 MFCA 核算模型下核算企业资源损失成本的公式。

（四）资源损失造成的环境成本核算

MFCA 核算的最终目的是核算每个物量中心产生的负制品的数量及所分

配成本，也就是资源损失的成本。虽然资源损失并不等同于环境成本，但由资源损失产生的废弃物、废气、废水等会造成环境污染，资源损失越大，造成的环境成本越大，资源损失和环境成本呈正相关。因此，企业不可识别环境成本的计算公式为：

$$不可识别环境成本 = k \times 资源损失 \tag{7-9}$$

其中，k 为单位资源损失的环境成本系数，也称为转换系数，$k>0$。

由于不同企业属于不同行业，对资源的利用方式不同，而且企业所处周边环境的构成情况也有差别。由于这些方面的不同，需要通过转换系数 k 把资源损失转换成环境成本，k 值可以根据行业和特定环境特点确定，环境损失总额数据和资源损失数据可以通过国家权威部门发布的各行业数据得到。k 值可以通过以下公式计算：

$$k = 某行业环境损失总额 \div 某行业资源损失合计 \tag{7-10}$$

虽然评估 k 值的工作量较大，但是具体到一个行业而言，k 值相对还是比较固定的，而且政府相关部门会定期公布，因此获取 k 值还是可行的。

（五）企业环境成本核算

根据本书中的环境成本概念和分类，企业环境成本包括可识别环境成本和不可识别环境成本，因此环境成本核算分为三大步骤，具体计算思路为：第一步，通过应用 MFCA 的方法计算和资源损失相关的不可识别环境成本；第二步，通过企业调研数据，归集企业可识别环境成本；第三步，将上述两部分成本相加得出本企业的环境成本。因此，企业环境成本核算公式为：

$$环境成本 = 可识别环境成本 + 不可识别环境成本 \tag{7-11}$$

这样，在核算过程中，最大的工作量是核算基于 MFCA 的不可识别环境成本。这种方法将在环境成本中占大部分的由资源损失造成的环境成本清晰地计算出来，而且将计算工作最复杂困难的部分算出来，最后核算企业整个的环境成本相对比较容易。企业环境成本核算过程如图 7-9 所示。

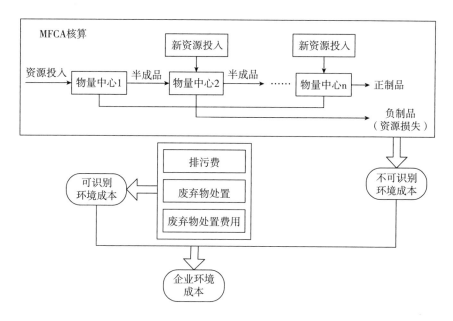

图 7-9 企业环境成本核算过程

第三节 案例研究——MFCA 在 JM 稀土企业的应用

一、企业基本情况介绍

（一）JM 稀土企业背景简介

稀土行业一直受到各界的关注，我国的稀土资源尤为丰富，占有量为全世界已勘探总量的 50% 以上，且分布广泛。而本书研究对象即包头市白云鄂博矿的占有量为我国的 83%，但是这种占有量优势也面临着一系列突出问题，例如稀土产业链不够完整、产业集中度低等。其中最突出的问题是稀土资源的使用率相对较低，开采、生产等过程中造成的环境破坏问题比较严重。

本书选取内蒙古包头市 JM 稀土企业作为研究对象。JM 稀土企业成立于

2000 年 8 月，地处素有"稀土之乡"美誉的包头市，此地资源丰富，交通便利，地理位置优越，为稀土企业的生存与发展奠定了很好的基础。JM 稀土企业自成立以来，生产工艺不断改进，生产规模不断扩大，现有稀土精矿焙烧回转窑、混合碳酸稀土生产线、稀土萃取分离线、氧化焙烧八孔推板窑、氧化焙烧静态反射窑、氧化物电解金属生产线等，生产流程布局合理、工艺先进，年处理稀土精矿 10000 吨，存取分离稀土 10000 吨，氧化焙烧稀土氧化物 4500 吨，电解金属 500 吨。产品包括稀土焙烧矿、钐铕轧料液、碳酸盐、稀土氧化物和稀土金属等 20 多种。单一稀土产品的纯度可达到 99.9% 及 99.99% 的不同规格的需求，产品主要应用于抛光、储氢电池、磁性材料、石油催化等领域。

（二）JM 稀土企业的生产工艺流程

稀土素有"工业维生素"的美称，是一组化学性质非常相似的 17 个元素的统称，除钪元素和钷元素外，其余 15 个元素在自然界通常为共生。稀土元素在化工、冶金、石油、玻璃、永磁材料等多个领域都得到了广泛的应用，并且随着科学技术水平的不断提高、应用技术的不断创新和突破，稀土氧化物的价值将越来越大。而稀土元素的分离是很困难的，当前阶段国内外稀土分离技术的主要方法为溶剂萃取法，这种方法是利用各稀土元素之间性质的细微不同，对稀土元素进行分离提纯。

JM 稀土企业采用我国稀土企业中应用较广且先进的稀土精矿的硫酸强化焙烧分解工艺，即 P507 体系连续分离单一稀土工艺。具体工艺流程为：将精矿投入一车间（一车间为酸法焙烧车间），通过酸法焙烧和水浸中和，产出硫酸稀土料液；把硫酸稀土溶液投入二车间（二车间为转型车间），通过 P204 转型，产生混合氯化稀土溶液；进入三车间（三车间为碳酸稀土沉淀车间），按照当前所采用的工艺是通过 P507Nd/Sm 分组和 P507Ce/Pr 分组，此过程可产生碳酸稀土溶液，再通过加入碳酸氢钠进行沉淀结晶产生碳酸稀土产品；将碳酸稀土产品在四车间（四车间为氧化灼烧车间）进行氧化焙烧和混料过筛包装，最终产生氧化稀土产品。JM 稀土企业详细的生产工艺流程如图 7-10 所示。

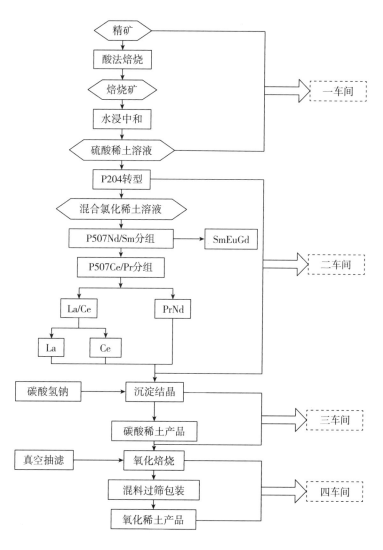

图 7-10   JM 稀土企业生产流程

二、企业环境成本核算现状及必要性

（一）JM 稀土企业环境成本核算的现状

JM 稀土企业现阶段的成本计量中包括产品成本、期间费用以及税费成本等，但由于我国稀土产品成本不完全，环境成本并没有明确计入到企业的产品成本中，因此 JM 企业未明确提出环境成本核算的概念，只在企业各部门成本资料中或多或少有环境成本的体现，在企业财务报表中没有单独设置环境成本会计科目，而是把环境成本相关的项目简单地记入到管理费用、制造费用、营业外支出等科目，使其不能完整核算企业的环境成本。

（二）JM 稀土企业环境成本核算的必要性

在作为本书实例研究的 JM 稀土企业中，使用 MFCA 核算环境成本的必要性主要体现在以下几个方面：

（1）JM 稀土企业是以稀土精矿为原料、生产稀土氧化物的企业。稀土被认为是关系世界和平和国家安全的关键性金属，现如今已成为极其重要的战略资源，因而造成稀土价格相对其他能源一直处于比较高的价位。而在稀土企业中，由于资源的物耗过大会造成资源损失严重，由此造成的经济损失也比较大。

（2）JM 稀土企业在生产过程中产生的资源损失会对环境造成污染。稀土不仅在开采过程中会对环境中空气、水源、土地等产生大量的污染和破坏，在稀土企业的生产过程中，也会产生废水、废气、废渣等对环境造成严重污染。

（3）JM 稀土企业有核算环境成本的需求。JM 稀土企业的成本就目前来说并不是完全成本，环境成本的核算长期偏低，使得企业的利润空间因为其成本的不完全而被人为扩大，造成产品利润存在暴利的假象。因此要正确核算企业环境成本，使成本能完全显示，体现真正的产品价值。

（4）JM 稀土企业对环境成本重要性认识不够。稀土在加工提取过程中损失比较严重，且在生产过程中每个阶段的损失程度不同。

因此使用 MFCA 法核算 JM 稀土企业环境成本，能够解决企业在生产过程中由于资源损失造成的环境成本核算的问题，能够使管理者清晰地看到生产过程中环境成本产生的情况，从而促使对生产流程及设备的改进，提高企业资源利用率，减少环境污染，进而提高企业的经济效益。

因此，在稀土企业中加强资源损失核算具有重要的意义：一是通过核算资源损失，为企业管理者抓住管理核心提供数据依据，使其能够有针对性地控制资源损失的产生，进一步提升企业中资源的利用率，同时提高企业的经济效益，对企业的长远发展意义深远。二是通过核算资源损失，能够正确核算企业所承担的环境成本。促使企业对生产工艺和流程进行改进，进而减少生产过程中资源损失对环境产生的影响，降低企业的环境成本。

三、企业基于 MFCA 的环境成本核算

（一）事前准备

核算过程中的事前准备阶段主要工作是根据 JM 稀土企业的生产工艺流程确定物质流成本核算的对象、确定核算的物量中心、确定分析核算数据的模型和期间、确定收集核算数据和归集核算数据的方法。

（1）JM 稀土企业的工艺生产流程主要是一条生产线，因此将此生产线确立为本核算的研究对象。

（2）根据工艺流程以及在 JM 稀土企业收集到的数据分析设定本企业物量中心。其中根据生产流程及 JM 稀土企业生产部门的记录将二车间和三车间合并成一个物量中心。因此，将 JM 稀土企业整个生产流程分为三个物量中心，其中一车间划分为物量中心 1，二车间和三车间划分为物量中心 2，四车间划分为物量中心 3，如图 7-11 所示。

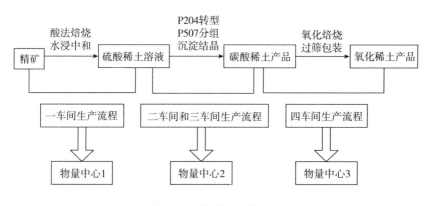

图 7-11　物量中心的确定

（3）在确定核算物量中心后，由于稀土企业的生产没有季节性和周期性差别，根据 JM 稀土企业的生产实际情况，将核算期间定为以月为核算周期。本书的核算期间确定为 2013 年 10 月的数据。

（4）本书核算数据的收集采用现场调研法，通过去 JM 稀土企业实地收

集数据。一部分数据来自 JM 稀土企业的生产车间，有关各种资源输入以及产品输出的数量的统计数据，另一部分数据来自 JM 稀土企业的财务部门。

（二）物质流数据收集和归集

本书收集了 JM 稀土企业 2013 年 10 月的生产数据以及财务数据。其中生产数据来源于 JM 生产部门的统计表，财务数据来源于财务部门的相关成本数据。由于在稀土企业中重点核算的是 REO（稀土氧化物）的数据，所以本书的数据基础是以企业投入材料中 REO 的数据来核算。由于篇幅所限，在 JM 稀土企业中收集的原始数据分别见第八章附录 A、附录 B、附录 C。

根据第八章附录 A、附录 B 和附录 C，将从 JM 稀土企业生产部门收集到的整个生产流程中各个车间的原材料、辅助材料的数据，根据本书对 JM 稀土企业确定的物量中心进行归集，编制 JM 稀土企业各物量中心原材料数量表（见表 7-1）、辅助材料成本表（见表 7-2）。

表 7-1　原材料数量　　　　　单位：吨

物量中心	名称	本月领料（REO）	期初库存（REO）	期末库存（REO）	本月消耗（REO）	月末产出物料（REO）
物量中心 1	精矿	262.452	0	0	262.452	0
	焙烧矿	10.9	0	0	10.9	28.48
	金属渣	5.281	0	0	5.281	0
	半成品	0	8.671	8.358	0.313	0
	硫酸稀土料液	0	9.076	7.826	1.25	237.744
	小计	278.633	17.747	16.184	280.196	266.224
物量中心 2	硫酸稀土料液	247.452	83.847	77.616	253.683	0
	碳酸镧	0	0	0	0	51.907
	碳酸铈	0	0	0	0	98.853
	碳酸镨钕	0	0	0	0	59.581
	碳酸镧铈（低镧铈）	0	0	0	0	30.455
	铽镝	0	0	0	0	0.358
	钐铕钆料液	0	0	0	0	2.159
	小计	247.452	83.847	77.616	253.683	243.313

续表

物量中心	名称	本月领料（REO）	期初库存（REO）	期末库存（REO）	本月消耗（REO）	月末产出物料（REO）
物量中心3	碳酸镨钕	61.49	0	0	61.49	0
	碳酸镧	24.533	8.396	0	32.929	0
	碳酸铈	77.724	0	0	77.724	0
	氧化镨钕	0	6.8	3.388	0	63.931
	氧化镧	0	0	0.744	0	31.747
	氧化铈	0	4.004	9.27	0	71.726
	氧化铈回收料	0	0.905	0.401	0	0
	小计	163.747	20.105	13.803	172.143	167.404
合计		689.832	121.699	107.603	706.022	676.941

表7-2　辅助材料成本

名称	材料单价（元/吨）	物量中心1		物量中心2		物量中心3		合计（元）
		投入数量（吨）	投入成本（元）	投入数量（吨）	投入成本（元）	投入数量（吨）	投入成本（元）	
硫酸	203.91	936.00	190859.76	0.00	0.00	0.50	370.00	191229.76
白灰	300.00	688.00	206400.00	0.00	0.00	0.00	0.00	206400.00
氧化镁	760.68	57.00	43358.76	0.00	0.00	0.00	0.00	43358.76
液碱	582.83	0.00	0.00	30.71	17898.71	0.00	0.00	17898.71
盐酸	284.23	0.00	0.00	1135.18	322652.21	0.00	0.00	322652.21
氢氟酸	3752.24	0.00	0.00	0.00	0.00	3.58	13433.02	13433.02
合计	—	1681.00	440618.52	1165.89	340550.92	4.08	13803.02	794972.46

根据 JM 生产部门和财务部门收集数据，原始数据如第八章附录 A、附录 B、附录 C 所示，分别乘以它们在每个物量中心所投入的数量，得出每个物量中心所投入每种能源的成本价值。根据计算出的每种能源在各个物量中心的投入成本及投入数量进行归集数据，编制各物量中心的能源成本表（见表7-3）。

根据 JM 稀土企业财务部门收集的人工费、固定资产折旧费以及制造费用，归集到各物量中心。归集编制各物量中心人工成本、固定资产折旧成本以及制造费用明细表。系统成本包括人工成本、固定资产折旧成本和制造费用，因此将上述成本汇总成系统成本汇总表（见表7-4）。

表7-3　能源成本

名称	材料单价（元）	物量中心1		物量中心2		物量中心3	
		投入数量	投入成本（元）	投入数量	投入成本（元）	投入数量	投入成本（元）
三八块煤（吨）	584.24	205.00	119769.20	87.50	51121.00	150.65	88015.76
粉煤（吨）	411.00	86.30	35469.30	45.50	18700.50	69.53	28576.83
煤油（吨）	8974.36	0.00	0.00	7.68	68923.08	0.00	0.00
电力（度）	0.50	167753.43	83876.72	103232.88	51616.44	103232.88	51616.44
合计	—	168044.73	239115.22	103373.56	190361.02	103453.06	168209.03

表7-4　系统成本汇总　　　　　　　　　　　单位：元

	物量中心1	物量中心2	物量中心3	合计
制造费用	177441.25	160651.22	109013.94	447106.40
人工费用	115181.82	141762.24	121932.78	378876.84
固定资产折旧	122139.57	3652.84	81426.38	207218.79
合计	414762.64	306066.30	312373.10	1033202.03

根据表7-1、表7-2、表7-3和表7-4的成本汇总形成由总投入资源而成的企业生产成本如表7-5所示。此处需注意的是，原材料只在生产流程开始之前投入，在之后的生产流程中投入的原材料是经过上个工艺生产加工后的，因此在企业的会计生产成本报表中原料成本只有一个数据为6864802.00元。而在MFCA核算中，是用来核算资源损失的情况，最初投入的原料经过物量中心1的生产流程，产出半成品后仍要流到下一个生产流程，且在物量中心2和物量中心3的生产流程中仍有材料的损失，因此，在这两个物量中心仍然计量投入原材料的成本。

表 7-5　各物量中心生产成本汇总　　　　　　　　单位：元

		物量中心 1	物量中心 2	物量中心 3
材料成本	原材料成本	6864802.00	6215233.50	4217503.50
	辅助材料成本	440618.52	340550.92	13803.02
	小计	7305420.52	6555784.42	4231306.52
能源成本	三八块煤成本	119769.20	51121.00	88015.76
	粉煤成本	35469.30	18700.50	28576.83
	煤油成本	0.00	68923.08	0.00
	电力成本	83876.72	51616.44	51616.44
	小计	239115.22	190361.02	168209.03
系统成本	制造费用	177441.25	160651.22	109013.94
	人工费用	115181.82	141762.24	121932.78
	固定资产折旧	122139.57	3652.84	81426.38
	小计	414762.64	306066.30	312373.10
合计		15503834.11	13798357.18	9111404.19

（三）MFCA 资源损失数量核算

本阶段核算每个物量中心所产生资源损失的数量。根据式（7-3）以及表 7-1 的数据核算各物量中心资源损失的数量：在物量中心 1 中输入资源物质（包括原材料和辅助材料）共计为 280.196 吨，根据原材料数量表可知输出端正制品为 266.224 吨，计算资源损失为投入资源数量 280.196 吨和输出正制品数量 266.224 吨的差为 13.972 吨。同样可以核算出物量中心 2 的资源损失数量为 10.37 吨，物量中心 3 的资源损失数量为 4.739 吨。根据式（7-4）资源损失比例为资源损失数量和输入物质数量总和相除所得，所得数据用百分比的形式表示。在物量中心 1 中资源损失所占比例为资源损失数量 13.972 吨和期初投入资源数量 280.196 吨相除所得商，用百分比形式表示为 4.99%；同样可以核算出物量中心 2 的资源损失数量所占比例为 4.09%，物量中心 3 的资源损失数量所占比例为 2.75%。各物量中心资源损失及所占比例计算结果汇总如表 7-6 所示。

表7-6　各物量中心材料流资源损失数量核算　　　　单位：吨

		物量中心1	物量中心2	物量中心3
输入物质		280.196	253.683	172.143
输出物质	正制品	266.224	243.313	167.404
	资源损失	13.972	10.37	4.739
资源损失所占比例（%）		4.99	4.09	2.75

（四）MFCA资源损失各成本核算

资源损失数量所占比例也是每个物量中心材料成本、能源成本和系统成本的分配比例。根据式（7-5）、式（7-6）和式（7-7）以及表7-5、表7-6中数据，分别核算各物量中心产生资源损失的材料成本、能源成本以及系统成本。在物量中心1中，投入的原材料成本为6864802.00元，辅助材料成本为440618.52元，合计投入材料成本为7305420.52元，可计算出物量中心1中资源损失所分配材料成本为7305420.52元和分配比例4.99%的乘积为364540.48元；物量中心1中资源损失所分配能源成本为投入能源成本239115.22元和分配比例4.99%相乘所得为11931.85元；物量中心1中资源损失所分配系统成本为投入系统成本414762.64元和分配比例4.99%相乘所得为20696.66元，合计资源损失分配成本也就是物量中心1中资源损失是所分配的材料成本、能源成本和系统成本三项之和，计算可得为397168.99元，如表7-7所示。将能源成本和系统成本中的明细项目按照上述核算方法进行核算，计算结果见表7-10。

表7-7　物量中心1成本核算

主要材料	投入材料数量（吨）	280.20
	正制品数量（吨）	266.22
	资源损失数量（吨）	13.97
资源损失所占分配比例（%）		4.99
材料成本计算	投入原材料成本（元）	6864802.00
	投入辅助材料成本（元）	440618.52
	合计材料成本（元）	7305420.52
	分配资源损失材料成本（元）	364540.48

续表

本物量中心投入 能源成本计算	能源成本（元）	239115.22
	分配资源损失能源成本（元）	11931.85
本物量中心 投入系统成本计算	系统成本（元）	414762.64
	分配资源损失系统成本（元）	20696.66
合计	资源损失成本（元）	397168.99

根据式（7-5）、式（7-6）和式（7-7）以及表7-5、表7-6中数据，在物量中心2中，投入的原材料成本为6215233.50元，辅助材料成本为340550.92元，合计投入材料成本为6555784.42元，可计算出物量中心2中资源损失所分配材料成本为6555784.42元和分配比例4.09%的乘积为268131.58元；物量中心2中资源损失所分配能源成本为投入能源成本190361.02元和分配比例4.09%相乘所得为7785.77元；物量中心2中资源损失所分配系统成本为投入系统成本306066.30元和分配比例4.09%相乘所得为12518.11元，合计资源损失分配成本也就是物量中心2中资源损失是所分配的材料成本、能源成本和系统成本三项之和，计算可得为288435.46元，如表7-8所示。将能源成本和系统成本中的明细项目按照上述核算方法进行核算，计算结果见表7-10。

表7-8　物量中心2成本核算

主要材料	投入材料数量（吨）	253.68
	正制品数量（吨）	243.31
	资源损失数量（吨）	10.37
资源损失所占分配比例（%）		4.09
材料成本计算	投入原材料成本（元）	6215233.50
	投入辅助材料成本（元）	340550.92
	合计材料成本（元）	6555784.42
	分配资源损失材料成本（元）	268131.58
本物量中心 投入能源成本计算	能源成本（元）	190361.02
	分配资源损失能源成本（元）	7785.77

本物量中心 投入系统成本计算	系统成本（元）	306066.30
	分配资源损失系统成本（元）	12518.11
合计	资源损失成本（元）	288435.46

根据式（7-5）、式（7-6）和式（7-7）以及表7-5、表7-6中数据，在物量中心3中，投入的原材料成本为4217503.50元，辅助材料成本为13803.02元，合计投入材料成本为4231306.52元，可计算出物量中心3中资源损失所分配材料成本为4231306.52元和分配比例2.75%的乘积为116360.93元；物量中心3中资源损失所分配能源成本为投入能源成本168209.03元和分配比例2.75%相乘所得为4625.75元；物量中心3中资源损失所分配系统成本为投入系统成本312373.10元和分配比例2.75%相乘所得为8590.26元，合计资源损失分配成本也就是物量中心3中资源损失是所分配的材料成本、能源成本和系统成本三项之和，计算可得为129575.94元，如表7-9所示。将能源成本和系统成本中的明细项目按照上述核算方法进行核算，计算结果见表7-10。

表7-9 物量中心3成本核算

主要材料	投入材料数量（吨）	172.14
	正制品数量（吨）	167.40
	资源损失数量（吨）	4.74
资源损失所占分配比例（%）		2.75
材料成本计算	投入原材料成本（元）	4217503.50
	投入辅助材料成本（元）	13803.02
	合计材料成本（元）	4231306.52
	分配资源损失材料成本（元）	116360.93
本物量中心投入 能源成本计算	能源成本（元）	168209.03
	分配资源损失能源成本（元）	4625.75
本物量中心投入 系统成本计算	系统成本（元）	312373.10
	分配资源损失系统成本（元）	8590.26
合计	资源损失成本（元）	129576.94

表7-10　各物量中心资源损失分配能源成本、系统成本明细　单位：元

名称		物量中心1		物量中心2		物量中心3		合计
		投入成本	分配金额	投入成本	分配金额	投入成本	分配金额	
能源成本	三八块煤	119769.20	5976.48	51121.00	2090.85	88015.76	2420.43	10487.77
	粉煤	35469.30	1769.92	18700.50	764.85	28576.83	785.86	3320.63
	煤油	0.00	0.00	68923.08	2818.95	0.00	0.00	2818.95
	电力	83876.72	4185.45	51616.44	2111.11	51616.44	1419.45	7716.01
	小计	239115.22	11931.85	190361.02	7785.77	168209.03	4625.75	24323.36
系统成本	制造费用	177441.25	8854.32	160651.22	6570.63	109013.94	2997.88	18422.84
	人工费用	115181.82	5747.57	141762.24	5798.08	121932.78	3353.15	14898.80
	固定资产折旧	122139.57	6094.76	3652.84	149.40	81426.38	2239.23	8483.39
	小计	414762.64	20696.66	306066.30	12518.11	312373.10	8590.26	41805.03
合计		653877.86	32628.50	496427.32	20303.88	480582.13	13216.01	66148.39

　　根据上述数据总结出在整个生产过程中，根据 MFCA 核算的每个物量中心的资源投入的材料成本、能源成本和系统成本，以及输出端正制品和资源损失（负制品）所分配的材料成本、能源成本和系统成本如图7-12所示。

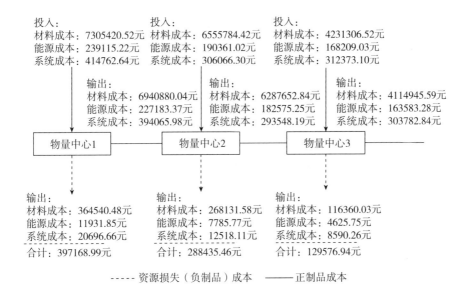

图 7-12　MFCA 核算汇总

根据上述各物量中心核算结果，总结 JM 稀土企业各物量中心的资源损失成本如表 7-11 所示。

表 7-11　各物量中心资源损失成本汇总　　　　单位：元

	物量中心 1	物量中心 2	物量中心 3	合计
材料成本	364540.48	268131.58	116360.93	749032.99
能源成本	11931.85	7785.77	4625.75	24343.36
系统成本	20696.66	12518.11	8590.26	41805.03
合计	397168.98	288435.46	129576.94	815181.38

（五）资源损失造成的环境成本核算

根据资源损失计算环境成本中的不可识别环境成本。由式（7-9）可知，由资源损失造成的不可识别环境成本等于 k 资源损失的乘积，由式（7-10）可知，k 的取值是某行业环境损失总额和某行业资源损失合计相除的结果。这两方面的数据在《包头稀土产业可持续发展研究》中可见，稀土行业的环境损失比重为 53.9%，包头稀土资源利用率为 10% 左右，而全国范围稀土的资源综合利用率平均可以达到 20%~50%，在《有色冶金节能》的综合要闻中同样提到我国稀土行业资源耗费损失比较严重，文中提到包头稀土研究院原院长马鹏起介绍本地稀土行业利用率不足 10%。这样取利用率平均值为 30%，因而造成的资源损失率为 70%。综合以上研究可知，环境损失比重为 53.9%，资源损失比重为 70%，将两者相除可得出 k 值为 0.77。根据式（2-8）分别计算各物量中心由资源损失造成的环境成本。计算结果如表 7-12 所示，因此，企业中由资源损失造成的环境成本为 627689.66 元。

表 7-12　各物量中心环境成本　　　　单位：元

	物量中心 1	物量中心 2	物量中心 3	合计
资源损失	397168.98	288435.46	129576.94	815181.38
环境成本	305820.12	222095.30	99774.24	627689.66

（六）企业环境成本核算

本书将环境成本分为可识别环境成本和不可识别环境成本，也就是上文通过 MFCA 核算出的环境成本数据。可识别环境成本通过调研数据可知，在 JM 稀土企业 2013 年 10 月的管理费用明细表中，属于这部分的环境成本只包括付储渣费，该费用为 240067.00 元。因此，在这个计算周期内 JM 稀土企业的环境成本总和是将可识别环境成本 240067.00 元和 627689.66 元相加得出的和为 867756.66 元。

四、企业环境成本核算结果分析

对表 7-2、表 7-3 和表 7-4 中的数据进行汇总计算，得出企业在生产过程中投入的总的成本为 9290661.77 元，核算结果明细如表 7-13 所示。

表 7-13　企业生产成本

成本类型	材料成本		能源成本			
名称	原材料	辅助材料	三八块煤	粉煤	煤油	电力
金额（元）	6864802.00	794972.46	258905.96	82746.63	68923.08	187109.60
合计（元）	7659774.46		597685.27			

成本类型	系统成本		
名称	制造费用	人工费用	固定资产折旧
金额（元）	447106.41	378876.84	207218.79
合计（元）	1033202.04		
总计（元）	9290661.77		

根据上述核算结果可从下面两个方面进行分析：

（1）按物量中心进行横向比较，物量中心 1 的资源损失成本为 397168.98 元，物量中心 2 的资源损失成本为 288435.46 元，物量中心 3 的资源损失成本为 129576.94 元，每个物量中心的资源损失成本和企业生产总成本 9290661.77 元相除，可得每个物量中心资源损失成本在总成本中所占的比例，具体核算结果如表 7-14 所示。根据表 7-14 中的数据做簇状柱形图如图 7-13 所示，从图 7-13 中可以很明显地看出，三个物量中心中，物量中心 1 的资源损失成本最多，物量中心 1 是 JM 稀土企业的一车间，主要的生产工艺是酸法焙烧稀土精矿，使稀土矿物完全分解，投入的原材料为稀土精矿石，而稀土精矿中脉石矿物较多，因此产生损失的数量比较大，分配的成本较多。

表 7-14　资源损失成本

项目		物量中心 1	物量中心 2	物量中心 3
生产总成本（元）		9290661.77		
资源损失	金额（元）	397168.99	288435.46	129576.94
	占总成本比例（%）	4.27	3.10	1.39

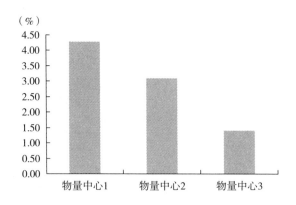

图 7-13　资源损失成本占总成本比例

　　根据表 7-11 的数据，各物量中心资源损失在材料成本、能源成本和系统成本所分配的金额，分别和企业生产总成本 9290661.77 元相除，可得每个物量中心中，资源损失在各个成本分类下所占总成本的比例。核算后的数据如表 7-15 所示。从核算结果可以看出，企业每个物量中心的损失成本仍然主要是由材料成本的损失造成，而且是物量中心 1 所占比例最大。

表 7-15　各物量中心资源损失比例

		物量中心 1			物量中心 2		
		材料成本	能源成本	系统成本	材料成本	能源成本	系统成本
资源损失	金额（元）	364540.5	11931.85	20696.66	268131.6	7785.77	12518.11
	占总成本比例（%）	3.92	0.13	0.22	2.89	0.08	0.13
		物量中心 3					
		材料成本		能源成本		系统成本	
资源损失	金额（元）	116360.93		4625.75		8590.26	
	占总成本比例（%）	1.25		0.05		0.09	

（2）按成本类型比较，材料成本的资源损失成本为749032.99元，能源成本的损失为24343.36元，系统成本的损失为41805.03元，和企业生产总成本9290661.77元相除所得比例分别为8.06%、0.26%和0.45%。具体核算结果如表7-16所示。如图7-14所示，材料成本在资源损失方面占了很大比例，这是由于企业在生产过程中，主要对原材料稀土精矿进行焙烧、分解、提取，由于原材料的质量因素以及生产技术因素等会产生废渣等废弃物，造成资源损失，同时稀土精矿的单价较高，因此造成资源损失较大，由此产生的环境成本也较大。

表7-16　各类成本资源损失比例

		材料成本	能源成本	系统成本
生产总成本（元）		9290661.77		
资源损失	金额（元）	749032.99	24343.36	41805.03
	占总成本比例（%）	8.06	0.26	0.45

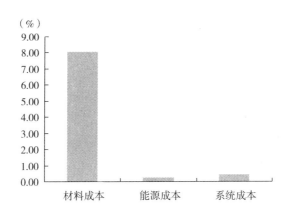

图7-14　资源损失成本占总成本比例

本章根据上文所建基于MFCA的核算模型，核算JM稀土企业的环境成本。环境成本中可识别的项目是企业直接承担的成本，已列示在JM稀土企业的会计账目上的管理费用中，而占环境成本大部分的不可识别的成本却是企业忽略的，在企业会计账目中没有明确进行核算，因而造成JM稀土企业的收益状况不明确，利润空间被人为扩大。从本书的核算结果可知，JM企业的管理人员需在企业的第一个生产流程进行改进，进而提高资源的利用率，减少资源损失造成的环境成本，进一步达到环境保护的目的。

参考文献

［1］The System of Integrated Environmentaland Economic Accounting［A］. UNSO，1993.

［2］ US. EAP. An Introduction to Environrnental Accounting［J］. Key Concepts and Terms，1995.

［3］The CICA Task of Force，Environment Stewardship Management，Accountability and the Role of Chartered Accountants［R］. CIAC，1993（9）：67-70.

［4］陈毓圭. 环境会计和报告的第一份国际指南[J]. 会计研究，1998（5）：4.

［5］刘明辉，樊子君. 日本环境会计研究[J]. 会计研究，2002（3）：58-62.

［6］SmithV. Economic Cost［M］. NewYork：East-East-West Center Special，1996.

［7］Bartelmus，Peter. Economic Accounting-methods［J］. Journal of Official Statistics，1993，9（1）.

［8］Vaughn D. Environment-economic Accounting and Indicators of the Economic Importance of Environmental Protection Activities［J］. Review of Income and Wealth，1995（9）：21-28.

［9］Schaltegger S，Burritt R. Contemporary Environmental Accounting：Issues，Concepts and Practice［M］//现代环境会计：问题、概念与实务（中译本）. 肖华，李建发等译. 大连：东北财经大学出版社，2004：381.

［10］Spomar Jr.，John. Enviromental Management Accounting［J］. American Drycleaner，2003，70（7）：62-64.

［11］Jasch. The Use of Environmental Management Accounting［J］. Journal of Cleaner Production，2003（11）：667-676.

［12］葛家澍，李若山．九十年代西方会计理论的一个新思潮——绿色会计理论［J］.会计研究，1992（5）：1-6.

［13］王立彦．生态环境成本核算论略［J］.统计研究，1995（3）：19-21.

［14］王立彦．环境成本核算与环境会计体系［J］.经济科学，1998（6）：53-63.

［15］郭道扬．绿色成本控制初探［J］.财会月刊，1997（5）：5.

［16］肖序．环境成本论［M］.北京：中国财政经济出版社，2002：89.

［17］王京芳．基于生命周期成本法的环境成本分析方法研究［J］.软科学，2004（6）：8-11.

［18］徐玖平，蒋洪强．制造型企业环境成本的核算与控制［M］.北京：清华大学出版社，2006：44.

［19］张秀敏，姚建明．基于环境管理会计识别环境成本［J］.会计之友，2008（1）：73-75.

［20］姚圣．环境会计控制问题研究［D］.中国矿业大学，2009.

［21］United Nations Commission on Sustainable Development. Environmental Management Accounting：Procedures and Principles ［J］. Economic & Social Affairs，2001（53）.

［22］WBCSD. Eco-efficient Leadership for Improved Economic and Environmental Performance ［R］. Geneva，1996.

［23］Strobel M.，Redman C. Flow Cost Accounting：Cutting Costs and Relieving Stress on the Environment by Means of an Accounting Approach Based on the Actual Flow of Materials［R］. IMU，2000：236-241.

［24］S. Enzler，W. Scheide，M. Strobel，et al. Eco-efficient Controlling of Materials Flows with Flow Cost Accounting-ERP-Based Solutions of the ECO Rapid Project［R］. IMU，2001：254-262.

［25］Federal Environmental Ministry，Federal Environmental Agency. Guide to Corporate Environmental Management Cost ［R］. Federal Ministry for the Environment, Nature Conservation and Nuclear Safety（BMU）, 2003.

[26] 邓明君, 罗文兵. 日本环境管理会计研究新进展——物质流成本会计指南内容[J]. 会计研究, 2010, 24（2）: 90-94.

[27] 阪智香. 环境管理会计与海外企业的实践[J]. 企业会计［日］, 2001（6）: 34-37.

[28] METI（Japan Ministry of Economy, Trade and Industry）. Guide for Material Flow Cost Accounting［R］. 2007: 1-48.

[29] 中岛道靖, 国部克彦. 物料流量成本会计［M］. 东京: 日本经济新闻社, 2002: 87.

[30] 罗喜英. 基于循环经济的资源损失定量化研究［D］. 中南大学, 2012.

[31] 谢琨, 梁凤港. 关于环境净效益分析决策工具: 物料流量会计[J]. 四川会计, 2003（3）: 21-24.

[32] 甄国红. 基于材料流动成本核算的企业环境成本分析[J]. 财会月刊（理论版）, 2007（4）: 76-78.

[33] 冯巧根. 基于环境经营的物料流量成本会计及应用[J]. 会计研究, 2008（12）: 69-76.

[34] 郑玲, 肖序. 资源流成本会计的演进和展望[J]. 会计之友, 2009（6）: 12-14.

[35] 邓明君. 物质流成本会计运行机理及应用研究[J]. 中南大学学报（社会科学版）, 2009（8）: 524-532.

[36] 肖序. 物料流量成本会计——环境管理会计概念的深化[J]. 财会学习, 2009（9）: 15-17.

[37] 程品龙. 基于 MFCA 的我国制造业企业环境业绩评价研究［D］. 合肥工业大学, 2010.

[38] 王杰, 朱晋, 李玲. 适用于低碳经济建设的会计核算方法——物质流成本会计[J]. 农业经济, 2010（4）: 91-93.

[39] 陶燕. 浅议适用于低碳经济建设的物料流量成本会计[J]. 财会通讯, 2010（10）: 128-129.

［40］郑玲，肖序．基于系统视角的资源流成本模型创建研究［J］．中国管理信息化，2010（8）：3-7.

［41］李震．基于MFCA理论的企业产品成本分配与计算［J］．财会通讯，2012（9）：124-125.

［42］罗喜英，肖序．基于MFCA的企业低碳经济发展路径选择［J］．中南大学学报（社会科学版），2012，18（1）：108-114.

［43］付飞飞．基于物质流成本核算的企业环境管理与评价研究［D］．天津理工大学，2012.

［44］温水良一，朱卫东，程品龙．日本中小企业MFCA运用状况与问题研究［J］．财会月刊，2009（21）：105-108.

［45］邓明君，罗文兵，黄丽娟．国外物质流成本会计研究与实践及其启示［J］．湖南科技大学学报（社会科学版），2009，12（2）：78-83.

［46］朱卫东，程品龙．基于MFCA的环境设备投资项目优选方法研究［J］．财会通讯，2010（4）：11-13.

［47］万红波，阴海明，朱林．资源流分析视角下企业环境成本核算研究及实例分析［J］．科技管理研究，2010（7）：102-105.

［48］熊运莲，敬采云．物料流量成本会计研究评述及借鉴［J］．会计之友，2011（6）：27-30.

［49］罗喜英，肖序．ISO 14051物流成本会计国际标准发展及意义［J］．标准科学，2009（7）：27-32.

［50］邓明君，罗文兵．日本环境管理会计研究新进展——物质流成本会计指南内容及启示［J］．华东经济管理，2010（2）：90-94.

［51］冯江涛．物质流成本会计国际标准详解［J］．商业会计，2013（5）：9-22.

［52］高永娟．包头稀土产业可持续发展研究［D］．内蒙古师范大学，2013.

［53］综合要闻［J］．有色冶金节能，2006（6）：59-60.

基于生态效率的稀土产品投资决策研究

生态效率是一种评估概念，可以同时改善经济和环境绩效，使稀土企业在保证经济利润一定的同时，又能兼顾到对环境的保护。稀土企业通过不断地去减少物质资源的损耗和污染物的随意投放，生产和供应更低成本、更环保的产品来提高产业的竞争力，以此增加产品的附加值。自从学者们提出了生态效率的概念，它就受到各界特别是商界的强烈关注，生态效率的出现，使得制造企业既能考虑到企业的经济利润，又能兼顾到企业对环境产生的污染问题。但由于目前人们对生态效率的界定没有统一，生态效率的评价方法仍处于起步阶段，尚未形成一致的系统准则。本章采用的生态效率计算方法主要结合产品 LCC、LCAC 和 LCA。最终生态效率将以标准化的百分数呈现出来，这样做的好处是我们可以通过标准化的计算结果直接分析出产品的生态效率，直观看出产品对环境产生的污染，同时也可以通过生态效率的计算直观对比出两种或是多种产品对环境产生污染的大小。这样的计算将为生态效率探究提供新思路。本章将生态效率的计量模型最终应用到稀土抛光粉制备工艺的实例中，分析该模型的适用性并探究该模型计算得出生态效率的结果是否足以作为稀土制造企业决策的基础，鼓励稀土企业进行绿色创新，从而减少浪费，全面提高生产率，树立企业的绿色形象，提高企业的核心竞争力。

第一节　生态效率研究综述

一、生态效率理论研究综述

目前，国内外学者对生态效率的研究主要体现在定性研究和定量研究上，定性研究侧重于生态效率概念理论，定量研究侧重于生态效率计算方法和具体应用。

（一）生态效率概念

生态效率的英语表述是"Eco-efficiency"，前部分是"生态"和"经济"的结合，后部分"efficiency"与前部分相结合，这就意味着"生态效率"。这意味着把生态效率与经济效率联系起来，在促进经济发展的同时发挥生态保护作用。

1990 年，Schaltegge 和 Sturm 首先提出生态效率理论并确定生态效率的定义：经济变化量与环境污染量的比值。随后，许多学者将焦点集中在生态效率研究方面，探索生态效率的延伸和应用。他们的共同点在于：都是基于"生态效率是利用更少的能源损耗和污染投放来产生更大的价值"的基本思想。

1992 年，世界可持续发展工商理事会（WBCSD）再次总结了生态效率的定义并提出了生态效率，生态效率的存在是为了保证人们能够使用到高质量的产品，同时对环境起到保护作用。在产品和服务的生命周期中，生态影响和资源损失减少到地球能够负荷的程度，这与地球的承载能力一致。这一概念整合了经济和环境，旨在提高资源的高度利用，减少污染随意投放，最后实现经济效率和环境效率的双赢局面。

1998 年，经合组织（OECD）提出：生态效率是资源和环境的综合效率。这种效率实际上是产出与输入的比率，"产出"是指企业为生产活动提供的产品或服务的经济价值，而"输入"意味着企业生产活动的环境排放。

（二）生态效率理论

生态效率理论最先在国外诞生。国外研究人员起初从生态效率概念的角度出发，着手研究生态效率。其核心理念是减轻生产活动中的环境压力，同时实现经济高效发展、企业健康发展。Desimone 提出，生态效率是在不断调整发展战略的同时，最大限度地提高经济收益和环境收益。Markus 提出生态效率是在保持生态调节的同时达到经济收益提高的效果。计算生态效率的目的是减少物料和能源的输入，进一步得到最大经济利润，产生最小环境污染。

随后，我国学者根据现如今我国具体情况对生态效率展开了分析探究，而后在我国发展的各个方面开展了具有应用价值的探析。王正明将我国稀土产业的国情与生态效率的理念结合起来，构建了一套衡量我国稀土产业研发的生态效率指标体系。李阳将企业治理的运作程序与生态效率进行统一，指出企业要内化生态效率，将其融入到平常的运作中，即企业的生态效率能够展示出它的核心竞争力。这意味着企业应站在自身角度去衡量可持续发展的意义。孙洪海等梳理了国内外学者对生态效率的内涵和计算方法，基于此对石化行业的生态效率进行了计算和分析，为石化行业提出了宝贵的建议。赵薇等对生态效率理论进行总结分析探究，利用 LCA 方法对城市垃圾处理情况进行生态效率计算研究并构建模型，对其计算结果进行可行性分析，并提出针对城市垃圾处理情况的建议。吕彬分析我国废旧电子产品的处理情况，结合生态效率计算方法构建模型，对我国废旧电子产品处理情况进行分析，结合计算结果，为废弃电子产品的处理提出了可行的建议。

二、生态效率评价方法研究综述

根据前述内容对生态效率定义的理解，它的计算方法与研究对象和研究目的的紧密相关。为了使生态效率的计算结果更具有可应用性与科学性，各国研究人员都把定量分析的方法应用在生态效率的研究方面。

（一）比值影响评价法

比值影响评价法能更直观地计算生态效率。1990 年，Schaltegge 和 Sturm 首次提出生态效率理论并确定了生态效率为经济变化量与环境污染量的比值。根据对生态效率理论的理解，可以使用以下公式来衡量它的大小：

$$生态效率 = \frac{产品价格总量}{环境污染总量} \qquad (8-1)$$

根据式（8-1），生态效率研究的重点是产品价格的总量和环境污染的总量这两个维度。为了选择产品价格总量指标，世界可持续发展工商理事会（WBCSD）将产品总销售和销售净额视为经济价值的体现。如今，大多数制造企业普遍选取财务指标作为衡量经济的维度。生态效率的计算也会随着所研究的目标和所研究目标的数量不同而有所差距。比值法的显著特征是经济价值和环境影响最终用数字表示。经济价值可以用产出价值或成本来表征，环境影响是由一些计算单位不同的环境因素组成，需要进行整合和归一化。生命周期成本分析方法（LCC）对于核算产品整个流程中成本的耗费是非常有用的一种计算方法。LCC 方法主要探究产品制造过程中整个生命周期内部的所有耗费。为了选择环境影响指标，WBCSD 提供了 5 个一般环境指标和 2 个替代环境指标。环境指标可以使用 LCA 方法计算，LCA 方法是一种计算分析产品在它的整个生命周期中所有输入输出的测量工具。目前，在生态效率的研究领域中，比值影响评价法的应用是一种新兴的研究方法。

F. Freire 等结合 LCC 分析方法，以古老建筑为研究对象，建立生态效率模型，根据模型的计算结果给出了如何更好维护古老建筑的相关建议。Stone D. 使用比值影响评价法建立企业生态效率模型，使用 LCAC 分析方法分析企业生产时的环境影响，使用 LCC 分析方法分析企业运营时的经济影响。国内学者应用比值影响评价法衡量生态效率的有：吕彬和杨建新运用生态效率比值影响评价法，结合中国当今废旧电子产品处理情况，建立生态效率模型，以废旧电子产品为评价对象，分析并给出相关建议。其中对环境影响的测评采用 LCA 分析方法，对经济影响的测评采用 LCC 分析方法。王正明和赵玉珍从 3 个产业生产过程出发，运用比值影响评价法对我国稀土产业 2001~2012 年的生态效率做了实证分析。胡鸣明利用 LCA 分析方法分析垃圾填埋造成的污染程度，利用 LCC 分析方法分析垃圾填埋对经济产生的影响。王晓莉对生态效率结构框架进行了分析，通过比值影响评价法，结合生态效率的计算方法，分析食品中碳排放的生态效率。董莉运用比值影响评价法，分析中国医药制造业的环境效率和生态效率，构建了药品生产的生态效率评价指标体系。

（二）指标评价法

所有独立但相互完整的指标构成一套生态效率指标集合。随着学者不断地进行研究，人们发现测量生态效率可以选择指标法，因为指标法可以使企业在制备产品中资源得到有效利用，从而减少企业因为经济发展对环境造成不好的影响。指标法是将所有测量生态效率的指标集中在一起，形成指标集合，全面反映社会的协调状况，需要反映出经济的发展水平以及环境的友好程度，指标集合通常包括资源和能源的损耗以及环境污染物的投放，以及用产出或其他经济指标衡量的经济效益水平。

Yao Shi 等建立了一个基于 ESV 的指标评价体系，探究工业园区的生态效率，并提出了应对的可行性建议。Van Caneghem 在研究钢铁工业的生态效率时，选取的环境测评指标包括人体毒性、海洋毒性、富营养化等，全面分析钢铁工业对环境产生的污染程度。赵春阳运用指标评价法，结合西部地区 12 个省份的相关数据，分析影响城市生态效率的指标因素，结合计算结果，给出了实现西部地区绿色发展的提议和方法。聂弯运用指标评价法评估农业生产的生态效率，目的是使农民高效生产，解决农业生产带来的污染问题，使农业经济快速发展。梁星利用经济发展水平、产业结构、外资利用、环境政策、技术创新、城镇化以及平均受教育水平，全面评估中国 2006~2015 年 30 个省（自治区、直辖市）的生态效率，比较分析中国整体水平与中西部区域生态效率的差异，提出可行性建议。黄和平基于绿色 GDP 与生态足迹两种评价指标对江西省生态效率进行计算，并在此基础上对所计算的生态效率计量结果的动态变化进行分析研究。白世秀着重分析生态效率基本理论，利用生态效率计算方法，运用 GDP 评价指标分析市场创造的经济价值与其环境之间的关系。徐杰芳选取中国 27 个煤炭资源型城市为样本，选取指标评价法，通过实证分析及图形拟合验证，得出煤炭产量与生态效率间存在"U"形关系，据此提出临界产量的概念，并针对煤炭产量优化调控的手段提出了可行性建议。邢贞成将生态足迹指标纳入全要素分析框架之中，提出 Shephard 生态距离函数，构建全要素生态效率指标，结合 2000~2014 年中国区域的全要素生态效率及其影响因素的相关数据对生态效率进行了实证研究。此外，国内一些研究者将生态承载力评价法即生态足迹（Ecological Footprint）法应用于生态效率的评价指标方面。

（三）模型法

数据包络分析法（Data Envelopment Analysis，DEA）是一种基于相对效率概念的系统分析方法，基于同一类型决策单元的多指标输入和多指标输出的生态效率测评方法。DEA 广泛应用于生态效率的评价研究方面。

Xiaohong Liu 等运用 DEA 模型法对燃煤电厂的生态效率进行了评价。付丽娜、陈晓红和冷智花建立 DEA 投入产出模型，分析长株潭城市群生态效率。张卫枚、方勤敏和刘婷建立了 DEA 模型，分析城市工业生态效率，以湖南省等 13 个省份 4 年间的数据为样本容量，对工业生态效率进行计算。彭红松、章锦河和韩娅以黄山风景区为例，采用基于时间序列的 DEA 模型，根据 1981~2014 年输入和输出数据，建立了有关旅游景点生态效率测度模型和指标体系。韩洁平、文爱玲和闫晶通过构建 DEA 模型对我国 30 个省（自治区、直辖市）工业生态效率评价指标进行了研究，根据我国工业生态现状，结合所计算的结果，从三个层面给出针对性建议。邹倩根据所研究的评价对象及每个评价对象多输入、多输出的特点，构建 CCR 和 BCC 评价模型，以适合大庆市石化企业生态效率评价的指标体系。利用 SPSS 软件对数据进行相关性分析，明确指标的正相关性后，结合 DEAP2.1 软件的结果对比了运行效率和生态效率的关系，提出了提高生态效率的方向。王幸福基于 PCA-DEA 组合模型测算煤炭产业 2000~2016 年的生态效率，创建 VAR 模型用于实证分析环境政策与煤炭工业生态效率的动态关系。结果表明，煤炭产业生态效率状况亦能反向影响政府环境政策的制定，我国煤炭产业生态效率存在显著的"时间惯性"，早期的经济和环境情况总是对当前的生态效率产生最大的影响。曹俊文建立 PCA-DEA 模型，以长江经济带 11 个省份 10 年间的数据为样本容量，对样本数据进行计算，并根据计算结果分析影响生态效率大小的因素。实证结果显示，长江经济带的生态效率位于中上等水平，生态效率的整体平均水平低于中国下游水平，它的产业结构与它的生态效率之间呈现负相关性，所以它的产业结构的改善有助于提高生态效率。根据绿色协调发展的相关理论知识，任志安以生态效率为视角，以淮河流域的相关历史和其现在的状况，探讨了其相关特征，结合生态效率的测量结果，利用 Malmquist 指数对其进行测算，结果表明，淮河流域绿色发展出现问题的原因在于它的生态效率计算结果偏低，结合面板数据的相关模型，分析了导致淮河流域生态效率偏低的主要因素，最后结合计量结果对提高淮河流域的生态效率提出了值得参考的建议。

（四）其他方法

（1）工业代谢分析法。周凤禄和张廷安以生态效率的概念为基础，以山西某氧化铝厂为例，采用工业代谢分析方法，通过企业的资源、能源、污染物类型和投入量、产出量分析比较了企业生态效率的现状。

（2）能值分析法。孙玉峰和郭全营运用能值分析法对矿产开发区经济系统的生态效率进行了计量和评价，以山东某矿产开发区为研究对象，对它进行实例计算探究，证明能值分析法可以作为衡量生态效率的有效工具。

（3）物质流分析法。谷平华和刘志成在物质流分析方法的基础上，运用生态效率理论比较了省级和国家产业的生态效率。以湖南省为研究对象，将它在时间序列上做纵向比较，用于分析工业物质流结构。

（4）生态足迹分析法。芮俊伟、周贝贝和钱谊基于生态足迹和生态效率相关概念，在生态足迹计算方法的基础上，构建了工业园区生态效率模型，以昆山高新区为计算对象，将它应用到模型当中，对它的生态效率进行计算分析。

三、生态效率应用研究综述

现如今，生态效率的理念与评价方法越来越多地被学者以及管理者们所使用，生态效率多被应用在企业生态效率的研究、产业生态效率的研究以及区域生态效率的研究中，不同领域的研究所使用的计算方法也有所不同。

（一）企业生态效率研究

世界可持续发展工商理事会是由全球数百家大公司组成的联合组织。因此，当该组织于 1992 年给出生态效率概念时，各大企业就开始使用生态效率的概念，并将它应用到各个企业的研究对象中。应用生态效率的目的在于引导企业走向可持续发展，生态效率作为一种管理战略，对企业的管理控制系统和会计信息系统起着积极的作用。

E. Passetti 等将生态效率融入企业的计量体系中，将生态效率与企业指标联系起来，建立企业生态效率模型，这为中小企业生态效率的评价提供了科学依据。Michael Risse 等利用比值影响评价法计算分析木材企业生态效率，通过 LCA 评价方法分析木材企业对环境产生的影响，通过 LCC 评价方法分析木材企业对经济产生的影响。结果表明，将回收的木材进行再次处理可达到经济与环境的双重保护，进一步达到了木材的二次使用，为木材企业提供了参考性建议。龚光明通过梳理国内外有关企业生态效率、可持续发展和环境管理等方面的文献，从理论、方法及实践层面归纳企业生态效率的研究进展，在反思传统会计模式缺陷的基础上，提出了借鉴国际企业生态效率理论成果和管理经验，结合当前的经济环境，促进中国稳步前进，构建中国生态效率理念。环境因素和数据上的误差会对生态效率产生一定的影响，高文建立 DEA 模型对我国 31 个省份 2008~2011 年的各个中小企业展开生态效率的计算分析。研究结果表明，政府的相关政策、重工业和轻工业的结构以及企业自身的政策都将影响企业自身生态效率的结果，最后针对所构建模型的计量结果给出了相关的可行性建议。

（二）产业生态效率研究

从产业领域的角度来看，生态效率的本质是实现资源、环境与经济三者之间的最佳调和。对产业而言，产品生态效率分析可用作战略选择以及过程决策，从而降低使用成本，对环境产生最小的影响。

R. Maia 等结合生态效率指标集，运用经济绩效评估的研究方法探究农业生态效率，提出关于改善农业生态效率的相关建议。马勇和刘军通过对产业生态效率内涵的相关梳理，以生态效率作为测评产业生态程度的指标，建立生态效率指标集合，用主成分分析法对 2010~2012 年长江中游城市群 34 个城市各相关指标进行处理，然后将新的投入产出数据代入 DEA 模型当中并对长江中游城市群产业生态化效率进行评价，最后针对所构建的 DEA 模型的计量结果，提出了改进的可实施性建议。郑宇梅和尹少华选取了林业第二产业面板数据测算林业产业生态效率，通过收集处理 2004~2013 年我国 15 个省份的 750 个样本数据，利用基于投入导向的 DEA 模型，在考虑污染物排放等非期望产出变量的条件下测度了我国 15 个省份 10 年间的林业生态效率，进而探究我国林业的生态效率。刘伟从可持续的视角测量稀土产业的生态效率，以稀土产业为研究目标，建立 DEA 模型，计算了 2001~2013 年中国稀土产业的生态效率。韩凌和徐昕利用 Matlab 和 DEA 软件，以 2005~2014 年贵阳市铝产业为测评对象，对其进行生态效率的计算，并根据计算结果对铝产业提出了有针对性的意见。

（三）区域生态效率研究

区域生态效率的研究，应着眼于从所有区域协调发展的想法出发，在经济和社会协调的基础上实现人类的发展。

V. Moutinho 等运用数据包络分析模型对 2000～2004 年和 2005～2011 年两个不同的时间段内欧洲国家的生态效率进行实证研究，其中国内生产总值（GDP）被视为理想产量，温室气体（GHG）排放被视为不理想产量，物料和化石燃料等可再生资源的消耗被视为相关的投入量，进而计量区域的生态效率。Sarah Brudler 等对丹麦城市不同地域水资源进行生态效率的计量分析，结合 LCA 评价方法对环境影响进行量化评估，利用总增加值对经济影响进行评估，发现淡水生态毒性主要受金属铜的影响。郑慧和贾珊以中国 10 年间 30 个省份的数据为样本容量，运用超效率 DEA 模型计算生态效率，针对生态效率的结果，运用 Malmquist-Luenberger 指数做出分析，找出使其变化的根本因素，并构建 Tobit 模型，分析城镇化的环境因素对各省份生态效率的影响，得出影响城镇生态效率的主要因素。陈真玲用超效率 DEA 的模型，对中国 2003～2012 年 30 个区域的面板数据进行生态效率的全面评价，探讨区域生态效率的变化趋势和特征，构建 Malmquist 指数模型，从技术和效率水平探析区域生态效率的影响因素。刘天舒和李艳梅以生态效率的角度构建循环经济综合评价因子，对各省份循环经济的现状进行比较和测评，最终建立循环经济指标体系，又建立 SE-DEA 模型，以 2008～2012 年中国 30 个省份为测评对象，对它们进行生态效率评价。

四、小结

基于上述对生态效率评价方法的文献总结，可以得出以下两点结论：

（1）生态效率计算方法的选取与生态效率测评对象有着密切的关系，不同的计算方法适用于不同的测评对象。由于稀土产品从开采、生产到加工是一条完整的工艺流程，其生态效率的衡量包含各个环节。因此，应用比值影响评价法能从生产和环境两方面分析生态效率。

（2）比值影响评价法是一种直观的评价方法，能够综合多种指标，较为简单和直观地反映产品的生态效率。目前，比值影响评价法在废弃物品回收、纺织、医药制造等领域的研究中均有广泛应用，但在稀土领域的研究中较为少见。所以，运用比值影响评价法探究稀土产品生态效率是一种新颖的

第八章 | 基于生态效率的稀土产品投资决策研究

研究角度，可以为稀土产品的生态效率提供更加全面、科学的指导。

基于上述对生态效率应用的文献总结，可以得出以下两点结论：

（1）国内外对生态效率的研究较为丰富，它已被广泛应用于企业、产业和区域等范畴。

（2）我国稀土企业的发展面临着资源使用率低、环境污染严重等一系列问题，对稀土企业制造的稀土抛光粉在生态效率方面的测评能够更加准确地发现稀土企业发展中存在的问题，进一步推动稀土制造企业的稳定运营。

第二节　生命周期评价（LCA）相关理论

近些年，生态效率被研究人员广泛应用，也是其重点研究的问题。国内外研究人员根据对它的深入分析，其研究范围不断扩大。本节将通过对生态效率相关理论的总结，进一步分析生态效率的内涵与模型，以更好地计算稀土抛光粉的生态效率。

一、定义和技术框架

根据国际标准化组织（ISO）的定义，产品生命周期评价是产品在它开始的制备过程中到最后产品用完直至处理过程中所有输入和输出的汇总。作为一种环境属性的评估工具，LCA 因其定量分析和评估特征而被大家广泛理解和接受，是推动企业绿色制造和环境最优化的重要工具。

作为全新的环境测量工具和环境保护工具，LCA 的首要目标是通过识别和量化所研究的物质能源和废弃物的排放总量来评估产品产生的环境负荷，寻求一种合理化的降低环境负荷的工艺流程。针对 LCA 测量的过程，我们考虑三类环境因素，包括人类生命健康、生物环境和物质资源。

1997 年，国际标准化机构颁布了 ISO 14040 的准则。在该项标准中，LCA 的实施流程分为四步：第一步确定目标和范围；第二步清单分析；第三步影响评价；第四步解释评价（见图 8-1）。

217

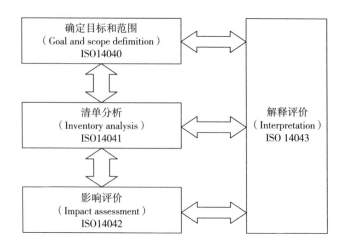

图 8-1　LCA 的技术框架 （ISO 14040：1997）

二、生命周期评价的计算方法

（一）确定目标和范围

目标和范围的确定是 LCA 的第一步。确定目标和范围首先应该明确研究对象，清楚产品制备工艺的整个过程，确定系统边界并确定产品的功能单元，尽量收集全部有关产品制备工艺过程中的数据。边界定义有全生命周期、部分生命周期和单独的一个阶段或工艺，根据评价目标和工程实际自行选取。

1. 定义所研究的产品系统

产品系统是确定产品 LCA 计算过程中的研究目标，它由工艺过程、输入流和输出流组成。

2. 确定产品系统边界

产品系统边界是产品与其产品流程相区分的过程，需要我们确定当前数据的收集水平、环境的介质范围和产品的生命周期阶段。

3. 功能单元

功能单元是用于测量产品系统中的单元，它可以是特定数目的产品或某个特定的过程，在明确功能单元时，需要考虑所研究产品的效率、寿命和质量标准。

（二）清单分析

清单分析是 LCA 评估过程的基础，它给出了定量输入和输出目录，在分析流程中，将会综合分析材料和能源以及制备过程中对环境造成的污染。资源损耗、大气和水里所含污染物以及废弃物的投放都是环境负荷考虑的因素。清单分析主要涉及以下三个方面：

1. 清单数据收集

清单数据是清单分析的基础。原材料采购阶段的数据来自社会产出的状况，对于产品制备工艺的具体数据，来自公司生产过程中的数据、公司年度报表、环境部门的检查报告等。产品运输和销售数据来自实地调查、测评和相关文献的翻阅获取。

2. 清单数据分配

清单数据的分配是清单分析中重要的步骤和最难的部分。这个过程对我们正在研究的部分起到至关重要的作用。

3. 清单数据标准化

清单数据是实施 LCA 的基础。标准化对所列举的清单数据提供了统一的标准，使得 LCA 的计算结果令人信服。

（三）影响评价

影响评价是根据清单分析的结果与表征和量化潜在环境影响，并对其进行分类的过程。影响评价的事物不同，所使用的分类方法便会根据评价事物的差异而存在变化。影响评价包括特征和加权，特征的结果是把影响类别中每一类环境影响转化为同一类物质资源。加权的结果是明确每种环境影响类型对环境产生的污染程度，以获得整体环境影响。

（四）解释评价

生命周期的解释评价是基于清单分析和影响评价得到的结果，进一步为研究人员提供关于所探讨目标相关可行的决策。根据 ISO 14040 的标准，该过程主要涵盖问题的辨别、评估和报告三个部分。

三、生命周期评价软件

由于 LCA 数据库拥有强大的地区性质，几乎每个国家和省份都构建了属于自己的 LCA 数据容量库。目前，针对 LCA 的分析，已经研发了许多用于计算生命周期的工具（见表 8-1）。这些计算工具汇总了大量现有的数据容量库，这对 LCA 的分析起到至关重要的作用。本书将德国 PE-International 公司开发的 LCA 专业软件 GaBi Education 8.0 应用于生命周期评价分析中。它的软件界面显示见图 8-2。

表 8-1　生命周期评价的计算工具

序号	国家	研发单位	软件名称
1	加拿大	加拿大可持续发展研究所	Athena 软件
2	荷兰	莱顿大学环境学中心（CML）	Simapro 软件
3	德国	PE-International 公司	GaBi 软件
4	美国	Ecobilan 公司	TEAM 软件
5	英国	Pira International 公司	PEMS 软件
6	瑞典	Chalmers Industriteknik 公司	LCA 软件

图 8-2　GaBi 软件界面显示

第三节 生命周期成本（LCC）相关理论

一、生命周期成本的概念

生命周期成本（LCC）是将产品制备过程中所有相关成本汇总的一种评价方法，由美国国防部最先给出 LCC 的相关理论和概念。

LCC 一般包含内部成本和外部成本。外部成本主要是由环境造成的相关成本，即企业生产运作过程中对环境造成的不利后果，但由于种种原因无法准确衡量，企业因此无法承担的部分。研究外部环境成本的终极想法不是完全抵消这种公司行为造成的环境破坏，而是将这种破坏纳入公司的生产成本中，公司单独考虑自身环境破坏造成的成本，并制订相关解决方案。

从产品生命周期视角来看，LCC 放弃了仅考虑制造成本的传统研究想法，并衡量生命周期中每个阶段的成本，它是当今社会普遍采用的有用工具。

二、生命周期成本的分析模型

LCC 分析方法中所涉及的模型主要包括参数模型、类推模型和详细模型。

（一）参数模型

参数模型是由"自上向下"（Top-down）的想法得到的，它根据以前收集的相关资料来探究基于成本变量的成本。参数模型的使用通过从整体和各个特定活动的视角来估算产品（或组件）的成本，例如通过以前得出的成本数据和所使用的技术手段来估测成本。参数模型的缺点是对目前投入社会的新产品的成本估算得不是很精准，该模型的构建主要集中在产品早期生命周期的环境下使用。

（二）类推模型

类推模型是基于它与标准产品的差异来调整类似商品或部件的成本。构建该模型的有效性主要集中在能够准确地判断出该产品与已测量过的产品或是现有的产品之间的不同。类推模型的缺点主要集中在当事人需要完全了解并熟知该产品制备工艺的全过程，或熟知相似产品制备工艺的全过程，并对两者之间的相似性进行对比分析，最后总结得出该产品制备工艺的全过程。这种模型的建立大多用于对新产品资金的计算。

（三）详细模型

详细模型的选取主要依据产品制备工艺过程中各阶段制备时间、所需要的物料总量以及各阶段所需材料的单位价格来估算产品制备阶段的总成本，这也就是产品的直接成本，而产品制备工艺过程中存在的间接成本也应包含在产品的详细模型中。由此可知，详细模型是"自下而上"（Bottom-up）的估算模型，这种计算方法要掌握产品制备工艺的详细过程，精确到每一步，这是最详细的成本计算方法，主要研究对象是产品制备工艺的总成本。从模型的构建角度分析，该模型也是这三种分析成本模型中最简单的计算方法。首先明确每一步骤完成需要的时间，其次明确每一步骤所需要的工人和使用机器单位价格，最后用得到的每一步骤的时间和单位价格做乘积得出成本。对简单工艺流程，通过该模型能够计算出精确的成本。对结构复杂的工艺流程，该模型的实施或许存在一些困难，需要知道每一步骤的精确数据，需要大量的调查才能得到。

三、生命周期成本的计算方法

Hadamard 积分析算法（符号。）通过建立物料输入过程与其对应成本之间的单阶段系数，将对应的成本函数动态分配到各阶段的物料单元中，从而得到并建立物料因素与经济因素的对应关系，其计算步骤如下：

（1）划分阶段过程。产品制备阶段中，每一阶段物料成本由"输入"成本和"输出"成本组成。上一阶段的"输出"若再次作为下一阶段的"输入"时，即为产品制备阶段中产生的中间产品，为避免中间产品发生成本的重复累加，在这里将不对该项成本进行考虑。

（2）建立原料输入矩阵 $A = (a_{ij})_{m \times n}$，其中，$a_{ij}$ 表示原料输入因子 i 在单位过程 j 中的输入总量，满足 $a_{ij} \geq 0$；m 为环境输入因子的总个数；n 为单元过程的总个数。

$$A = \begin{bmatrix} a_{11} & a_{12} & \cdots & a_{1n} \\ a_{21} & a_{22} & \cdots & a_{2n} \\ \vdots & \vdots & a_{ij} & \vdots \\ a_{m1} & a_{m2} & \cdots & a_{mn} \end{bmatrix} \qquad (8-2)$$

（3）构造"输入"单价成本矩阵 C：

$$C = (c_{11}, c_{21}, \cdots, c_{i1}, \cdots, c_{m1})^T \qquad (8-3)$$

其中，c_{i1} 表示原料输入矩阵 A 中的输入因子 i 所对应的单位成本。

（4）建立 b×1 阶求和矩阵 B：

$$B = (1, 1, 1, \cdots, 1, 1)^T \qquad (8-4)$$

其中，b 的大小由输入因子的个数 m 决定。

（5）为符合 Hadamard 积矩阵的计算准则，两个矩阵做乘积需满足的条件是：必须为同型矩阵，将 m×1 阶矩阵 $C = (c_{11}, c_{21}, \cdots, c_{i1}, \cdots, c_{m1})^T$ 转换成 m×n 阶矩阵 $C^* = (C^1, C^2, \cdots, C^i, \cdots, C^n)$。

$$C^* = \begin{bmatrix} c_{11}^1 & c_{11}^2 & \cdots & c_{11}^n \\ c_{21}^1 & c_{21}^2 & \cdots & c_{21}^n \\ \vdots & \vdots & c_{i1}^{1j} & \vdots \\ c_{m1}^1 & c_{m1}^2 & \cdots & c_{m1}^n \end{bmatrix} \qquad (8-5)$$

则总成本矩阵 C_T（Total Cost）：

$$C_T = [A \circ C^*]^T B_{m \times 1} \qquad (8-6)$$

C_T 矩阵是 n×1 阶矩阵（其中 n 表示评估系统划分的产品单元过程的个数），每个行向量对应的是相应单元过程与环境因子相关成本 C_{Ti}，故 $\sum_1^n C_{Ti}$ 是系统边界内各个单元过程的总成本，即产品生命周期成本。

四、环境损害成本（LCAC)

环境损害成本（LCAC）是指产品在它整个生命周期中对环境产生污染

的货币化成本。LCAC 数值是由 LCA 分析过程中得到的有关环境负荷的相关数据计算得来的。它是将产品本身的经济价值与其对环境产生的污染价值进行的综合考虑，基于 LCA 计算结果和收集到的货币因子综合得到。LCAC 计算公式为：

$$LCAC = E_p \times EDC_p \qquad (8-7)$$

其中，E_p 由 OECD 国家定义，是指人们修复 p 类环境影响而愿意支付的单位价值。EDC_p 是指 p 类环境影响对应的总量。

对生命周期的环境影响进行计算分析是指将不同单位的影响数值通过一定算法归类为同一参数值。例如，针对全球变暖的情况，CO_2 和 CO 都在全球变暖中起着重要的作用，但 CO_2 是主要的全球变暖的特征因子，为了计算其对全球变暖的影响，还必须将 CO 转化为等效的 CO_2，以此来准确分析全球变暖的情况。环境影响评价指标包括：非生物资源消耗（ADP）、酸化（AP）、富营养化（EP）、淡水毒性（FAETP）、全球变暖（GWP）、人体毒性（HTP）、海洋毒性（MAETP）、臭氧层损耗（ODP）、光化学氧化（POCP）和陆地毒性（TETP），其中非生物资源消耗（ADP）又分为两种衡量标准：ADP Elements 与 ADP Fossil（这里简称 ADPE 与 ADPF）。

第四节　案例研究——稀土抛光粉生态效率评价研究

一、稀土抛光粉生态效率

（一）稀土抛光粉生态效率的内涵

稀土抛光粉生态效率可以定义为稀土抛光粉制造企业的综合效率，目的是以换取最小资源和环境投入，得到最大化经济产出。因此，稀土抛光粉的生态效率能够反映稀土制造企业在经济和环境方面的综合效率，稀土制造企业应该尽可能减少资源输入以及污染物的投放。为了更好地使用资源，更多地赚取经济利润并做到尽量少的污染投放，提高稀土制造企业生态效率的宗旨就是在满足企业壮大与经济增长的同时，最大限度地提高企业效率，减少物料损耗，减少污染物的投放。

生态效率的实现应该具备一定的物质条件、技术水平和公众生态效率意识。具体而言，稀土抛光粉制造企业必须具备一定数量的产品、先进的生产设备和技术水平，以及与时俱进的生态化理论，使得稀土抛光粉制造企业在生产、运输、使用和回收阶段起到资源节约和环境保护的功能。

（二）稀土抛光粉生态效率的计算

为了更清楚地向企业阐述生态效率，方便企业计算生态效率的数值，WBCSD 组织提出了一个简单的表达生态效率的公式，该公式有效地表达出生态效率组织架构。在生态效率的表达式中，有效地将经济与环境结合起来，方便使用者更全面地掌握生态效率。在此基础上，获得稀土抛光粉制造企业生态效率的测量模型：

$$稀土抛光粉制造企业生态效率=\frac{稀土抛光粉制造企业生命周期成本}{稀土抛光粉制造企业环境损害成本}$$

$$(8-8)$$

式（8-8）将稀土抛光粉的生命周期成本 LCC 和环境损害成本 LCAC 分别作为生态效率的 2 个一级指标，其中 LCAC 又选用了 11 个二级指标，二级指标及其所对应的当量因子见表8-2。

为了便于理解和结果解释，Steen 教授和其他学者已经将上述公式标准化，得到：

$$生态效率=1-\frac{LCAC}{LCC} \qquad (8-9)$$

该标准化的结果意味着获得 100% 生态效率，抛光粉制备过程将不会对环境产生不利影响，即所计算的生态效率的值越大，其对环境产生的冲击越小，公司越能健康发展。此外，当 LCAC 数值大于 LCC 时，生态效率的数值将为负数；当 LCAC 为负数时，即稀土抛光粉对环境的影响为正时，生态效率会超过 100%，此时的稀土抛光粉将会创造出一个剩余价值。

二、稀土抛光粉生命周期评价

生命周期评价（LCA）作为评估产品对环境影响的一种手段或作为测评

环境影响的方法受到国际广泛的关注。特别是近几年，LCA 是评价产品环境负荷的重要方法，被认为是定量分析环境影响的最佳方法。物质产品的资源开采、制备和生产阶段将伴随着大量资源、能源的损耗和各种污染物的投放，涉及各种原料、能源、副产品和废弃物的投入和产出，因此企业要想清晰地表达出产品制备过程对环境产生的污染程度，需要使用 LCA 方法分析产品制备的整个生命周期内对环境产生的污染。稀土抛光粉是稀土行业中使用最频繁、最广泛的稀土产品，随着稀土抛光粉产量的增大，它将伴随着严重的污染，人们对于稀土抛光粉对环境造成的影响关注度更高，使得对稀土抛光粉进行 LCA 研究具有重要意义。包头市作为国家级稀土产业基地，其储量、产量均居中国首位。稀土抛光粉因其本身有着很多性能，其使用范围和产品优势远远高于其他抛光粉。作为最大的稀土抛光粉生产国，中国在生产过程中伴随着严重的环境污染，这种传统制备抛光粉的生产工艺造成了哪些环境污染？在不改变现有制备工艺的情况下，如何减少其对环境造成的污染？这些将是本书进行生态效率探究的主要目的。本节将根据确定目标和范围、清单分析、影响评价、解释评价四个步骤对稀土抛光粉 LCA 进行分析。

（一）确定目标和范围

包头天骄清美稀土抛光粉有限公司（以下简称天骄清美有限公司）主要经营"骄美牌"稀土抛光粉产品，年产超过 2220 吨稀土抛光粉，因其产品质量好而受到使用者的广大好评。当下，国内外有关稀土抛光粉 LCA 研究较少，探究稀土抛光粉的环境绩效是天骄清美有限公司创建国家生态设计示范企业验收的必要条件，也是天骄清美有限公司探究绿色发展、实现产品增值的有效途径。

CeO_2 是稀土抛光粉的关键成分。依据其含量的多少，稀土抛光粉可分为两种：一种为高铈抛光粉，另一种为低铈抛光粉。目前，稀土抛光粉的制备工艺可分为两类：碱法工艺与酸法工艺，本书的研究目标为高铈抛光粉的酸法工艺。抛光粉制备的酸法工艺由选矿、冶炼与抛光粉制备 3 个一级阶段组成。其中，选矿阶段由铁矿石选矿、稀土选矿 2 个二级阶段组成。冶炼阶段由稀土粗浮选、原料净化、稀土萃取分离、稀土盐制备 4 个二级阶段组成。

本书以制备 1 吨抛光粉作为功能单位，主要目的是通过量化分析抛光粉制备过程中资源、能源的使用情况和环境排放，为抛光粉制造企业如何更好地减少污染提供依据。抛光粉制备阶段生命周期范围界定如图 8-3 所示。

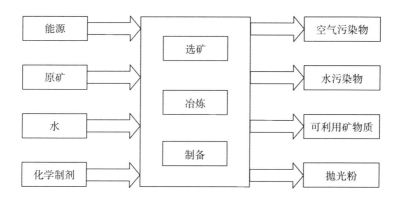

图 8-3 抛光粉制备阶段生命周期范围界定

（二）清单分析

清单分析将全面测量所研究工艺在全生命周期中对物质资源与化学能源的利用，以及对环境释放污染的过程，这是 LCA 工作的前提。进行 LCA 分析，基础数据质量是非常关键的，本书的数据来源于天骄清美有限公司的调研、企业环境保护评价报告以及包钢统计年鉴等，尽可能地使用原始数据，最终生命周期评价数据来自 GaBi 专业数据库。从 GaBi 数据库中获得的数据专门针对国际稀土协会的数据收集项目而定制。为了使数据便于计算，需要根据计算需求把每个流程中环境变量值化为可运算的适量单位。例如，在运算不需要特别精确时大量工业原材料以千克或者吨为单位，而运算比较特异的各种化学物质时使用特殊的单位，例如化工废气以立方米为单位。在含有中间产物的生产流程中，需要参照方程式或者质量守恒定律等进行数据分配，在能体现出输入输出物质的同时不忽略中间产物的体现。最后，把整个过程中输入输出物质制成清单形式以供分析。

本节采用 GaBi8.0 生命周期专业软件对抛光粉制备阶段进行建模与计算，其中清单数据计算方法如下：

$$\mathrm{Input} = \sum_{j=1}^{n} \mathrm{DI}_j + \sum_{j=1}^{n} \mathrm{FI}_j \qquad (8\text{-}10)$$

$$Output = \sum_{j=1}^{n} DO_j + \sum_{j=1}^{n} FO_j \qquad (8-11)$$

其中，Input 表示抛光粉制备清单分析中的输入端，Output 表示抛光粉制备清单分析中的输出端；DI_j 表示抛光粉制备工艺中第 j 类能源和物料的直接投入；FI_j 表示抛光粉制备工艺中第 j 类能源和物料的间接投入；DO_j 表示抛光粉制备工艺中第 j 类污染物和物料的直接排放；FO_j 表示抛光粉制备工艺中第 j 类污染物和物料的间接排放。抛光粉制备工艺生命周期评价的数据清单如图 8-4 所示。

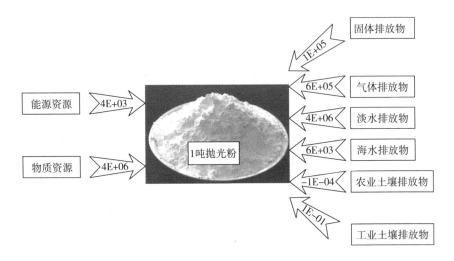

图 8-4 抛光粉制备工艺生命周期评价的数据清单

（三）影响评价

1. 环境影响分类

本书选取荷兰大学环境研究所提出的 CML2001 环境影响评价方法。环境影响评价指标包括：非生物资源消耗（ADP）、酸化（AP）、富营养化（EP）、淡水毒性（FAETP）、全球变暖（GWP）、人体毒性（HTP）、海洋毒性（MAETP）、臭氧层消耗（ODP）、光化学氧化（POCP）和陆地毒性（TETP）。其中非生物资源消耗（ADP）又分为两种衡量标准：ADP Elements 与 ADP Fossil（这里简称 ADPE 与 ADPF）。基于 CML2001 环境影响评价方法的环境影响指标与环境影响参照物如表 8-2 所示。

表 8-2　CML2001 环境影响评价方法的环境影响指标与环境影响参照物

环境影响指标	环境影响参照物
ADPE	1kg Sb-Equiv
ADPF	1MJ-Equiv
AP	1kg SO_2-Equiv
EP	1kg Phosphate-Equiv
FAETP	1kg DCB-Equiv
GWP	1kg CO_2-Equiv
HTP	1kg DCB-Equiv
MAETP	1kg DCB-Equiv
ODP	1kg R11-Equiv
POCP	1kg Ethene-Equiv
TETP	1kg DCB-Equiv

2. 特征化

环境影响潜值是研究对象在其从出生到死亡的周期中制造污染所造成对环境的污染程度。模型选定一种污染物作为衡量指标，剩余污染物则根据其所对环境污染的程度设定当量因子，而后将其折合成选定污染物的当量。本书将所有污染因子所造成的环境影响求和计算得出抛光粉制备阶段中某一种环境影响的数值，用公式表示为：

$$EP(j) = \sum EP(j)_i = \sum \left[Q(j)_i \times EF(j)_i \right] \qquad (8-12)$$

其中，EP（j）表示抛光粉制备工艺过程中产生的环境影响；EP（j）$_i$ 表示抛光粉制备工艺过程中第 i 种排放污染物的 j 环境影响的贡献；Q（j）$_i$ 为抛光粉制备工艺过程中第 i 种污染物排放量。EF（j）$_i$ 为抛光粉制备工艺过程中第 i 种污染物的 j 环境影响的当量因子。

本书利用 CML2001 特征化模型，运用收集到的数据做特征化分析，并将分析结果换算成统一单位。由于稀土抛光粉制备过程中第一步铁矿石选矿阶段没有"三废"的排放，对空气污染较小，在这里将不做考虑。环境负荷总数意为在一年内全球损耗的物质量、能源量与废弃物排放量的总和。抛光粉制备工艺的特征化结果如表 8-3 所示。

表 8-3 抛光粉制备工艺的特征化结果

影响指标	选矿	粗浮选	净化	萃取分离	稀土盐制备	抛光粉制备	总和
ADPE	4.34E-05	1.10E-02	9.54E-04	7.59E-06	1.90E-11	3.43E-07	1.19E-02
ADPF	3.69E+01	8.91E+02	2.22E+02	4.70E+02	3.68E-05	4.86E-01	1.44E+05
AP	1.55E+00	2.63E+01	1.31E+00	6.87E+00	1.55E-06	1.15E-02	3.57E+01
EP	1.10E-01	1.15E+00	1.35E-01	4.76E-01	1.10E-07	6.72E-04	1.85E+00
FAETP	3.59E-01	3.09E+00	9.74E-01	1.04E+02	3.60E-07	2.32E-03	1.08E+03
GWP	3.70E+01	5.97E+02	4.88E+01	5.20E+01	3.68E-05	2.16E-01	7.23E+03
HTP	1.30E+01	6.83E+01	8.74E+00	2.95E+02	1.31E-05	9.63E-02	3.84E+03
MAETP	6.90E+01	4.33E+02	6.33E+01	3.96E+03	6.90E-05	5.25E+00	4.52E+06
ODP	1.06E-09	1.82E-07	4.80E-09	1.40E-07	1.49E-16	6.22E-12	3.32E-07
POCP	1.49E-01	2.07E+00	2.11E-01	1.53E+00	1.49E-07	1.02E-03	3.85E+00
TETP	3.09E+00	2.12E+01	1.61E+00	3.16E-01	3.09E-06	1.46E-02	2.62E+01

（四）解释评价

根据生产 1 吨抛光粉的清单分析，利用 GaBi8.0 软件计算得出抛光粉制备工艺的归一化结果。从表 8-3 抛光粉制备工艺的角度分析，可以看出在抛光粉制备工艺中，稀土萃取分离阶段产生的环境污染指标数的总和最大，即稀土萃取分离阶段对环境造成的污染最为严重；从影响指标的角度出发，可以发现 MAETP 环境指标的量最为显著。

三、稀土抛光粉生命周期成本

本书在经济维度方面采用 LCC 分析方法，由前述内容可知抛光粉制备工艺由 3 个一级阶段和 4 个二级阶段组成。根据前一节对 LCC 分析方法的叙述，对于抛光粉生命周期成本的组成，主要考虑物料费用、人工费用和制造费用。其中针对抛光粉生命周期成本中的物料费用，本书将采用生命周期成本中的详细模型对抛光粉 7 个制备阶段建立物料输入矩阵，利用 Matlab 软件对抛光粉生命周期成本进行 Hadamard 积（符号○）的求解。

（1）构造抛光粉制备物料输入矩阵 $A = (a_{ij})_{m \times n}$，抛光粉制备物料输入过程可分为 3 个一级阶段，由于选矿阶段和冶炼阶段中存在着对应的二级阶段，为了使计算的抛光粉成本更加精准，在这里对于抛光粉制备过程中 LCC 的计算，本书将考虑 7 个完整的阶段作为本次研究的工艺流程。抛光粉制备阶段，为避免中间产品发生成本重复计算，这里将不对该项成本进行计算。对于制备阶段中的"环境输出"成本，本书将在 LCAC 中开始研究计算。整个过程的计算要在设定的清单分析边界范围内进行，这里假设各个单元过程初始环境因素的输入、输出数据已知。抛光粉制备过程中物料输入因子（见表 8-4）是依据大量参考文献以及企业调研得到的有关抛光粉制备流程的物料配合比综合计算得到的。

表 8-4 抛光粉制备过程中物料输入因子

	选矿	粗浮选	净化	萃取分离	稀土盐制备	抛光粉制备
捕收剂	25					
电	566.827	4845.6	493.704	1	776.736	5918.4
纯碱	0.7708					
水	21		850	2030	570	6000
蒸汽	6.971	14.15	3.125	3.15	5.075	
硅酸钠	30					
石灰		1870				
盐酸		2228.12	160	1		
氧化镁		962				
天然气（华美）		317.167				474.672
P507		17.8	2.3	2.2		
磺化煤油		38.1				
硫酸		2318.31				
氨水			130	4		
碳酸氢铵			20		682.7	
氯化钡			20			
煤油			0.00525	1		
氢氟酸						165
氯化镨钕					856.4061	

注：除电与蒸汽单位为 MJ 外，其他物料单位均为 kg。

得到生产 1 吨抛光粉物料输入矩阵：

$$
A = \begin{bmatrix}
25 & 0 & 0 & 0 & 0 & 0 \\
566.83 & 4845.6 & 493.7 & 1 & 776.74 & 5918.4 \\
0.77 & 0 & 0 & 0 & 0 & 0 \\
21 & 0 & 850 & 2030 & 570 & 6000 \\
6.97 & 14.15 & 3.13 & 3.15 & 5.08 & 0 \\
30 & 0 & 0 & 0 & 0 & 0 \\
0 & 1870 & 0 & 0 & 0 & 0 \\
0 & 2228.13 & 160 & 1 & 0 & 0 \\
0 & 962 & 0 & 0 & 0 & 0 \\
0 & 317.17 & 0 & 0 & 0 & 474.67 \\
0 & 17.8 & 2.3 & 2.2 & 0 & 0 \\
0 & 38.1 & 0 & 0 & 0 & 0 \\
0 & 2318.31 & 0 & 0 & 0 & 0 \\
0 & 0 & 130 & 4 & 0 & 0 \\
0 & 0 & 20 & 0 & 682.7 & 0 \\
0 & 0 & 20 & 0 & 0 & 0 \\
0 & 0 & 0.01 & 1 & 0 & 0 \\
0 & 0 & 0 & 0 & 0 & 165 \\
0 & 0 & 0 & 0 & 856.41 & 0
\end{bmatrix}
$$

（2）构造物料单价成本矩阵 $C = (c_{11}, c_{21}, \cdots, c_{i1}, \cdots, c_{m1})^T$，这里 c_{i1} 代表物料输入矩阵 A 中的物料输入因子 i 的单价成本。依据现今抛光粉输入物料成本的市场价和企业调研得到的部分成本单价，得到其物料输入因子单价成本（见表 8-5）。

表 8-5 抛光粉制备物料因子单价成本

物料产品	单价成本	物料产品	单价成本
捕收剂	3.60	P507	19.66
电	1.54	磺化煤油	7.00
纯碱	2.48	硫酸	0.34
水	0.01	氨水	0.60

物料产品	单价成本	物料产品	单价成本
蒸汽	0.10	碳酸氢铵	0.68
硅酸钠	1.03	氯化钡	2.86
石灰	0.40	煤油	7.00
盐酸	0.23	氢氟酸	5.34
氧化镁	1.20	氧化镨钕	12.99
天然气（华美）	0.01		

注：成本计算单位为元，除电和蒸汽单位为MJ外，其他物料单位均为kg。

得到抛光粉制备物料单价成本矩阵：

C = (3.6, 1.54, 2.48, 0.01, 0.1, 1.03, 0.4, 0.23, 1.2, 0.01, 19.66, 7, 0.34, 0.6, 0.68, 2.86, 7, 5.34, 12.99)^T

转换成 19×6 阶矩阵C*：

$$
C^* = \begin{bmatrix}
3.6 & 3.6 & 3.6 & 3.6 & 3.6 & 3.6 \\
1.54 & 1.54 & 1.54 & 1.54 & 1.54 & 1.54 \\
2.48 & 2.48 & 2.48 & 2.48 & 2.48 & 2.48 \\
0.01 & 0.01 & 0.01 & 0.01 & 0.01 & 0.01 \\
0.1 & 0.1 & 0.1 & 0.1 & 0.1 & 0.1 \\
1.03 & 1.03 & 1.03 & 1.03 & 1.03 & 1.03 \\
0.4 & 0.4 & 0.4 & 0.4 & 0.4 & 0.4 \\
0.23 & 0.23 & 0.23 & 0.23 & 0.23 & 0.23 \\
1.2 & 1.2 & 1.2 & 1.2 & 1.2 & 1.2 \\
0.01 & 0.01 & 0.01 & 0.01 & 0.01 & 0.01 \\
19.66 & 19.66 & 19.66 & 19.66 & 19.66 & 19.66 \\
7 & 7 & 7 & 7 & 7 & 7 \\
0.34 & 0.34 & 0.34 & 0.34 & 0.34 & 0.34 \\
0.6 & 0.6 & 0.6 & 0.6 & 0.6 & 0.6 \\
0.68 & 0.68 & 0.68 & 0.68 & 0.68 & 0.68 \\
2.86 & 2.86 & 2.86 & 2.86 & 2.86 & 2.86 \\
7 & 7 & 7 & 7 & 7 & 7 \\
5.34 & 5.34 & 5.34 & 5.34 & 5.34 & 5.34 \\
12.99 & 12.99 & 12.99 & 12.99 & 12.99 & 12.99
\end{bmatrix}
$$

（3）建立 b×1 阶求和矩阵 B=(1, 1, 1, …, 1, 1)^T，其中 b 的大小由物料因子的个数 m 决定。抛光粉制备中物料输入成本求和矩阵B_1，其列向量个数为 19 个。

（4）为配合 Hadamard 积同型矩阵的要求，将 19×1 阶矩阵 C 转换成 19×6 阶矩阵C^*。则总物料成本矩阵：$C_T = [A \circ C^*]^T B_{m \times 1}$。

由于铁矿石选矿阶段物料消耗较少，物料单价较低，这里将不再考虑铁矿石选矿阶段所产生的物料成本、人工成本、制造费用和其对应的环境损害成本。利用 Matlab 软件得到物料输入单阶段总成本矩阵：

$$C_r = \begin{bmatrix} 4727.92 \\ 18848.91 \\ 2693.68 \\ 6273.16 \\ 15505.33 \\ 10007.34 \end{bmatrix}$$

企业生产 1 吨抛光粉，物料输入总成本为 58506.86 元。

（5）企业生产 1 吨抛光粉，单阶段人工成本见表 8-6。

表 8-6　抛光粉制造企业单阶段制备抛光粉的人工成本

抛光粉生产阶段	选矿阶段		冶炼阶段			抛光粉制备阶段
	选矿	粗浮选	净化	萃取分离	稀土盐制备	抛光粉制备
人工成本（元/吨）	425.51	1696.4	242.43	605.08	1395.48	1720.54

（6）企业生产 1 吨抛光粉，单阶段制造费用见表 8-7。

表 8-7　抛光粉制造企业单阶段制备抛光粉的制造费用

抛光粉生产阶段	选矿阶段		冶炼阶段			抛光粉制备阶段
	选矿	粗浮选	净化	萃取分离	稀土盐制备	抛光粉制备
制造费用（元/吨）	1418.37	5654.67	808.10	2016.95	4651.6	3800.11

（7）抛光粉制备阶段生命周期成本：

生命周期成本=物料成本+人工成本+制造费用

=58506.34+6085.45+18349.8

=82941.60（元）

四、稀土抛光粉环境损害成本

为了计算抛光粉制备生命周期对环境产生的影响，可以使用 LCAC 方法算出环境成本，计算公式如下：

$$LCAC_q = q(\sum_{p=1}^{n} E_{qp} \times EDC_p) \tag{8-13}$$

其中，q 代表的是抛光粉制备阶段中每个流程，将各流程中愿意为社会环境污染支付的具体价值与对环境污染物质的具体排放量的乘积之和，称为环境损害成本（LCAC）。在计算的过程中，为了体现时间价值，对环境污染的社会支付价值与排放量以获得数据的当年为基准，用到的 E_{qp} 值来自文献查阅。

抛光粉制备阶段的 LCAC 是输出物料对环境影响的表征量，其计算结果是在抛光粉制备阶段 LCA 结果的基础上计算得到。

衡量全球变暖（GWP）环境指标的影响因子CO_2的 LCAC：

LCAC = 735.01×0.89（CYN）= 654.15（CYN）

单位环境支付意愿 EDC_p 的单位为欧元，在这里根据货币兑换 1 欧元 = 7.8068 元人民币，将CO_2单位环境支付意愿 EDC_p 0.114 折合成人民币 0.89。由软件计算得，抛光粉制备阶段各环境指标所对应的总环境损害成本见表 8-8；抛光粉不同制备阶段所对应的环境损害成本见表 8-9。

表 8-8 各项环境损害指标的总环境损害成本

环境损害指标	排放（kg/t）	环境支付意愿（CYN/t）	环境损害成本
ADPE（以 Sb 当量计）	1.19E-02	5.78	6.88E-02
ADPF（以 Mj 当量计）	1.44E+05	0.60	8.64E+04
AP（以SO_2当量计）	3.57E+01	23.96	8.55E+02
EP（以 Phosphate 当量计）	1.85E+00	81.98	1.52E+02

续表

环境损害指标	排放（kg/t）	环境支付意愿（CYN/t）	环境损害成本
FAETP（以 DCB 当量计）	1.08E+03	4.00	4.32E+03
GWP（以 CO_2 当量计）	7.23E+03	0.89	6.43E+03
HTP（以 DCB 当量计）	3.84E+03	4.00	1.54E+04
MAETP（以 DCB 当量计）	4.52E+06	4.00	1.81E+07
ODP（以 R_{11} 当量计）	3.32E−07	179.24	5.95E−05
POCP（以 Ethene 当量计）	3.85E+00	11.55	4.45E+01
TETP（以 DCB 当量计）	2.62E+01	4.00	1.05E+02

表 8-9　抛光粉不同制备阶段的环境损害成本

抛光粉制备阶段	环境损害成本（CYN/t）
稀土选矿阶段	4.45E+02
稀土粗浮选阶段	3.92E+03
原料净化阶段	5.20E+02
稀土萃取分离阶段	1.80E+04
稀土盐制备阶段	1.78E+02
抛光粉制备阶段	2.23E+02

由以上结果可以看出，在环境污染中，当量污染物排放总量的最大份额是海洋毒性，臭氧层消耗量比较小。同时在 LCAC 的计算中，海洋毒性占最大份额，这取决于海洋毒性后果的严重程度以及人们对这一问题的认识。

由式（8-1）可知，稀土抛光粉制备阶段生态效率为 72.41%。

五、结果分析

以上结果显示，抛光粉制备阶段的生态效率高达 60% 以上，这表明抛光粉制备工艺对环境的影响小于企业自身产生的价值，有利于该企业的可持续发展。抛光粉制造企业在生产抛光粉的同时，能够兼顾对环境的保护，减小企业生产对环境造成的冲击，从而实现企业的可持续发展。如果本次计算的生态效率为负值，则说明企业在批量制备抛光粉的同时，没有达到环保的要求，企业需要着重考虑生态效率为负值的阶段。

生命周期成本是所研究对象价值含量的表征量，作为生态效率计算公式中的分子，即生态效率公式的产品值。事实上，生态效率的目标是减小对环境的影响，同时降低产品的物料成本，提高企业的经济价值并产生更大的利润。从 LCC 分析结果看，稀土粗浮选阶段 LCC 最大，但其所产生的 LCAC 并非最大；原料净化阶段产生的生命周期成本最小，但这并非证明原料净化阶段对制造企业是最有利的，因为本书对工艺中 LCC 的分析计入内部性费用中，将此工艺在生命周期过程中产生环境负荷计入外部性费用 LCAC，考虑企业生态效率的大小必须同时兼顾这两项问题。

生态效率反映了企业在经济与环境两个维度的综合影响，其优势在于能够对企业的环境影响进行定量的评价，进而鼓励企业在生产过程中从利润最大化和污染最小化两方面共同努力。生态效率在具体计量时，因指标选取、计算方法、数据容量的不同也会使计算结果有所不同。本书对稀土抛光粉生态效率进行了界定以及对生态效率的计算方法进行了介绍，将采用生态效率比值影响评价法，以 LCA 分析方法定量探究稀土产品抛光粉生命周期过程中产生的 LCAC，以 LCC 分析方法作为稀土制造企业经济维度的衡量，从稀土制造企业单位成本产生的环境冲击的角度构建稀土抛光粉生态效率的测度模型。稀土抛光粉在稀土萃取分离阶段产生的生态效率为负值，其 LCAC 最大，即对环境产生的污染最大，而其产生的 LCC 并非最大，也就是说，抛光粉制造企业在稀土萃取分离阶段满足其经济成本的同时没有兼顾到环境成本，企业没有达到对环境的充分保护，而在稀土萃取分离阶段，哪一种物料的输入对环境造成的污染最大？哪一种物料的输入使得海洋毒性这一环境指标值上升？稀土萃取分离阶段又着重影响着哪一类环境影响指标？这些问题需要基于本章节的研究基础进一步分析探究。

六、稀土抛光粉生态效率评价分析

由第四节稀土抛光粉生态效率评价研究，计算得出稀土抛光粉生态效率的结果，衡量稀土抛光粉生态效率的结果由两部分组成，分别是 LCAC 和 LCC。根据稀土抛光粉各阶段环境影响分析将稀土抛光粉各阶段 LCAC、LCC 和生态效率的值进行对比，分析不同评价指标评价内容的差异性，进一步突出生态效率的综合性。根据稀土萃取分离阶段生态效率分析对稀土抛光粉污染最严重的阶段即稀土萃取分离阶段进行分析，找出哪种物料的输入使得稀土萃取分离阶段的生态效率变化最明显，即哪种物料最能影响生态效率的大小。

（一）稀土抛光粉各阶段环境影响分析

在第四章稀土抛光粉生态效率评价研究中，我们已经计算出稀土抛光粉生态效率的结果、环境损害成本的结果和生命周期成本的结果。稀土抛光粉制备的各阶段中，是否其生态效率的值越大，即这一阶段对环境产生的污染是否越小，这一阶段所对应的环境损害成本和生命周期成本就越小呢？本节将研究这一问题。

将第四章计算出的稀土抛光粉各阶段的生态效率值、生命周期成本值和环境损害成本值进行计算和汇总并绘制成表（见表 8-10），将表 8-10 中各阶段对应 LCAC 的比重、各阶段对应 LCC 的比重和各阶段对应的生态效率的比重绘制成图（见图 8-5、图 8-6 和图 8-7）。

表 8-10　抛光粉制备各阶段生态效率、生命周期成本与环境损害成本

制备阶段	生态效率（%）	生命周期成本	环境损害成本
选矿	93.23	6571.80	444.93
粗浮选	85.05	26199.99	3918.19
原料净化	86.10	3744.21	520.32
萃取分离	-92.39	9345.19	1978.80
稀土盐制备	99.17	21552.41	177.89
抛光粉制备	98.57	15527.99	222.62

由图 8-5 可以看出，稀土萃取分离阶段是稀土抛光粉制备阶段中对环境产生污染的主要阶段，污染程度远高于其他阶段。所以企业若是单方面从环

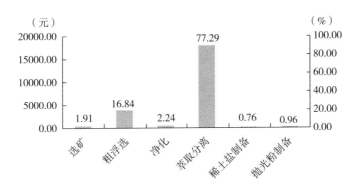

图 8-5　稀土抛光粉各阶段环境损害成本及其比重

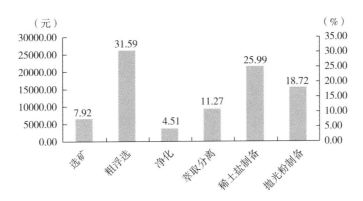

图 8-6　稀土抛光粉各阶段生命周期成本及其比重

境的角度着手研究稀土抛光粉的制备工艺，应着重研究稀土萃取分离阶段。从图 8-6 可以看出，稀土萃取分离阶段所占的成本并非最大而是位居第四，远低于稀土粗浮选阶段的 LCC。所以稀土企业若是单方面从经济的角度着手研究稀土抛光粉的制备工艺，应着重研究稀土粗浮选阶段，而非稀土萃取分离阶段。从图 8-5 中可以看出，稀土萃取分离阶段对环境产生的污染最大，从图 8-6 中可以看出，稀土粗浮选阶段对经济产生的影响最大，那么稀土企业该如何更好、更全面地去衡量稀土抛光粉的制备阶段呢？

　　企业研究生态效率是为了同时改善经济和环境绩效，在保证经济利润一定的同时，又能兼顾到对环境的保护，更有利于企业综合衡量产品的制备工艺。从图 8-7 中可以看出，稀土萃取分离阶段对应的生态效率是负百分数，其他制备阶段皆呈现正百分数形式。这足以说明抛光粉制造企业在稀土萃取分离阶段中在满足其经济利润的同时没有兼顾到环境影响。从抛光粉制备工艺的单个阶段角度分析，第四节中计算出稀土抛光粉制备阶段生态效率为72.41%，由图 8-7 可以看出，其他 5 个制备阶段的生态效率远高于72.41%，而稀土萃取分离阶段的生态效率是负百分数，且绝对值远高于72.41%，这也就解释了为什么稀土抛光粉制备工艺的生态效率值并不高。

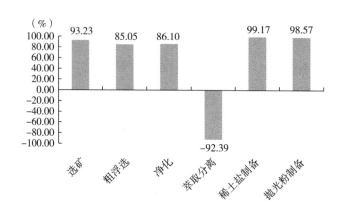

图8-7　稀土抛光粉各阶段生态效率

（二）稀土萃取分离阶段生态效率分析

由稀土抛光粉对比分析可知，在抛光粉制备工艺中，稀土萃取分离阶段产生的污染最为严重，由稀土抛光粉特征化结果可知，MAETP 环境指标对稀土萃取分离阶段产生的影响最大，即最能导致环境产生污染。若想进一步探究稀土萃取分离阶段哪种物料的输入对该阶段生态效率的影响最明显、哪种物料的输入对 MAETP 环境指标的影响最大，接下来将分别探究稀土萃取分离阶段物料、能源的变化对生态效率的影响及 MAETP 环境指标的影响。

创设情景对比分析，把稀土萃取分离阶段物料和能源的特征化结果输入到 GaBi 软件的情景分析中，根据物料和能源输入量的变化对环境损害成本和环境指标 MAETP 影响大小创设 8 种情景。稀土萃取分离阶段一共有 8 种物料或能源的输入，以其中一种物料或能源为研究对象，假设这种物料或能源的输入量增至 1 倍，其他 7 种物料或能源的输入量不变，这种情况下与稀土萃取分离阶段标准投入料进行对比。利用 GaBi 软件探究各物料、能源的投入变化对稀土萃取分离阶段 LCAC 的变化影响，结果见表8-11。

表8-11　各物料、能源变化对萃取分离阶段环境损害成本的影响

物料或能源输入	物料或能源变化量	环境损害成本变化量
氨水（Ammonia water）	增至 1 倍	0.00E+00%
电力（Electricity）	增至 1 倍	−1.50E−06%
盐酸（Hydrochloric acid）	增至 1 倍	−1.03E−06%
煤油（Kerosene）	增至 1 倍	−9.99E−02%
蒸汽（Steam）	增至 1 倍	−1.86E−06%
水（Water）	增至 1 倍	−3.37E−06%
轻稀土溶液（Light rare earth）	增至 1 倍	0.00E+00%
P507	增至 1 倍	−6.46E−05%

注：标准化计算标准选用数据库 CML2001；权重计算标准选用数据库 Thinkstep LCIA Survey 2012。

根据 8 种情景的对比分析可以看出，在稀土萃取分离阶段，同比其他 7 种物料和能源，煤油量增至 1 倍的变化对稀土萃取分离阶段 LCAC 的变化最明显，其次是 P507 萃取剂，影响最不明显的是轻稀土溶液和氨水。同时根据环境影响的结果，煤油也是 MAETP 环境指标的首要影响因子。这主要是由于第三步原料净化阶段煤油的投入量远小于第四步稀土萃取分离阶段的投入，所以原料净化阶段环境损害成本与 MAETP 环境指标量都远远小于稀土萃取分离阶段。第二阶段稀土粗浮选阶段由于在投入中使用磺化煤油，磺化煤油对于 MAETP 污染的影响程度远大于煤油对其产生的影响，但由于磺化煤油的投入量较小，所以这一阶段产生的环境损害成本和 MAETP 环境指标量均小于稀土萃取分离阶段的产生量，但其环境损害成本高于原料净化阶段的环境损害成本，其 MAETP 环境指标量高于原料净化阶段的指标量。

再次创设情景对比分析，根据物料和能源输入量的变化对生命周期成本影响的大小创设 8 种情景。本次对比分析以其中 1 种物料或能源为研究对

象，假设这种物料或能源的输入量增至 1 倍，其他 7 种物料或能源的输入量不变，这种情况下与稀土萃取分离阶段标准投入料进行对比，计算两种情况下的生命周期成本。利用 Matlab 软件探究各物料、能源的投入变化对稀土萃取分离阶段 LCC 的变化影响，结果见表 8-12。

表 8-12　各物料、能源变化对萃取分离阶段生命周期成本的影响

物料或能源输入	物料或能源变化量	生命周期成本变化量
氨水（Ammonia water）	增至 1 倍	3.20E-01%
电力（Electricity）	增至 1 倍	2.10E-01%
盐酸（Hydrochloric acid）	增至 1 倍	3.00E-02%
煤油（Kerosene）	增至 1 倍	9.30E-03%
蒸汽（Steam）	增至 1 倍	4.00E-02%
水（Water）	增至 1 倍	2.71E+00%
轻稀土溶液（Light rare earth）	增至 1 倍	0.10E+00%
P507	增至 1 倍	5.76E+00%

根据 8 种情景的对比分析可以看出，在稀土萃取分离阶段，同比其他 7 种物料和能源，P507 萃取剂输入量增至 1 倍的变化对稀土萃取分离阶段生命周期成本的变化最明显，影响最不明显的是煤油。

结合表 8-11 和表 8-12 的结果可以看出，煤油量的变化对稀土萃取分离阶段环境损害成本的变化最为明显，对这一阶段生命周期成本的变化最不明显。结合生态效率的公式，可以知道与稀土萃取分离阶段的生态效率标准值相对比，煤油量增至 1 倍的变化会导致这一阶段对应的 LCAC 变化量增加得最多，这一阶段 LCC 的变化量增加得最少。所以在相同情况下，煤油是导致这一阶段生态效率变化影响最大的物质，同时煤油也是导致 MAETP 环境指标变化影响最大的物质。

七、小结

本节稀土抛光粉生态效率评价分析介绍了稀土抛光粉各阶段对比分析与

稀土萃取分离阶段生态效率分析。通过稀土抛光粉各阶段对比分析可知，稀土制造企业单从环境指标衡量稀土抛光粉制备阶段可以选取 LCAC 的计算方法，单从经济指标衡量稀土抛光粉制备阶段可以选取 LCC 的计算方法，而这两种方法只能单从一个角度去衡量，选择考虑环境指标就不能考虑经济指标。而生态效率可以很好地解决这个问题，它可以同时衡量两个指标，更好地给企业提供参考。通过抛光粉制备阶段生态效率的分析，稀土萃取分离阶段对环境产生的影响最大。结合稀土抛光粉特征化结果可知，MAETP 环境指标对稀土萃取分离阶段产生的影响最大，通过稀土萃取分离阶段生态效率分析，利用 GaBi 软件对稀土萃取分离阶段 LCAC 进行影响变化分析，可知煤油的变化最能影响 LCAC 数值的大小，同时煤油也是对 MAETP 环境影响指标影响最大的物质。利用 Matlab 软件对稀土萃取分离阶段 LCC 进行影响变化分析，可知煤油是导致这一阶段生命周期成本变化最小的物质，结合生态效率计算公式，综合分析得出在稀土萃取分离阶段，煤油是这一阶段生态效率影响变化最大的物质。因此，在不影响抛光粉正常制备流程的基础上，减少煤油的使用量以及处理好剩余煤油量将成为抛光粉制备过程中提高生态效率、减小 MAETP 环境指标的主要目标。

抛光粉制造企业在稀土萃取分离阶段中满足其经济利润的同时没有兼顾到环境影响，抛光粉制造企业应该着重考虑稀土萃取分离阶段即生态效率为负值的阶段。在抛光粉制备过程中，稀土萃取分离阶段能实现稀土与大多数杂质分离的目的，分离效率高，易于实现连续大规模生产。与此同时，该阶段对环境所造成的负面影响在抛光粉制备过程的 6 个阶段中所占的比重最大，所以我们应该权衡地去考虑稀土萃取分离阶段，在不改变抛光粉现有制备工艺的情况下，减小其对环境造成的污染。

参考文献

［1］朱海玲. 绿色经济评价指标体系的构建［J］. 统计与决策，2017，22（5）：27-30.

［2］Bjm Stigson. Eco-efficiency：Creating More Value with Less Impact［J］. Environmental Quality Management，1992，7（2）：5-36.

[3] Bengt Steen, Guy Skantze. Measuring Eco-efficiency with a LCC/LCA ratio: Case Studies of Products and Process Systems in Sweden [J]. Environmental Quality Management, 2006, 9 (7): 156-170.

[4] Schaltegge, Sturm. World Business Council for Sustainable Development [M]. Cambridge Massachusetts, 1996.

[5] Frank Popoff, Livio Desimone. Eco-efficiency: The Business Link to Sustainable Development [J]. Corporate Environmental Strategy, 1999, 8 (3): 15-21.

[6] Lehni Markus. World Business Council for Sustainable Development [J]. International Journal of Life Cycle Assessmen, 1998, 3 (4): 184-190.

[7] 王正明, 赵玉珍. 中国稀土产业生态效率研究[J]. 工业技术经济, 2014, 33 (12): 110-115.

[8] 李阳, 李晶. 企业生态效率理论发展及实现[J]. 企业研究, 2012, 10 (2): 173-175.

[9] 孙洪海, 肖艳玲, 王艳秋. 石化行业相对生态效率评价研究[J]. 生态经济, 2017, 33 (6): 42-45.

[10] 赵薇, 梁赛, 于杭. 生命周期评价方法在城市生活垃圾管理中的应用研究述评[J]. 生态学报, 2017 (24): 1-10.

[11] 吕彬, 杨建新. 中国电子废物回收处理体系的生态效率分析[J]. 环境工程学报, 2010, 4 (1): 183-188.

[12] 尹科, 王如松, 周传斌. 国内外生态效率核算方法及其应用研究述评[J]. 生态学报, 2012, 32 (11): 3595-3605.

[13] Fausto Freire, Carla Rodrigues. Adaptive Reuse of Buildings: Eco-efficiency Assessment of Retrofit Strategies for Alternative Uses of an Historic Building [J]. Journal of Cleaner Production, 2017, 13 (5): 157-162.

[14] Stone D. A Hybridised Framework Combining Integrated Methods for Environmental Life Cycle Assessment and Life Cycle Costing [J]. Journal of Cleaner Production, 2017, 13 (8): 134-142.

[15] 胡鸣明, 吴江波, 石世英. 城市建筑垃圾处理的生态效率研

究——以重庆为例[J].建筑经济，2016，37（6）：82-87.

［16］王晓莉，吴林海，童霞．基于碳减排的中国食品工业的生态效率考察[J].食品工业科技，2012，33（19）：353-357.

［17］董莉．中国医药制造业生态效率评价研究[J].石家庄经济学院学报，2016，39（4）：93-97.

［18］刘晶茹，吕彬，张娜．生态产业园的复合生态效率及评价指标体系[J].生态学报，2014，34（1）：136-141.

［19］Yao Shi，Jingru Liu，Han Shi，et al. The Ecosystem Service Value as a New Eco-efficiency Indicator for Industrial Parks［J］. Journal of Cleaner Production，2017，13（5）：164.

［20］Van Caneghem J.，Block C.，Cramm P.，et al. Improving Eco-efficiency in the Steel Industry：The Arcelor Mittal Gent Case［J］. Journal of Cleaner Production，2010（8）：807-817.

［21］赵春阳，冯兵．偏要素视角下西部地区生态效率评价[J].统计与决策，2017，15（23）：110-114.

［22］聂弯，于法稳．农业生态效率研究进展分析[J].中国生态农业学报，2017，25（9）：1371-1380.

［23］梁星，卓得波．中国区域生态效率评价及影响因素分析[J].统计与决策，2017，20（19）：143-147.

［24］黄和平，胡晴，乔学忠．基于绿色GDP和生态足迹的江西省生态效率动态变化研究[J].生态学报，2018，38（15）：5473-5484.

［25］白世秀，王宇，张德刚．生态效率对公司市场价值的影响研究——基于世界500强企业碳排放数据[J].生态经济，2018，34（7）：39-43.

［26］徐杰芳，田淑英．绿色发展下煤炭资源型城市煤炭产量优化研究——基于生态效率的分析[J].华东经济管理，2018，32（5）：165-171.

［27］邢贞成，王济干，张婕．中国区域全要素生态效率及其影响因素研究[J].中国人口·资源与环境，2018，28（7）：119-126.

［28］杨亦民，王梓龙．湖南工业生态效率评价及影响因素实证分析——基于DEA方法[J].经济地理，2017，37（10）：151-156.

［29］Xiaohong Liu, Junfei Chu, Pengzhen Yin, et al. DEA Cross-efficiency Evaluation Considering Undesirable Output and Ranking Priority: A Case Study of Eco-efficiency Analysis of Coal-fired Power Plants［J］. Journal of Cleaner Production, 2016, 10 (5): 877-885.

［30］付丽娜, 陈晓红, 冷智花. 基于超效率 DEA 模型的城市群生态效率研究——以长株潭"3 + 5"城市群为例［J］. 中国人口·资源与环境, 2013, 23 (4): 169-175.

［31］张卫枚, 方勤敏, 刘婷. 城市工业生态效率评价——以湖南省为例［J］. 城市问题, 2015, 20 (3): 62-66.

［32］彭红松, 章锦河, 韩娅. 旅游地生态效率测度的 SBM-DEA 模型及实证分析［J］. 生态学报, 2017, 37 (2): 628-638.

［33］韩洁平, 文爱玲, 闫晶. 基于 DEA 模型的我国工业生态创新效率评价研究［J］. 生态经济, 2016, 32 (5): 102-105.

［34］邹倩, 朱兆阁, 王艳秋. 石化企业生态效率评价［J］. 生态经济, 2018, 34 (8): 70-74.

［35］王幸福. 环境规制与煤炭产业生态效率的动态关系研究［J］. 煤炭技术, 2018, 37 (10): 377-380.

［36］曹俊文, 李湘德. 长江经济带生态效率测度及分析［J］. 生态经济, 2018, 34 (8): 174-179.

［37］任志安, 陈博文. 基于生态效率的淮河流域绿色发展困境及其破解对策研究［J］. 资源与产业, 2018 (5): 16-27.

［38］周凤禄, 张廷安. 拜耳法氧化铝厂生态效率分析［J］. 轻金属, 2014 (7): 10-12.

［39］孙玉峰, 郭全营. 基于能值分析法的矿区循环经济系统生态效率分析［J］. 生态学报, 2014, 34 (3): 710-717.

［40］谷平华, 刘志成. 基于物质流分析的区域工业生态效率评价——以湖南省为例［J］. 经济地理, 2017, 37 (4): 141-148.

［41］芮俊伟, 周贝贝, 钱谊. 生态工业园区生态效率评估方法研究及应用［J］. 生态与农村环境学报, 2013, 29 (4): 466-470.

［42］Emilio Passetti, Andrea Tenucci. Eco-efficiency Measurement and the Influence of Organisational Factors: Evidence from Large Italian Companies［J］. Journal of Cleaner Production, 2016, 122（7）: 228-239.

［43］Michael Risse, Gabriele Weber-Blaschke. Eco-efficiency Analysis of Recycling Recovered Solid Wood from Construction into Laminated Timber Products ［J］. Science of the Total Environment, 2019, 27（5）: 661-672.

［44］龚光明. 企业生态效率研究的理论、方法及实践［J］. 企业经济, 2016, 35（9）: 5-11.

［45］高文. 我国工业企业生态效率及污染治理研究［J］. 生态经济, 2017, 33（1）: 21-27.

［46］刘艳, 唐苏娅. 基于煤炭产业生态效率测算指标体系的选取［J］. 产业与科技论坛, 2016, 15（3）: 69-70.

［47］Rodrigo Maia, Cristina Silva, Emanuel Costa. Eco-efficiency Assessment in the Agricultural Sector: The Monte Novo Irrigation Perimeter, Portugal ［J］. Journal of Cleaner Production, 2016, 138（9）: 217-228.

［48］马勇, 刘军. 长江中游城市群产业生态化效率研究［J］. 经济地理, 2015, 35（6）: 124-129.

［49］郑宇梅, 尹少华. 林业产业生态效率实证研究——基于 15 个省的面板数据分析［J］. 林业经济, 2016, 38（11）: 36-40.

［50］刘伟. 中国稀土产业生态效率评价［J］. 农村经济与科技, 2016, 27（18）: 5-6.

［51］韩凌, 徐昕. 基于数据包络分析贵阳市铝产业生态效率评价［J］. 现代管理科学, 2017, 11（7）: 64-66.

［52］吴鸣然, 马骏. 中国区域生态效率测度及其影响因素分析——基于 DEA-Tobit 两步法［J］. 技术经济, 2016, 35（3）: 75-80.

［53］Margarita Robaina-Alves, Victor Moutinho, Pedro Macedo. A New Frontier Approach to Model the Eco-efficiency in European Countries ［J］. Journal of Cleaner Production, 2015, 103（10）: 562-573.

［54］Maria Faragò, Sarah Brudler, Berit Godskesen. An Eco-efficiency Evaluation of Community‐scale Rainwater and Stormwater Harvesting in Aarhus ［J］. Journal of Cleaner Production, 2019, 128 (11): 219‐231.

［55］郑慧, 贾珊, 赵昕. 新型城镇化背景下中国区域生态效率分析 ［J］.资源科学, 2017, 39 (7): 1314‐1325.

［56］陈真玲. 基于超效率 DEA 模型的中国区域生态效率动态演化研究 ［J］.经济经纬, 2016, 33 (6): 31‐35.

［57］刘天舒, 李艳梅. 基于生态效率的区域循环经济发展水平比较 ［J］.商业经济研究, 2016, 18 (8): 129‐132.

附录 A　生命周期成本的 Matlab 程序

```
format
long; a = [53937384, 0, 0, 0, 0, 0, 0; 0, 15771. 165, 0, 0, 0, 0, 0; 0,
357580. 8857, 1400288. 756, 156037. 4696, 308. 9119, 1. 353850848, 5918. 4; 0,
486. 2565593, 0, 0, 0, 0, 0; 0, 13247. 7786, 0, 268646. 495, 627091. 157, 0. 99351,
6000; 0, 4397. 631649, 4089. 088225, 987. 6709375, 973. 072485, 0. 008845725,
0; 0, 18925. 398, 0, 0, 0, 0, 0; 0, 0, 540395. 405, 0, 0, 0, 0; 0, 0, 643886. 9047,
50568. 752, 308. 9119, 0, 0; 0, 0, 278000. 203, 0, 0, 0, 0; 0, 0, 91655. 45321, 0, 0,
0, 474. 672; 0, 0, 5143. 8707, 726. 92581, 679. 60618, 0, 0; 0, 0, 11010. 19515, 0,
0, 0, 0; 0, 0, 669949. 4237, 0, 0, 0, 0; 0, 0, 0, 41087. 111, 1235. 6476, 0, 0; 0, 0, 0,
6321. 094, 0, 1. 1899461, 0; 0, 0, 0, 6321. 094, 0, 0, 0; 0, 0, 0, 1. 659287175,
308. 9119, 0, 0; 0, 0, 0, 0, 0, 0, 165; 0, 0, 0, 0, 0, 856. 4061, 0]
format
long; c = [0. 5254, 3. 6, 1. 535714286, 2. 47863, 0. 006, 535. 7142857, 1. 031,
0. 4, 0. 23077, 1. 19658, 0. 00202, 19. 65812, 7, 0. 34359, 0. 59826, 0. 68018,
2. 86325, 4976. 0716, 5. 34188, 12. 99145]
format long; b = c′
format long; e = [b, b, b, b, b, b, b]
```

```
format long; f = a. * e
format long; g = [1,1,1,1,1,1,1,1,1,1,1,1,1,1,1,1,1,1,1]
format long; h = g′
format long; i = f′
format long; j = i * h
```

附录 B 环境损害成本的 Matlab 程序

```
format
long; a = [0. 000043363, 36. 9371, 1. 55087, 0. 110102, 0. 359256, 36. 9514,
13. 0498, 68. 9977, 0. 00000000105775, 0. 148727, 3. 08745; 0. 010978069,
890. 9356542, 26. 29737238, 1. 14748734, 3. 087863814, 597. 0125204,
68. 33551038, 433. 4302262, 0. 000000182454, 2. 065795134, 21. 19819989;
0. 000954431, 222. 4096615, 1. 30587016, 0. 135230987, 0. 9744423331,
48. 80672917, 8. 742488685, 63. 32334816, 0. 00000000480285, 0. 211341724,
1. 612341461; 0. 0000075893, 470. 4974951, 6. 87120546, 0. 475687744,
104. 3508133, 52. 01891811, 295. 0046916, 3957. 558308, 0. 000000140041,
1. 528627693, 0. 315864634; 0. 0000000000189507, 0. 0000368089, 0. 00000154838,
0. 000000109799, 0. 000000359545, 0. 0000368432, 0. 0000130622, 0. 000068996094,
0, 0. 00000014853, 0. 0000030897; 0. 000000342648, 0. 4857277347, 0. 011531592,
0. 000672059, 0. 0023195974, 0. 2163267623, 0. 0962967588, 5. 245441923,
0. 00000000000621552, 0. 001022739, 0. 014579907]
    format long; c = [5. 78, 0. 6, 23. 96, 81. 98, 4, 0. 89, 4, 4, 179. 24, 11. 55, 4]
    b = c′
    format long; d = a * b
```

附录 C 生命周期成本对生态效率影响的 Matlab 程序

```
format long;A = [1,2030,3. 15,1,2. 2,4,1]
format long;B = [1. 54,0. 01,0. 1,0. 23,19. 66,0. 6,7]
format long;C = 1 * ones(7) +0. 1 * eye(7)
format long;D = [A',A',A',A',A',A',A']
format long;E = D. * C
format long;F = E'
format long;G = F * B'
format long;H = A * B'
format long;L = G/H
```